VOCABULARIO BÁSICO DEL ESPAÑOL

Orlando Alba

VOCABULARIO BÁSICO DEL ESPAÑOL

EDITORIAL PLAZA MAYOR

Vocabulario básico

Diseño de cubierta: J.A. Pérez Fabo

Producción editorial: Eva Cruzová

SEGUNDA EDICIÓN, 1997

Ave. Ponce de León, 1527
Barrio El Cinco
San Juan, Puerto Rico, 00926
ISBN: 1-56328-118-X
Impreso en España/Printed in Spain
Talleres Gráficos Peñalara
Ctra. Villaviciosa a Pinto, km 15,180
Fuenlabrada (Madrid)
Depósito legal: M-16769-1997

ÍNDICE DEL CONTENIDO

		pág.
Introducción	....	11
Unidad #1 (verbos)	....	17
Presentación	....	19
Ejercitación	....	26
Unidad #2 (verbos)	....	31
Presentación	....	33
Ejercitación	....	39
Revisión Unidades 1 y 2	....	43
Sopa de letras 1	....	43
Crucigrama 1	....	44
Digresión fonética	....	48
Unidad #3 (adjetivos)	....	49
Presentación	....	51
Ejercitación	....	57
Unidad #4 (sustantivos)	....	61
Presentación	....	63
Ejercitación	....	69
Revisión Unidades 3 y 4	....	73
Sopa de letras 2	....	73
Crucigrama 2	....	74
Digresión ortográfica	....	77
Unidad #5 (verbos)	....	79
Presentación	....	81
Ejercitación	....	87
Unidad #6 (verbos)	....	91
Presentación	....	93
Ejercitación	....	100
Revisión Unidades 5 y 6	....	104
Sopa de letras 3	....	104
Crucigrama 3	....	105
Digresión morfológica .	....	108

Unidad #7 (sustantivos) 109
Presentación 111
Ejercitación 117

Unidad #8 (adjetivos) 121
Presentación 123
Ejercitación 128

Revisión Unidades 7 y 8 132
Sopa de letras 4 132
Crucigrama 4 133

Digresión semántica 136

Unidad #9 (verbos) 137
Presentación 139
Ejercitación 145

Unidad #10 (verbos) 149
Presentación 151
Ejercitación 157

Revisión Unidades 9 y 10 161
Sopa de letras 5 161
Crucigrama 5 162

Digresión etimológica 165

Unidad #11 (adjetivos) 167
Presentación 169
Ejercitación 174

Unidad #12 (sustantivos) 179
Presentación 181
Ejercitación 187

Revisión Unidades 11 y 12 191
Sopa de letras 6 191
Crucigrama 6 192

Digresión sintáctica 195

Unidad #13 (verbos) 197
Presentación 199
Ejercitación 206

Unidad #14 (verbos)	....	211
Presentación	....	213
Ejercitación	....	220
Revisión Unidades 13 y 14	....	224
Sopa de letras 7	....	224
Crucigrama 7	....	225
Digresión fonética	....	228
Unidad #15 (sustantivos)	....	229
Presentación	....	231
Ejercitación	....	237
Unidad #16 (adjetivos)	....	241
Presentación	....	243
Ejercitación	....	248
Revisión Unidades 15 y 16	....	252
Sopa de letras 8	....	252
Crucigrama 8	....	253
Digresión ortográfica	....	256
Unidad #17 (verbos)	....	257
Presentación	....	259
Ejercitación	....	266
Unidad #18 (verbos)	....	271
Presentación	....	273
Ejercitación	....	280
Revisión Unidades 17 y 18	....	284
Sopa de letras 9	....	284
Crucigrama 9	....	285
Digresión etimológica	....	288
Unidad #19 (adjetivos)	....	289
Presentación	....	291
Ejercitación	....	296
Unidad #20 (sustantivos)	....	301
Presentación	....	303
Ejercitación	....	308

Revisión Unidades 19 y 20 312
Sopa de letras 10 312
Crucigrama 10 313

Digresión morfológica 316

Unidad #21 (verbos) 317
Presentación 319
Ejercitación 325

Unidad #22 (verbos) 329
Presentación 331
Ejercitación 338

Revisión Unidades 21 y 22 342
Sopa de letras 11 342
Crucigrama 11 343

Digresión semántica 347

Unidad #23 (adjetivos) 349
Presentación 351
Ejercitación 356

Unidad #24 (verbos) 361
Presentación 363
Ejercitación 370

Unidad #25 (verbos) 375
Presentación 377
Ejercitación 384

Revisión Unidades 23, 24 y 25 388
Sopa de letras 12 388
Crucigrama 12 389

Digresión ortográfica 392

Lista de palabras estudiadas 395

INTRODUCCIÓN

La posesión de riqueza léxica constituye un valor apreciado y reconocido universalmente. En este sentido, muy pocos se atreverían a poner en duda la enorme importancia que tiene para las personas de cualquier nivel sociocultural, pero de manera especial para las de instrucción media y alta, poder manejar un vocabulario variado, preciso, adecuado al contexto y a las circunstancias. De poco valdría conocer las estructuras sintácticas de una lengua, saber pronunciar sus sonidos o escribir según las normas ortográficas vigentes, si no dispusiéramos de las unidades léxicas necesarias para poder entender fielmente y expresar con claridad y con propiedad las ideas, las informaciones, los mensajes deseados.

A menudo, sin embargo, se dedican inútiles esfuerzos a tratar de aprender palabras raras y rebuscadas que se han encontrado en obras literarias o en algún texto especializado. No se toma en consideración el hecho de si tales palabras pertenecen o no al vocabulario usual y frecuente que se emplea en la comunicación culta ordinaria. Por ese motivo, cuando el estudiante logra la hazaña de memorizarlas, al poco tiempo suele olvidarse de ellas por completo porque no ha tenido una nueva ocasión de oírlas, de leerlas, ni mucho menos de utilizarlas en su vida cotidiana. Es pertinente, en este sentido, la opinión expresada por el lingüista español Ramón Trujillo: "Hacer aburridos ejercicios de clase introduciendo nuevas palabrejas ajenas a nuestro interés inmediato por la realidad es la tarea más infecunda y triste en que se puede malgastar el tiempo." ("Hablar canario". En *Lenguas peninsulares y proyección hispánica.* 1986. Madrid: Fundación Friedrich Ebert — Instituto de Cooperación Iberoamericana. pág. 172)

Por otra parte, algunos manuales orientados al enriquecimiento léxico prometen añadir cuatro, seis y hasta ocho mil nuevas palabras al vocabulario del usuario. Resaltan a veces con ingenuidad la variedad de ejercicios que ofrecen. Pero, lógicamente, no les alcanza el tiempo ni el espacio: presentan o ejercitan cada palabra **una sola vez**. Investigaciones recientes y, especialmente, la experiencia muy antigua de tantos y tantos estudiantes, revelan que tales intentos resultan utópicos e ineficaces, porque la memorización o la incorporación de una palabra nueva supone generalmente mucho más que una simple exposición o contacto aislado.

En un reciente estudio en el que revisa críticamente varios asuntos relativos a la adquisición del vocabulario dentro de un marco psicolingüístico, Humberto López Morales señala que "parece necesario reconocer que la expansión del lexicón mental con nuevas unidades requiere de un proceso con exposiciones reiteradas, que los estudios empíricos realizados hasta la fecha sitúan alrededor de una media general de 10." ("En torno al aprendizaje del léxico. Bases psicolingüísticas de la planificación curricular", *Revista de Lingüística Teórica y Aplicada* (1992) 30:39-50). Por esta razón, es de suma importancia, subraya el autor, "una selección muy cuidadosa de las unidades léxicas que van a ser incorporadas a la competencia léxica del escolar puesto que la nómina tiene que ser por fuerza limitada." (pág. 47).

El objetivo fundamental de esta obra consiste en contribuir en cierta medida al enriquecimiento léxico que todo hablante medianamente instruido y, naturalmente, todo estudiante de español están llamados a lograr para tener éxito en sus relaciones y en sus actividades académicas, sociales, culturales, profesionales. Se busca facilitar la adquisición o el afianzamiento de un vocabulario básico, usual en la lengua llamada "culta". No se han entresacado de unas obras determinadas las palabras más extrañas, inusuales y exóticas, que el estudiante quizá nunca tendrá necesidad de usar. Muy al contrario, se acudió a unas fuentes que, a pesar de las diferencias de método que puedan exhibir, recogen el léxico básico, de uso frecuente en la lengua escrita de sus respectivos países: *Frequency Dictionary of Spanish Words,* de Alphonse Juilland y E. Chang-Rodríquez, sobre la lengua escrita en España; *Léxico Básico de la Lengua Escrita en la República Dominicana,* de Antonio González, Santiago Cabanes y Francisco García; *Léxico Básico del Español de Puerto Rico,* de Amparo Morales.

Como se sabe, tales obras parten de un amplio universo de unas 500,000 palabras extraídas de cinco mundos: periodismo, literatura dramática, literatura narrativa, literatura ensayística y literatura técnica. Con la utilización de procedimientos estadísticos, se llega a la determinación de las 5,000 unidades léxicas diferentes de mayor índice de uso. El índice de uso de las palabras se obtiene mediante la ponderación de la **dispersión** de cada palabra dentro del universo (su presencia o aparición en un mayor o menor número de mundos) por su **frecuencia**. De esta manera, para que una palabra sea incluida en los listados se requiere que aparezca en múltiples ocasiones, es decir, que tenga una determinada **frecuencia** mínima, y que, además, dichas apariciones estén distribuidas en diferentes mundos, es decir, que tenga una determinada **dispersión**.

Fueron seleccionados 500 términos incluidos dentro de las 5,000 palabras más frecuentes y usuales según las citadas fuentes. Se trata, por tanto, de vocablos pertenecientes al léxico básico y fundamental de varios países hispánicos. En principio, la selección se inició a partir de la unidad 1500 para no incluir palabras de uso general adquiridas desde la infancia, como **estar**, **hacer**, **hablar**, **tener**, **casa**, **libro**, **papel**, **bueno**, **fácil**, **pobre**. Esta decisión responde al hecho de que la presente obra está dirigida a estudiantes de niveles intermedios y avanzados de español, no a principiantes.

La distribución del total de palabras estudiadas por categorías gramaticales es la siguiente:

VERBOS	ADJETIVOS	SUSTANTIVOS
280 (56%)	**120** (24%)	**100** (20%)

La diferente proporción de cada categoría podría parecer injustificada. Sin embargo, los estudios sobre léxico básico muestran que los verbos son más frecuentes, más estables estadísticamente que otras palabras, como los adjetivos y los sustantivos. Amparo Morales declara en este sentido lo siguiente: "...el índice de uso permite una discriminación que favorece a las palabras de mayor generalidad y abstracción; a la vez que, en cuanto a categorías gramaticales, los nombres disminuyen dramáticamente en favor de verbos y adjetivos. Todo lo cual indica el poder selectivo del índice de uso en favor de categorías verbales generales (verbo y adjetivo)." (*Léxico básico del español de Puerto Rico.* 1986. San Juan: Academia Puertorriqueña de la Lengua Española. pág. 35).

Las **500 palabras** se distribuyen en **25 unidades** de 20 elementos cada una. Cada unidad está organizada de acuerdo con la siguiente estructura:

I. **PRESENTACIÓN**:

A. definición o definiciones del término
B. formulación de dos oraciones donde se utiliza la palabra
C. enumeración de los miembros de su familia léxica
D. (en el caso de los verbos) indicación sobre su conjugación

II. **EJERCITACIÓN**:

A. copiar en orden alfabético y leer en voz alta
B. identificar una serie de sinónimos de cada palabra
C. emplear la palabra en oraciones con espacios en blanco
D. redactar una nueva oración con cada término

Después de cada dos unidades se presentan dos ejercicios de **REVISIÓN** por medio de una **sopa de letras** y un **crucigrama**. A continuación de los ejercicios de revisión se incluye una breve nota, llamada **DIGRESIÓN**. Se trata de una especie de cápsula de cultura lingüística en la que se ofrece un comentario sobre algún fenómeno de interés. Estos comentarios o notas han sido llamados **digresiones** porque generalmente tratan sobre temas ajenos al propósito fundamental de las unidades, y se detienen en la descripción de asuntos fonéticos, morfológicos, sintácticos, etimológicos, semánticos y ortográficos.

La estructura de **presentación** y **ejercitación** que se ha seleccionado parte de la hipótesis previamente aludida de que la adquisición y la incorporación de un elemento léxico nuevo a la competencia activa del hablante requiere la exposición continua, el contacto repetido y la utilización, una y otra vez, del término en contextos oracionales. No basta con buscar en el diccionario la definición de unas palabras sueltas y aisladas, ni con emplearlas una sola vez a través de la lección.

La **PRESENTACIÓN**, parte I, tiene como objetivo poner al usuario en contacto directo e intenso con la palabra, empapándolo y familiarizándolo con sus diferentes aspectos. En primer lugar, en el renglón A, se ofrece una o varias definiciones, dependiendo del caso. Para ello se utilizó principalmente el *Diccionario de Uso del Español*, de María Moliner; fueron también consultados con frecuencia el *Diccionario de la Lengua Española*, de la Real Academia Española, y el *Diccionario General Ilustrado de la Lengua Española,* de VOX.

Se presentan luego, en el renglón B, dos oraciones en las que se emplea el término, de manera que se obtenga una idea precisa de su uso en contextos específicos. Las oraciones ofrecidas como ejemplo comprenden una variada gama tanto de temas como de estructuras sintácticas.

En tercer lugar, renglón C, se enumeran las palabras (verbos, sustantivos y adjetivos) que pertenecen a la misma **familia léxica** de la palabra estudiada, es decir, que tienen su misma base o raíz etimológica. De esta forma se amplía y se ilumina la visión del vocablo al ser considerado dentro de su ámbito morfológico y semántico como miembro de una red de parentesco. Sirvió de guía para la determinación de los miembros de cada familia léxica el *Breve Diccionario Etimológico de la Lengua Castellana*, de Joan Corominas. Debe advertirse que la enumeración no siempre es exhaustiva. Además, como es natural, unas veces la familia es muy numerosa y en ocasiones es muy limitada. Como muestra se presenta un ejemplo de cada tipo:

1. **ALTERAR**: [**alterabilidad, alterable, alteración, alteradizo, alterador; otro, alternar, alterno, alternativa, subalterno**].

2. **CATALOGAR**: [**catalogación, catalogador, catálogo**].

Según se observa, en la familia de **alterar** aparece un punto y coma (;) entre **alterador** y **otro**. Así se quiere hacer notar el hecho de que **alterador** y los términos que lo preceden son "parientes" directos de **alterar**; en cambio, **otro** y las palabras que siguen son "parientes" indirectos o lejanos, es decir, no derivan o no tienen la misma base morfológica actual de **alterar**, sino una forma más o menos modificada, evolucionada fonéticamente de la misma raíz.

Finalmente, en el caso de los verbos, se agrega el renglón D, donde se indica el tipo de conjugación que caracteriza al verbo. Cuando se trata de un verbo regular, simplemente se señala el modelo de la conjugación correspondiente: **amar**, **temer** o **partir**. Si es un verbo de conjugación irregular, se ofrece un modelo con la indicación del tipo de irregularidad. Por ejemplo, de **acrecentar** se dice: "conjugación irregular, como **entender**; la última **e** de la raíz diptonga en **ie** cuando se halla en sílaba tónica: acrec**ie**nto, acrec**ie**ntan, pero acrec**e**ntamos, acrec**e**ntabas."

La segunda parte de cada unidad es la **EJERCITACIÓN.** Se persigue con ella que el estudiante no solo incorpore o asimile el término a su vocabulario pasivo, sino que lo integre a la nómina de su léxico activo. Dicho con otras palabras, el objetivo consiste en que al final de cada unidad el usuario sea capaz de comprender las palabras ejercitadas cuando actúa como oyente o como lector, y que también las pueda utilizar adecuadamente cuando realiza el papel de hablante o de escritor.

Los ejercicios aparecen organizados en orden gradualmente ascendente de dificultad, desde los que solo requieren repetición e identificación, hasta llegar a los que suponen la elaboración o creación de una oración inédita, original. Se pide, en primer lugar, copiar en orden alfabético las 20 palabras que componen la unidad y luego leerlas en voz alta. De esa manera se pone en juego la acción de los músculos de la mano, la vista, los órganos de fonación y el oído. Esta actividad conjunta favorece la fijación tanto de la imagen gráfica como de la imagen acústica de cada palabra.

Otro ejercicio consiste en el reconocimiento de una serie de términos sinónimos o de significado muy semejante al de cada palabra de la unidad. Se contribuye así a la asimilación del sentido de la palabra estudiada.

En el siguiente ejercicio se exige ya el **uso** del elemento léxico en un contexto dado. Se presentan oraciones en las que hace falta colocar una palabra de la unidad correspondiente en la forma flexional que requiera el contexto. Luego se pide la redacción de una oración original, diferente de las ejemplificadas con anterioridad, con cada uno de los 20 elementos de la unidad.

Para coronar este proceso de adquisición o incorporación del término a su vocabulario activo, el estudiante se enfrenta de nuevo con las mismas palabras, esta vez mediante un entretenido ejercicio de revisión que incluye una **sopa de letras** y un **crucigrama**. Estos ejercicios de revisión se realizan con los 40 términos que componen las dos unidades inmediatamente anteriores.

Antes de concluir estas líneas introductorias, conviene puntualizar un detalle importante. A pesar de que los términos explícitamente estudiados son 500, la cantidad total de palabras sometidas a consideración es mucho mayor. Además de los términos empleados en las oraciones que aparecen formuladas como ilustración, en la **PRESENTACIÓN** se ofrece para cada palabra un promedio de 5 ó 6 miembros de su familia léxica. En la **EJERCITACIÓN**, a su vez, se proponen 3 o más palabras afines semánticamente o sinónimas de cada uno de los elementos estudiados. Esto significa que al final de cuentas el estudiante habrá entrado en contacto directo con más de 5,000 unidades léxicas diferentes.

UNIDAD # 1

PRESENTACIÓN

1. **acertar**: to be right - to hit the mark

A. *Pegar, al lanzar o disparar algo, en el blanco o sitio en que se desea dar.
*Encontrar por intuición o por suerte la solución de un problema, un enigma o una cosa que no se podía resolver racionalmente.

B. "Ese cazador tiene tanta puntería que cada vez que dispara, **acierta**."
"**Acertó** con la casa cuando iba de camino hacia el cine."

C. [acertijo, acierto, desacertado, desacierto; cierto, certero, certeza, certidumbre, cerciorar, incierto, incertidumbre, certificar]

D. Conjugación irregular. La **e** diptonga en **ie** cuando recibe el acento: ac**ie**rto, ac**ie**rtas, ac**e**rtó, ac**e**rtabas, ac**ie**rten.

2. **abolir**:

A. *Dejar sin fuerza, suspender cierta costumbre o práctica o el uso de cierta cosa.

B. "La pena de muerte **fue abolida** en varios estados de los Estados Unidos en 1972."
"La institución **abolió** de sus estatutos todos aquellos apartados que discriminaban a la mujer."

C. [abolición, abolicionista, abolicionismo, abolido]

D. Es verbo **defectivo** que solo se conjuga en las formas cuya desinencia empieza por **-i**: abol**í**a, abol**i**mos, abol**i**ré; **pero no** *abol-**en**, *abol-**o**, etc.

3. **grabar**:

A. *Dibujar algo sobre una superficie con incisiones.
*Registrar los sonidos por medio de un disco, cinta magnetofónica u otro procedimiento, de manera que se puedan reproducir.
*(fig.) Fijar profundamente en el ánimo un concepto, sentimiento o un recuerdo.

B. "El artista **grabó** el nombre del poeta sobre el mármol."
"**Grabará** el concierto para luego escucharlo en su casa con tranquilidad."

C. [grabación, grabador, grabado, grabadura, grabazón]

D. Conjugación regular, como **amar**.

4. **emanar**:

A. *Proceder, ser una cosa causada por otra en la que en cierto modo estaba contenida o tener en ella su principio.
*Desprenderse, salir un olor, una sustancia volátil o una radiación de cierto cuerpo.

B. "La información **emanó** de los mismos funcionarios de la Cancillería."
"El agradable perfume **emanaba** del jazmín que habían puesto en el florero."

C. [emanación, emanante, emanantismo; manar, dimanar]

D. Conjugación regular, como **amar**.

5. **sustraer**: (o 'substraer', del latín "**subtrahere**", con **s** epentética, quizá por analogía con "extraer")

A. *Separar, extraer una parte de una cosa o de un conjunto de ellas.
*Hurtar, robar una cosa sin violencia.
*Restar, hallar la diferencia entre dos cantidades.

B. "Fue sorprendido cuando intentaba **sustraer** agua del tanque."
"Iba caminando por la calle y le **sustrajeron** la cartera sin que se diera cuenta."

C. [sustracción, sustractivo, sustractor, sustraendo; traer, atraer, abstraer, contraer, distraer, extraer, retraer]

D. Conjugación irregular, como **traer**: sustra**ig**o, sustraes, sustra**j**iste, sustra**j**era.

6. **sentenciar**:

A. *Dictar o pronunciar una autoridad su decisión en una controversia.
*Condenar por sentencia en materia penal.

B. "Ese juez siempre **sentencia** con solemnidad."
"El acusado **fue sentenciado** a treinta años de prisión."

C. [sentencia, sentencioso, sentenciador, sentenciado; sentir, asentir, consentir, disentir, presentir]

D. Conjugación regular, como **cambiar**.

7. **confiscar**:

A. *Privar a uno de sus bienes y adjudicarlos al fisco o tesoro público.

B. "A raíz de la denuncia le **confiscaron** todas sus propiedades."
"El cargamento de mercancías les **fue confiscado** a los contrabandistas."

C. [confiscación, confiscable; fisco, fiscal, fiscalizar]

D. Conjugación regular, como **amar**.

8. **percibir**:

A. *Enterarse de la existencia de una cosa por medio de los sentidos.
*Recibir alguien una cantidad a la que tiene derecho como retribución por un trabajo, sueldo, pensión.

B. "**Percibo** un ruido a lo lejos."
"Cuando comiences a trabajar, **percibirás** un sueldo superior al de tu padre."

C. [percepción, perceptivo, perceptible, perceptor, perceptibilidad; apercibir]

D. Conjugación regular, como **partir**.

9. **imprimir**:

A. *Señalar en el papel o materia equivalente los escritos o dibujos mediante las máquinas adecuadas.
*(fig.) Inculcar algo en la memoria o en el ánimo de alguien.
*Dar a una cosa cierto carácter, giro, orientación.

B. "La editorial **imprimirá** una edición especial de las obras completas de Juan Rulfo."
"La conducta ejemplar de los padres **imprime** confianza y respeto en sus hijos."

C. [impresión, impreso, impresor, imprenta, reimprimir, impresionar, impresionismo]

D. Conjugación regular, como **partir**, excepto el participio: **impreso**.

10. **infundir**:

A. *(poco usado con este sentido) Echar un líquido en un recipiente.
*(fig.) Causar en el ánimo de una persona un sentimiento, impulso moral.
*(fig.) Comunicar Dios un don o gracia al alma.

B. "Era una excelente maestra que **infundía** respeto y admiración en todos sus alumnos."
"La oscuridad **infunde** miedo no solo a los niños, sino también a muchos mayores."

C. [infusión, infuso, infusorio; fundir, confundir, difundir, refundir; efusión, difusión, profusión, transfusión]

D. Conjugación regular, como **partir**. Tiene participio regular **'infundido'** e irregular '**infuso**'.

11. **suspender**:

A. *Levantar, colgar o detener una cosa en alto o en el aire.
*Detener o diferir por algún tiempo una acción.
*(fig.) Declarar a alguien no apto en un examen.

B. "Le faltaban fuerzas para poder **suspender** por más tiempo aquella pesa."
"Los trabajos de construcción de la carretera **fueron suspendidos** por falta de fondos."

C. [suspendimiento, suspendedor, suspensión, suspensivo, suspensorio, suspenso; pender, péndulo, depender, propender]

D. Conjugación regular, como **temer**. Tiene participio regular **'suspendido'** e irregular (solo usado como adjetivo y sustantivo) **'suspenso'**.

12. **transmitir**:

A. *Hacer llegar a alguien mensajes o noticias, ya sea directamente o por teléfono, etc.
*Emitir, lanzar al espacio una estación de radio o de televisión las noticias, música, etc., destinadas al público.
*Comunicar a otros enfermedades o estados de ánimo que uno tiene.

B. "El director **transmitirá** la decisión final a los empleados."
"Es una tradición que el viernes santo las emisoras hispanas de radio solo **transmitan** música clásica."

C. [transmisión, transmisible, retransmitir; admitir, dimitir, emitir, omitir, permitir, remitir]

D. Conjugación regular, como **partir**.

13. **ubicar**:

A. *Situar o instalar en determinado espacio o lugar.
*Saber o afirmar que una cosa está en cierto sitio.

B. "Todavía no saben dónde **ubicarán** a sus huéspedes."
"El empleado **ubicó** el libro en el extremo izquierdo del estante."

C. [ubicación, ubicuidad, ubicuo, desubicar, reubicar; donde]

D. Conjugación regular, como **amar**.

14. **vincular**:

A. *Unir una cosa a otra.
*Sujetar o gravar ciertos bienes a perpetuidad para determinado uso o familia que el propietario señala.
*(fig.) Sujetar, relacionar a alguien a una responsabilidad, obligación.

B. "No **vincules** tu éxito al de los demás."
"Ella no quisiera ni pensar que su hijo **se vincule** con esa pandilla de delincuentes."

C. [vínculo, vinculación, vinculable, vinculante, desvincular]

D. Conjugación regular, como **amar**.

15. **unificar**:

A. *Hacer que varias cosas formen una o un conjunto, reduciéndolas a una misma especie, o que contribuyan a un efecto común.

B. "A partir del próximo año el gobierno **unificará** las tarifas de impuestos que se aplican a todos los productos importados."
"Tus resultados son contradictorios porque no **unificaste** los procedimientos de búsqueda de información."

C. [unificación, unificador, unificable; uno, único, unidad, unir, unión, unitario, aunar, desunir]

D. Conjugación regular, como **amar**.

16. **profesar**:

A. *Ejercer una ciencia, arte, oficio, etc.
*(fig) Sentir algún afecto, inclinación o interés y perseverar voluntariamente en ellos.
*Ser adepto a ciertas ideas o doctrinas.
*Obligarse en una orden religiosa a cumplir los votos propios de la institución.

B. "Un grupo de jóvenes **profesa** la medicina en las zonas rurales del país."
"Los afiliados al partido le **profesaban** una gran lealtad y respeto a su líder."

C. [profesión, profesional, profesionalidad, profesionalizar, profesionalismo, profeso, profesor, profesorado, profesoral]

D. Conjugación regular, como **amar**.

17. **erradicar**:

A. *Arrancar o extirpar de raíz cualquier cosa.
*Hacer desaparecer.

B. "Las rigurosas medidas de seguridad implantadas **erradicaron** el contrabando."
"La Asociación Médica considera que con la aplicación de su plan se **erradicará** por completo la epidemia que afecta a los niños de los barrios marginados."

C. [erradicación; raíz, radicar, radical, arraigar, arraigo, desarraigar]

D. Conjugación regular, como **amar**.

18. **expulsar**:

A. *Echar, hacer salir a alguien o algo de un sitio.

B. "Los negligentes **serán expulsados** de la compañía."
"Para producir los sonidos lingüísticos **expulsamos** el aire contenido en los pulmones a través de la boca o de las fosas nasales."

C. [expulsión, expulsivo, expulso, expulsor; expeler]

D. Conjugación regular, como **amar**. Tiene participio regular **'expulsado'** e irregular **'expulso'**.

19. **ceder**:

A. *Dar o dejar voluntariamente a otro el disfrute de cierta cosa.
*Disminuir, moderarse o apaciguarse una cosa.
*Cesar en una actitud de resistencia u opinión.

B. "Roberto **cedió** toda su herencia a los huérfanos."
"La creciente del río comenzó a **ceder** después de la lluvia."

C. [cesión, cesionario, cesionista; acceder, anteceder, conceder, preceder, proceder, retroceder]

D. Conjugación regular, como **temer**.

20. **proveer**:

A. *Disponer de las cosas necesarias para un fin.
*Dar o vender a alguien, de una vez o en entregas sucesivas, lo que necesita de cierta cosa.

B. "El encargado de mantenimiento se ocupa de **proveer** a las oficinas el material requerido para sus labores."
"Estas naranjas nos **proveen** la vitamina C que necesitamos."

C. [proveimiento, proveedor, providente, providencia, providencial, provisión, provisto; ver, prever]

D. Se conjuga como **leer**: proveo, provees, proveíste, prove**y**ó, prove**y**era. Tiene participio irregular **provisto**.

EJERCITACIÓN

Palabras presentadas en esta unidad:

1. acertar, 2. abolir, 3. grabar, 4. emanar, 5. sustraer, 6. sentenciar, 7. confiscar, 8. percibir, 9. imprimir, 10. infundir, 11. suspender, 12. transmitir, 13. ubicar, 14. vincular, 15. unificar, 16. profesar, 17. erradicar, 18. expulsar, 19. ceder, 20. proveer.

I. Copie en orden alfabético y lea en voz alta las palabras de la lista anterior:

1.______________, 2.______________, 3.______________, 4.______________,

5.______________, 6.______________, 7.______________, 8.______________,

9.______________, 10.______________, 11.______________, 12.______________,

13.______________, 14.______________, 15.______________, 16.______________,

17.______________, 18.______________, 19.______________, 20.______________.

II. En cada caso escriba el verbo de la lista anterior cuyo sentido coincida o se relacione estrechamente con el de las palabras dadas a continuación:

1. restar, rebajar, deducir; robar, hurtar: ______________
2. ligar, conectar, relacionar, asociar; atar, sujetar: ______________
3. aprovisionar, facilitar, suministrar, proporcionar: ______________
4. anular, derogar, cancelar, suprimir, invalidar: ______________
5. dar, traspasar; transigir, retirarse; disminuir, menguar: ______________
6. calcar, ilustrar, inscribir; fijar: ______________
7. nacer, proceder, provenir; irradiar, emitir, salir: ______________
8. sacar, extraer, eliminar: ______________
9. quitar, expropiar, embargar, incautar, decomisar: ______________

10. decidir, enjuiciar, dictaminar, dictar, pronunciar, fallar: ____________________

11. notar, ver, apreciar, advertir; cobrar: ____________________

12. inspirar, comunicar, inculcar, imbuir, soplar: ____________________

13. situar, colocar, instalar; encontrar, hallar: ____________________

14. editar, publicar, estampar, lanzar: ____________________

15. adivinar, atinar, dar en el clavo, encontrar, descifrar: ____________________

16. igualar, integrar, agrupar, juntar, congregar, reunir: ____________________

17. desempeñar, ejercer, actuar, practicar; sentir, creer: ____________________

18. difundir, decir, transferir, extender: ____________________

19. echar, desterrar, desalojar, despedir, arrojar: ____________________

20. colgar, tender, guindar; detener, parar, retardar; reprobar: ____________________

III. Llene cada espacio en blanco con la forma adecuada del verbo de la lista anterior que mejor convenga:

1. Ese desagradable olor ____________________ del basurero que han creado al otro lado de la calle.

2. En menos de un año el cantante ____________________ tres nuevos discos.

3. Los consejos y el ejemplo de su padre le ______________ mucha seguridad y autoestima a Daniel.

4. Por medio de una delicada operación, el médico ________________ completamente el tumor que amenazaba con dejar ciego al paciente.

5. A pesar de que en tres ocasiones las autoridades de Aduanas le ____________________ esos productos, él los ha seguido trayendo clandestinamente.

6. Afortunadamente, la lluvia está ____________________ y podremos continuar el partido de fútbol.

7. En muchas familias es tradicional que los padres ____________________ el dinero y las madres realicen las labores domésticas.

8. Si usted ______________________ algún cambio en el ritmo de su respiración, llámeme inmediatamente, le dijo el médico a la madre del niño enfermo.

9. El acusado escuchó con angustia cuando el Jurado ____________________ : "Culpable".

10. Yo siempre ________________ a Juan Antonio con la familia Fernández, pero el otro día me dijo que era hijo de Francisco González.

11. Es un joven bien educado y amable que _________________ un gran respeto a su padre.

12. Al fin la universidad _______________ el requisito de inscribir 15 créditos para poder ser considerado estudiante regular.

13. Ahora tiene más espacio en la habitación porque __________________ el estante en una esquina.

14. Creo que el salón se vería más elegante si ______________ las flores del techo, en vez de colocarlas sobre la mesa.

15. Quería que la editorial ________________ la portada de su libro en tres colores, pero eso habría elevado mucho el costo.

16. De las tres manzanas que Juanito había puesto dentro de la canasta, ya solo quedaba una

porque su hermano ___________________ dos.

17. No sabía la respuesta exacta de ninguna de las complicadas preguntas del examen, pero

por suerte ____________________ con la solución de seis y aprobé.

18. Algunas emisoras de radio solo ________________ música instrumental durante todo el día.

19. Anteriormente teníamos tres negocios distintos, pero los ______________________ para concentrar todo el capital y obtener así mayores beneficios.

20. El Director ________________ de manera definitiva del colegio a los dos estudiantes que fueron sorprendidos copiando el examen.

IV. Redacte una oración original, diferente de las que aparecen en esta unidad, con cada una de las palabras estudiadas:

1. acertar: ______________________________

2. abolir: ______________________________

3. grabar: ______________________________

4. emanar: ______________________________

5. sustraer: ______________________________

6. sentenciar: ______________________________

7. confiscar: ______________________________

8. percibir: ______________________________

9. imprimir: ______________________________

10. infundir: ______________________________

11. suspender: ______________________________

12. transmitir: ______________________________

13. ubicar: ______________________________

14. vincular: ______________________________

15. unificar: ______________________________

16. profesar: ______________________________

17. erradicar: ______________________________

18. expulsar: ______________________________

19. ceder: ______________________________

20. proveer: ______________________________

UNIDAD # 2

PRESENTACIÓN

1. **descollar**:

A. *Sobresalir, ser una cosa superior o más notable que las otras entre las que está.

B. "La torre de la iglesia **descuella** sobre las demás edificaciones de la ciudad."
"Si persevera, ese joven **descollará** entre sus compañeros por su espíritu de colaboración."

C. [descollamiento, descollante; cuello, collar, acollarar, apercollar]

D. Se conjuga como **contar.** La **o** diptonga en **ue** cuando recibe el acento: desc**ue**lla, desc**ue**lles, pero desc**o**llaba, desc**o**llaremos.

2. **acarrear**:

A. *Transportar en carro o de cualquier manera.
*(fig.) Dicho de daños o desgracias, ocasionar, producir, traer consigo.

B. "Los campesinos **acarrean** con dificultad sus productos a la ciudad."
"La corrupción administrativa **acarrea** serios problemas al sistema socioeconómico de cualquier nación."

C. [acarreador, acarreamiento, acarreo; carro, carreta, carretera, carril, encarrilar, descarrilar]

D. Conjugación regular, como **amar**.

3. **acoger**:

A. *Admitir uno en su casa o compañía a otra u otras personas.
*Recibir algo o a alguien de cierta manera.

B. "El albergue infantil **acoge** a todos aquellos niños que están desamparados."
"No te preocupes, **acogeremos** a tus amigos como si fueran los nuestros."

C. [acogida, acogedor, acogimiento; coger, encoger, escoger, recoger, sobrecoger]

D. Conjugación regular, como **temer**. No es irregularidad el cambio de la **g** por **j** delante de **-a** y **-o** que se realiza para mantener la adecuada representación del sonido: aco**j**o, aco**g**es, aco**j**a.

4. **deshacer**:

A. *Quitar la forma o figura a una cosa, descomponiéndola.

B. "El mal tiempo **deshizo** nuestros planes."
"Ese niño **deshace** todos los juguetes que llegan a sus manos."

C. [deshacimiento, deshacedor, deshecho; hacer, rehacer]

D. Conjugación irregular, como **hacer**: deshago, deshaces, deshice.

5. **acudir**:

A. *Ir uno al sitio a donde le conviene o es llamado.
*Recurrir o valerse de alguien o de una cosa para un fin.

B. "Los empleados **acudieron** puntualmente a la reunión."
"Aquel vendedor inescrupuloso **acudía** a la mentira para convencer a sus clientes."

C. [acudimiento, acudido; sacudir]

D. Conjugación regular, como **partir**.

6. **fallecer**:

A. *Morir, acabar la vida.

B. "Los tripulantes **fallecieron** poco después de ocurrir el accidente."
"Temen que el enfermo **fallezca** de un momento a otro."

C. [fallecimiento, fallecedero, fallecido, falleciente; fallar, fallido, desfallecer; falible, infalible, falaz, falacia]

D. Conjugación irregular, como **agradecer**: fallecen, falleció, falle**zca**.

7. **revestir**:

A. *Vestir una ropa sobre otra. (Se usa regularmente hablando del sacerdote cuando sale a decir misa, por ponerse sobre el vestido los ornamentos).
*Cubrir una cosa con una capa o lámina.
*(fig.) Presentar una cosa determinado aspecto, cualidad o carácter.

B. "El celebrante **se reviste** con sus ornamentos antes de la ceremonia."
"Esa reunión **revestía** mucha importancia para la empresa."

C. [revestimiento, revestido; vestir, vestimenta, vestuario, desvestir, investir]

D. Conjugación irregular, como **vestir**: re**v**isto, rev**i**stes, rev**e**stimos, rev**e**stí, rev**i**stió, rev**i**stiera.

8. **rozar**:

A. *Pasar una cosa tocando y oprimiendo ligeramente la superficie de otra o acercándose mucho a ella.
*(fig. [-se]) Tratarse o tener entre sí dos o más personas familiaridad y confianza.

B. "Al pronunciar la consonante "f" el aire **roza** el borde de los dientes incisivos superiores y del labio inferior."
"Aunque son parientes cercanos, no **se rozan** mucho."

C. [rozadera, rozadura, rozamiento, roce]

D. Conjugación regular, como **amar**.

9. **agravar**:

A. *Hacer el estado de una cosa más grave o molesto de lo que era.

B. "La disposición del nuevo gobernante **agravó** la situación de los obreros."
"Un susto puede **agravar** la salud de un enfermo."

C. [agravación, agravamiento, agravante; grave, gravedad, gravar, gravamen, agraviar, desagravio]

D. Conjugación regular, como **amar**.

10. **deslizar**:

A. *Irse los pies por encima de una superficie lisa o mojada; mover o pasar una cosa sobre otra suavemente.
*Incluir en un escrito o discurso, como al descuido, frases o palabras intencionadas.

B. "Los niños se divierten **deslizándose** sobre el césped de la colina."
"En su artículo **deslizó** algunas insinuaciones que molestaron a algunos lectores."

C. [deslizamiento, deslizable, desliz, deslizadero, deslizante, deslizadizo]

D. Conjugación regular, como **amar**.

11. **agotar**:

A. *Extraer todo el líquido que hay en una capacidad cualquiera; secar hasta la última gota.
*(fig.) Gastar del todo cualquier cosa material o no material.
*(fig. [-se]) Cansarse extremadamente.

B. "El laboratorista **agotó** toda la solución contenida en la botella."
"A ese profesor se le **agotan** con frecuencia los materiales que lleva preparados para la clase en menos tiempo del previsto."

C. [agotamiento, agotable, agotador, agotante]

D. Conjugación regular, como **amar**.

12. **arrebatar**:

A. *Quitar o tomar alguna cosa con violencia y fuerza.
*Llevar tras o consigo con fuerza irresistible.
*Sacar de sí, conmover poderosamente excitando alguna pasión o afecto.

B. "Los bandoleros **arrebataron** al policía su arma de reglamento."
"Cuando vi el trágico suceso me **arrebató** un sentimiento de compasión y lástima."

C. [arrebatamiento, arrebatadizo, arrebatador, arrebatiña, arrebato, arrebatado, arrebatante; rebato]

D. Conjugación regular, como **amar**.

13. **azotar**:

A. *Dar golpes a uno.
*(fig.) Golpear una cosa o dar repetida y violentamente contra ella.

B. "A Jesús, antes de crucificarlo, lo **azotaron** despiadadamente."
"Se espera que los vientos del huracán no **azoten** con mucha fuerza las costas del país."

C. [azotamiento, azotador, azotaina, azote, azotina]

D. Conjugación regular, como **amar**.

14. **desplazar**:

A. *Mover a una persona o cosa del lugar en que está.
*Quitar a alguien del puesto o cargo que desempeña para ocupar su lugar.

B. "**Desplazarán** ese mueble para crear más espacio en la habitación."
"Las nuevas generaciones **han desplazado** a los viejos dirigentes del partido."

C. [desplazamiento; plaza, aplazar, emplazar, reemplazar]

D. Conjugación regular, como **amar**.

15. **distanciar**:

A. *Separar, poner alejadas cosas que estaban juntas o alejarlas más de lo que estaban.
*(-se) Dejar de ser amigos o serlo menos que antes.

B. "No **distancies** tanto las sillas porque no podrás colocarlas todas alrededor de la mesa."
"Es lamentable que **se distanciaran** después de haber forjado una estrecha amistad desde la adolescencia."

C. [distancia, distanciamiento, distante, distar; estar]

D. Conjugación regular, como **cambiar**.

16. **apresurar**:

A. *(-se) Dar prisa, acelerar.

B. "Si no **te apresuras**, perderás el autobús de las diez."
"**Me apresuré** tanto por terminar a tiempo, que respondí mal varias preguntas del examen."

C. [apresuración, apresuramiento, presuroso; prisa, aprisa, de prisa]

D. Conjugación regular, como **amar**.

17. **apoderar**:

A. *Dar poder una persona a otra para que la represente.
*(-se) Hacerse uno dueño de alguna cosa, ocuparla, ponerla bajo su poder.

B. "Por razones de viaje, **apoderé** a mi hermano para que firmara el contrato."
"Uno de los hijos del millonario **se apoderó** de toda la herencia."

C. [apoderamiento, apoderado; poder, poderío, posibilitar, pudiente, potente, potencial, impotente, potestad]

D. Conjugación regular, como **amar**.

18. **repercutir**:

A. *Retroceder o mudar de dirección un cuerpo al chocar con otro.
*Producir eco el sonido.
*(fig.) Trascender, causar efecto una cosa en otra ulterior.

B. "La pelota lanzada por el jugador **repercutió** en la pared y fue a parar al extremo derecho del campo de juego."
"La muerte de Jorge Luis Borges **repercutió** en el mundo entero."

C. [repercusión, repercusivo; percutir, percusión]

D. Conjugación regular, como **partir**.

19. **idear**:

A. *Formar un pensamiento o un conjunto de pensamientos enlazados sobre algo.

B. "El investigador **ideó** una nueva teoría que sin duda revolucionará la ciencia."
"Cada año **son ideados** nuevos y originales disfraces para los bailes de carnaval."

C. [ideación, ideario; idea, ideal, idealizador, idealizar, idealización, ideograma, ideólogo, ideológico, idealismo, ideología]

D. Conjugación regular, como **amar**.

20. **indagar**:

A. *Averiguar, hacer lo necesario para llegar a conocer cierta cosa.

B. "Los detectives **indagarán** los hechos hasta encontrar al culpable del crimen."
"**Indagaré** sin descanso para descubrir las causas por las que se suicidó."

C. [indagación, indagador, indagatoria, indagatorio]

D. Conjugación regular, como **amar**.

EJERCITACIÓN

Palabras presentadas en esta unidad:

1. descollar, 2. acarrear, 3. acoger, 4. deshacer, 5. acudir, 6. fallecer, 7. revestir, 8. rozar, 9. agravar, 10. deslizar, 11. agotar, 12. arrebatar, 13. azotar, 14. desplazar, 15. distanciar, 16. apresurar, 17. apoderar, 18. repercutir, 19. idear, 20. indagar.

I. Copie en orden alfabético y lea en voz alta los 20 verbos de la lista anterior:

1.______________, 2.______________, 3.______________, 4.______________,

5.______________, 6.______________, 7.______________, 8.______________,

9.______________, 10.______________, 11.______________, 12.______________,

13.______________, 14.______________, 15.______________, 16.______________,

17.______________, 18.______________, 19.______________, 20.______________.

II. En cada caso escriba ell verbo de la lista anterior cuyo sentido coincida o se relacione estrechamente con el de las palabras dadas a continuación:

1. investigar, averiguar, buscar, examinar, explorar, sondear: ______________
2. delegar, encargar, autorizar; apropiarse, adueñarse: ______________
3. acelerar, activar, precipitar, afanarse, apurar, apremiar: ______________
4. concebir, pensar, imaginar, discurrir; inventar: ______________
5. rebotar; influir, trascender, intervenir: ______________
6. desalojar, apartar, remover, mudar, trasladar: ______________
7. ir, asistir, presentarse; apelar, recurrir: ______________
8. golpear, maltratar, vapulear, flagelar, zurrar, pegar: ______________
9. frotar, rasar, tocar; tratarse, relacionarse: ______________

10. llevar, cargar, transportar, conducir; ocasionar, producir: ____________________

11. cubrir, envolver, arropar, encapotar, recubrir, cobijar: ____________________

12. arrancar, quitar, despojar, robar; irritarse: ____________________

13. resbalar, patinar, escurrir, rodar; introducir, insinuar: ____________________

14. recibir, admitir, aceptar; proteger, amparar, refugiar: ____________________

15. alejar, separar, apartar, retirar; enemistar: ____________________

16. empeorar, recrudecer, recargar, aumentar, abrumar: ____________________

17. consumir, debilitar, extinguir, acabar, terminar, concluir: ____________________

18. desbaratar, descomponer, destruir, disolver: ____________________

19. morir, perecer, expirar, sucumbir: ____________________

20. resaltar, destacarse, distinguirse, sobresalir: ____________________

III. Llene cada espacio en blanco con la forma adecuada del verbo de la lista anterior que mejor convenga:

1. La niña ____________________ su muñeca con un traje de novia y la sentó en el sofá.

2. No conocí a mis abuelos, porque cuando yo nací ya ellos ________________________.

3. La salud del enfermo se ____________________ a causa de un edema pulmonar.

4. Regularmente, las soluciones violentas ____________________ más problemas que los que pretenden resolver.

5. El viento ________________ las ramas de los pinos y produce un silbido agradable.

6. Todavía estás a tiempo de ________________ el contrato si crees que te perjudica.

7. Como no había nadie en la casa, el mensajero ________________ el sobre por debajo de la puerta.

8. Es un orador excelente: ______________ el tema de la conferencia en una hora y todo el mundo quedó satisfecho.

9. No seas tan grosero y devuelve a tu hermana el juguete que le ________________.

10. Para que la gente lo entendiera mejor, siempre ____________________ al uso de comparaciones y de anécdotas.

11. Dudo que ese acontecimiento ____________________ en la estabilidad de la familia.

12. Lo __________________ con tanta fuerza que le dejaron varias cicatrices en la espalda.

13. Durante la niñez era un estudiante mediocre, pero ahora ___________________ en toda la universidad como uno de los mejores.

14. Vivía en el extranjero y por eso ______________ a un abogado para que lo representara en la firma del contrato.

15. Tenemos que __________________ una forma más económica de pasar las vacaciones.

16. Estaba muy contenta porque el gerente ________________ con simpatía su solicitud de ascenso.

17. Se __________________ a gran velocidad cuando ocurrió el accidente.

18. Es de mal gusto ____________________ la edad o el sueldo que gana una persona.

19. Antes eran muy amigos, pero después de aquella discusión se _______________ y ahora ni se saludan.

20. No te ______________________ tanto, que falta mucho tiempo todavía.

IV. Redacte una oración original, diferente de las que aparecen en esta unidad, con cada una de las palabras estudiadas:

1. descollar: ______
2. acarrear: ______
3. acoger: ______
4. deshacer: ______
5. acudir: ______
6. fallecer: ______
7. revestir: ______
8. rozar: ______
9. agravar: ______
10. deslizar: ______
11. agotar: ______
12. arrebatar: ______
13. azotar: ______
14. desplazar: ______
15. distanciar: ______
16. apresurar: ______
17. apoderar: ______
18. repercutir: ______
19. idear: ______
20. indagar: ______

REVISIÓN DE UNIDADES 1 y 2

Junto a cada una de las 30 descripciones o definiciones dadas, escriba el número (entre 1 y 40) correspondiente a la palabra adecuada. Luego, encuentre en la **sopa de letras**, y encierre entre líneas, las 30 palabras seleccionadas. Esas palabras pueden aparecer horizontal, vertical o diagonalmente, en un sentido o en el inverso.

20 contrario de "equivocarse", "errar"
___ reunir varias cosas en una
___ sinónimo de "gastar", "consumir"
___ contrario de "rechazar"
___ cambiar de un lugar a otro
___ sinónimo de "notar", "darse cuenta"
___ contrario de "establecer", "implantar"
___ sinónimo de "decretar", "enjuiciar"
___ asistir o presentarse a un lugar
___ sinónimo de "sobresalir", "destacarse"
___ contrario de "continuar", "proseguir"
___ dar golpes
___ sinónimo de "colocar" y de "encontrar"
___ transportar en carro o de otra forma
___ sinónimo de "provenir", "derivarse"
___ sinónimo de "pensar", "inventar"
___ contrario de "dar" o "añadir"
___ tomar el Estado los bienes de uno
___ sinónimo de "comunicar", "expresar"
___ contrario de "nacer"
___ autorizar, dar poder para una cosa
___ suministrar lo necesario para algo
___ sinónimo de "frotar", "tocar"
___ contrario de "retardar", "demorar"
___ hacer más grave
___ registrar sonido o imagen en disco o cinta
___ sinónimo de "buscar", "averiguar"
___ contrario de "admitir", "atraer"
___ sinónimo de "rodar", "escurrir"
___ contrario de "resistir"

1. emanar, 2. sustraer, 3. sentenciar, 4. confiscar, 5. percibir, 6. imprimir, 7. azotar, 8. desplazar, 9. infundir, 10. suspender, 11. erradicar, 12. repercutir, 13. idear, 14. indagar, 15. transmitir, 16. ubicar, 17. vincular, 18. unificar, 19. profesar, 20. acertar, 21. expulsar, 22. ceder, 23. proveer, 24. abolir, 25. grabar, 26. descollar, 27. acarrear, 28. acoger, 29. deshacer, 30. cudir, 31. fallecer, 32. revestir, 33. rozar, 34. agravar, 35. deslizar, 36. agotar, 37. arrebatar, 38. distanciar, 39. apresurar, 40. apoderar.

SOPA DE LETRAS 1

P	E	R	C	I	B	I	R	R	A	T	R	E	C	A	E	F	U	P	M
D	U	R	A	T	O	G	A	P	V	R	A	I	C	N	E	T	N	E	S
N	F	J	A	N	Q	J	R	R	A	E	R	R	A	C	A	M	R	T	B
B	X	N	R	B	A	E	O	L	J	A	G	R	A	V	A	R	I	R	N
F	A	G	G	A	S	M	L	G	C	R	A	Z	I	L	S	E	D	E	N
R	E	H	R	U	C	O	E	I	S	T	I	N	F	G	I	N	U	D	W
A	T	F	R	A	C	S	F	T	O	Y	D	H	N	L	C	L	C	E	R
R	C	A	N	S	Z	I	I	Z	F	A	L	L	E	C	E	R	A	C	A
E	R	O	E	R	N	A	A	F	G	B	R	E	D	N	E	P	S	U	S
D	R	D	G	U	A	T	L	A	N	I	N	O	S	H	L	M	H	V	L
O	A	G	U	E	H	Z	R	P	R	O	V	E	E	R	A	C	I	B	U
P	E	C	B	J	R	B	O	Q	S	C	C	L	G	R	A	B	A	R	P
A	D	R	A	C	I	D	A	R	R	E	B	A	T	A	R	P	A	F	X
R	I	T	I	M	S	N	A	R	T	N	D	E	Y	M	M	C	E	E	E

CRUCIGRAMA 1

Este **crucigrama** contiene, en diferentes formas flexionales, las 40 palabras de las unidades 1 y 2. Complete cada una de las oraciones dadas con la forma adecuada de la palabra que mejor convenga al contexto y de esa manera encontrará la solución del crucigrama.

1. emanar, 2. sustraer, 3. sentenciar, 4. confiscar, 5. percibir, 6. imprimir, 7. azotar, 8. desplazar, 9. infundir, 10. suspender, 11. erradicar, 12. repercutir, 13. idear, 14. indagar, 15. transmitir, 16. ubicar, 17. vincular, 18. unificar, 19. profesar, 20. acertar, 21. expulsar, 22. ceder, 23. proveer, 24. abolir, 25. grabar, 26. descollar, 27. acarrear, 28. acoger, 29. deshacer, 30. acudir, 31. fallecer, 32. revestir, 33. rozar, 34. agravar, 35. deslizar, 36. agotar, 37. arrebatar, 38. distanciar, 39. apresurar, 40. apoderar.

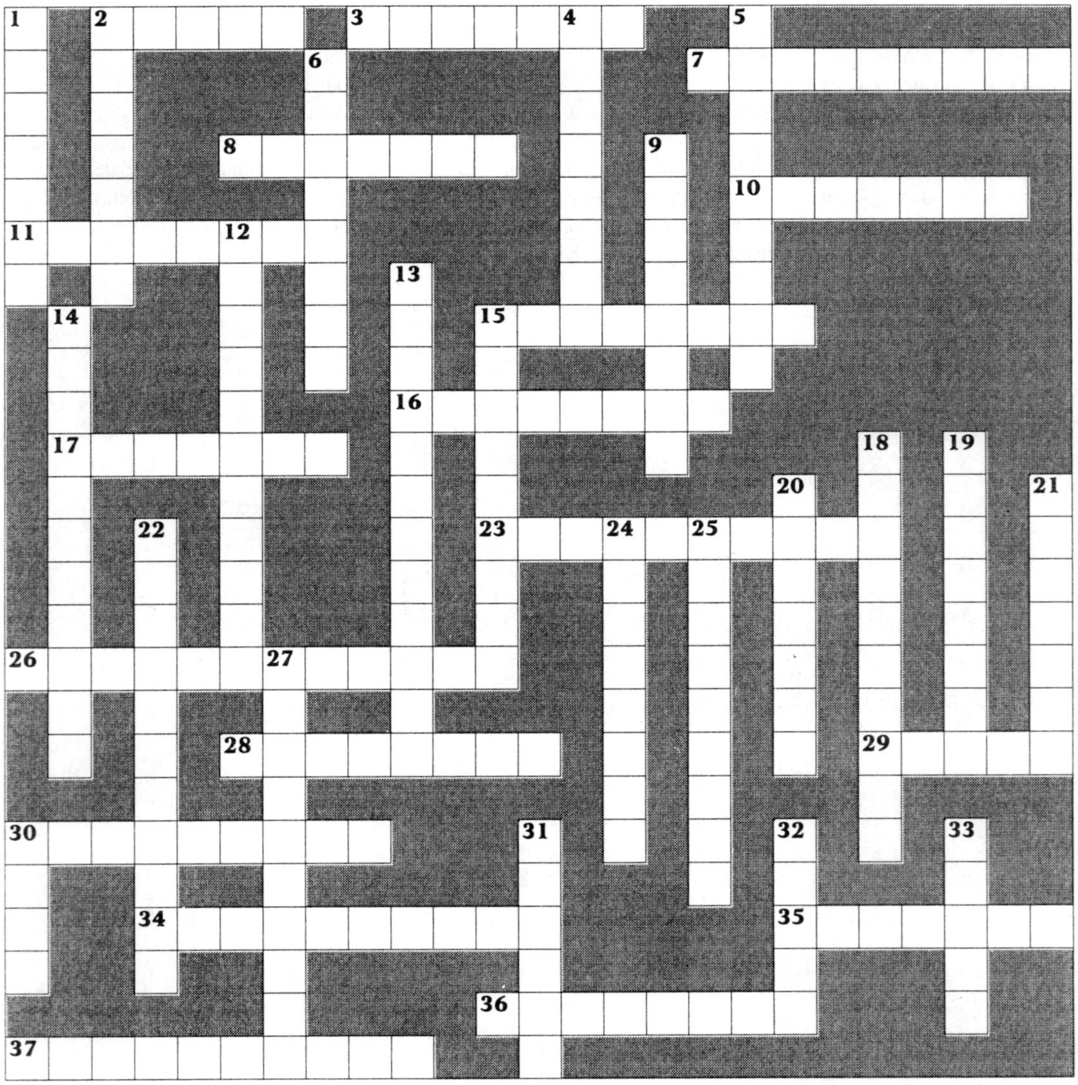

VERTICALES:

1. Pasó mucho tiempo antes de que las autoridades ..... un mecanismo para evitar la frecuente ocurrencia de accidentes en esa esquina.
2. El Presidente prometió que ..... la obligatoriedad del servicio militar.
4. El calor ..... el proceso de maduración de las frutas.
5. Si todos los ciudadanos colaboráramos con la campaña contra el analfabetismo, en poco tiempo se podría ..... ese terrible mal social.
6. Los militares ..... rudamente al sospechoso para que declarara la verdad.
9. Si no ..... en la primera oportunidad, inténtalo otra vez: nunca te des por vencido.
12. Los asaltantes le ..... la cartera y huyeron velozmente.
13. Los organizadores ..... la exhibición de la película a causa de un desorden provocado por el público.
14. El asesinato de aquel defensor de los derechos humanos ..... en la situación política del país.
15. Casi todos los presentes ..... con gran estusiasmo la idea de un cambio en el calendario de actividades.
18. La secretaria se esforzaba por mantenerse al día porque no quería que una recién llegada la ..... de su posición.
19. Luis es huérfano: su padre ..... cuando él era muy pequeño.
20. La Editorial Universitaria ..... un promedio de diez libros por año.
21. La policía lo ..... al crimen cometido la semana pasada.
22. La solución de ese problema se obtiene ..... las dos últimas cifras de la primera.
24. Si queremos terminar el trabajo a tiempo, debemos ..... nuestros esfuerzos.
25. Concluidas las extensas deliberaciones, el juez ..... en favor del demandante.
27. El gobierno anunció que ..... los bienes de quienes evadan el pago de los impuestos.
30. Al pasar por la puerta ..... la madera recién pintada y me manché la camisa.

31. Espero que ..... bien en tu memoria las recomendaciones que te dio el médico.

32. No se ha llegado a un acuerdo porque ninguna de las partes implicadas en el conflicto ha querido .....

33. Mi abuelo ..... su casa en la parte más encumbrada de la cordillera.

HORIZONTALES:

2. Hace unos días que Juan no ..... a su trabajo y nadie en la fábrica sabe el porqué.

3. Después de ..... pacientemente, descubrió la respuesta exacta a la pregunta.

7. Me gusta estar en compañía de Marcos porque me ..... su optimismo y buen humor.

8. Por la escasez de materia prima, los molinos no pudieron ..... la harina que necesitaban las panaderías.

10. En un ataque de ira, la adolescente ..... el dibujo que le había consumido tanto tiempo.

11. El descenso de los precios del azúcar ..... la ya difícil situación económica que vive el país.

15. Los vehículos pesados que ..... la mercancía desde el puerto, han deteriorado el piso de la carretera.

16. Los buenos alumnos deben ..... respeto a sus profesores.

17. La alegría que ..... del rostro de la artista reanimó a todos los asistentes al concierto.

23. Con la práctica de los deportes, nosotros ..... las tensiones de la vida cotidiana.

26. El profesor ordenó a sus estudiantes que ..... las butacas antes de comenzar el examen.

28. Dios le ..... una paciencia inquebrantable a la madre de ese niño tan inquieto.

29. El exceso de ejercicio físico ..... las fuerzas del atleta más resistente.

30. La ceremonia de graduación de mañana ..... gran esplendor, según declaró el encargado de la Oficina de Prensa de la Universidad.

34. Desde pequeña su hija ..... entre todos sus compañeros por sus excelentes calificaciones y su ejemplar comportamiento.

35. En medio de la oscuridad, el anciano se ..... por las escaleras y se rompió una pierna.

36. Los empleados de esa compañía pretenden ..... unos salarios más altos que los que en verdad se merecen.

37. Cuando se divorciaron, uno de los cónyuges trató de ..... de la mayor parte de los bienes de la pareja.

DIGRESIÓN FONÉTICA

Algunos lingüistas sostienen que el acento de las palabras en español está condicionado morfológicamente, es decir, que puede explicarse en relación con su raíz o su lexema. De esta forma, por ejemplo, los lexemas o radicales de los verbos, si tienen acento, solo lo pueden recibir en su última sílaba. Obsérvense los siguientes ejemplos: am+o, am+a+mos, am+a+ba+s; compromet+o, compromet+e+mos, compromet+í+a+s, compromet+a+n, compromet+í; escrib+o, escrib+i+mos, escrib+i+rá+n. Según se aprecia, el acento de los verbos recae con más frecuencia en la desinencia o en los morfemas que en la raíz o el lexema.

Los verbos terminados en **-iar** y **-uar** ofrecen una situación especial. En ellos la colocación del acento no se ajusta a un patrón general, sino que varía de unos verbos a otros: en unos casos aparece sobre una vocal y en otros casos sobre otra.

Verbos que terminan en -IAR:

1. La **i** es siempre átona, tanto si el acento recae sobre la raíz como en la desinencia:
   cambiar: cambio, cambias, cambiamos, cambiabas, cambié, cambiarán.
   distanciar: distancio, distancias, distanciamos, distanciabas, distancié.
   odiar: odio, odias, odiamos, odian, odiabas, odié, odiarán.

2. La **i** recibe el acento en determinadas formas del presente del indicativo, del subjuntivo y del imperativo:
   desviar: desv**í**o, desv**í**as, desvi**a**mos, desv**í**an, desv**í**e, desvi**e**mos, desv**í**en.
   espiar: esp**í**o, esp**í**as, espi**a**mos, esp**í**an, esp**í**e, espi**e**mos, esp**í**en.
   vaciar: vac**í**o, vac**í**as, vaci**a**mos, vac**í**an, vac**í**e, vaci**e**mos, vac**í**en.

Verbos que terminan en -UAR:

1. La **u** es átona cuando la última consonante de la raíz es **/g/** o **/k/** (**c**):
   averiguar: averiguo, averiguas, averiguamos, averiguaba, averigüen.
   atestiguar: atestiguo, atestiguas, atestiguamos, atestiguaba, atestigüen.
   adecuar: adecuo, adecuas, adecuamos, adecuaba, adecuen.
   evacuar: evacuo, evacuas, evacuamos, evacuaba, evacuen.

2. La **u** recibe el acento en determinadas formas del presente del indicativo, del subjuntivo y del imperativo cuando la última consonante de la raíz **no** es **g** ni **k** (**c**):
   acentuar: acent**ú**o, acent**ú**as, acentu**a**mos, acent**ú**e.
   atenuar: aten**ú**o, aten**ú**as, atenu**a**mos, aten**ú**e.
   evaluar: eval**ú**o, eval**ú**as, evalu**a**mos, eval**ú**e.
   continuar: contin**ú**o, contin**ú**as, continu**a**mos, contin**ú**e.

UNIDAD # 3

PRESENTACIÓN

1. **provisional**:

   A. *No definitivo; se dice de lo que se hace, se tiene o está en un sitio haciendo el papel de la cosa que ha de ocuparlo definitivamente y dispuesto a ser reemplazado por ella.

   B. "Hasta que se celebren las elecciones, regirá un gobierno **provisional**."
   "Los damnificados por el terremoto vivirán en casas **provisionales** durante el invierno."

   C. [provisión, provisor, provisorio; ver, entrever, prever, proveer, improvisar, revisar]

2. **evidente**:

   A. *Tan claro que resulta indudable o innegable.

   B. "Es **evidente** que el techo necesita reparaciones ya que hay filtraciones de agua por todas partes."
   "El motivo del asesinato era **evidente**: la mataron para robarle las joyas."

   C. [evidencia, evidenciar; prever, previsión, previsor; ver]

3. **radical**:

   A. *Relativo a la raíz.
   *(fig.) Se aplica a cualquier cosa que obra o se produce de manera completa, sin limitación, atenuaciones o paliativos; se aplica también a las personas que, en sus afirmaciones, decisiones, etc., no emplean términos medios.
   *(fig.) Fundamental, básico.

   B. "Hasta ahora parece difícil encontrar un remedio **radical** para el cáncer."
   "El señor Bermúdez es mal visto por los conservadores porque siempre adopta posiciones **radicales**."

   C. [radicalismo, radicalizar, radicalización, radicar, radícula; raíz; erradicar]

4. **rebelde**:

   A. *Que se niega a obedecer a la autoridad legítima.
   *Indócil, difícil de dirigir, de educar o de gobernar, porque no obedece o atiende a lo que se le manda o indica.
   *Se aplica a cosas que son difíciles de vencer, curar, resolver, o trabajar.

B. "Estos estudiantes se caracterizan por ser **rebeldes**: suelen estar en desacuerdo con la política universitaria."
"Tiene un pelo tan **rebelde** que no le ha valido de nada la cantidad de tratamientos que ha probado."

C. [rebeldía, rebelarse, rebelión]

5. **eminente**:

A. *Más alto, en sentido físico, que lo que le rodea.
*(fig.) De mucho mérito o valor; particularmente, de mucho valer en cierta profesión.

B. "Murió el doctor González, el hombre más **eminente** del pueblo."
"He contratado a uno de los abogados más **eminentes** del país para defender el caso."

C. [eminencia, eminentísimo, preeminente, inminente, prominente]

6. **afectado**:

A. *Falto de naturalidad, que busca producir efecto de cierta cosa, especialmente de distinguido, refinado o delicado.
*Aquejado, molestado.

B. "Aquellas señoras son de procedencia muy humilde pero tratan de ocultarlo usando ademanes algo **afectados**."
"Desde hace unas semanas se encuentra **afectado** por una enfermedad que lo mantiene en cama."

C. [afectación, afectar, afectador]

7. **dramático**:

A. *Relativo al drama.
*(fig.) Capaz de interesar y conmover vivamente.
*Teatral, afectado.

B. "En el momento más **dramático** de la película todos comenzamos a llorar."
"De todos los testimonios que se presentaron ante el jurado, la historia más **dramática** fue la del señor Silva."

C. [drama, dramática, dramatismo, dramatizar, dramatización; dramón; dramaturgia, dramaturgo]

8. **cordial**:

A. *Afectuoso, amistoso y expresivo, en general o en cierta ocasión.

B. "Mis amigos estuvieron muy **cordiales** con nosotros cuando fuimos de visita a su casa."
"Parece una regla universal: las personas más humildes suelen ser las más **cordiales**."

C. [cordialidad; corazón, corazonada, descorazonar; coraje, corajudo; concordar, concordante, concordato, concorde, concordia, discordia, discorde, discordar]

9. **sublime**:

A. *De mucho valor, excelso.
*De gran belleza, por lo que provoca una emoción noble.

B. "Lo motivaron mucho las **sublimes** palabras del Evangelio."
"La poesía es una expresión **sublime** del alma humana."

C. [sublimidad, sublimar, sublimado, sublimación]

10. **pertinente**:

A. *Adecuado y oportuno en la ocasión o el caso de que se trata; que viene a propósito.

B. "El moderador realizó un comentario muy **pertinente** que aclaró el asunto que se estaba discutiendo."
"Para la construcción de tu casa lo **pertinente** sería contratar a un buen arquitecto."

C. [pertinencia, impertinencia, impertinente; tener, tenencia; tenaz, tenacidad; abstener, abstinencia; contener; detener; entretener; obtener; pertenecer, pertenencia; retener; sostener, sustentar]

11. **sutil**:

A. *Muy fino, delicado.
*(fig.) De poca intensidad y gran penetración; agudo y penetrante y, a la vez, basado en cosas leves y poco perceptibles.

B. "Cuidado con los **sutiles** engaños del que te quiere vender algo."
"De forma **sutil** pero directa le dijo que no servía para este trabajo."

C. [sutileza, sutilizar]

12. **astuto**:

A. *Hábil para darse cuenta de lo que le conviene; que no se deja engañar; capaz de lograr lo que quiere con engaños.

B. "Ese hombre es tan **astuto** que podría vender hielo en el polo norte."
"En las fábulas, el zorro es el animal más **astuto**, el que logra siempre aprovecharse de sus víctimas."

C. [astucia]

13. **estético**:

A. *Relativo a la estética (disciplina que estudia las condiciones de lo bello).
*Relativo a la percepción o apreciación de la belleza.

B. "La función de ballet produjo una emoción **estética** en la mayoría de los espectadores."
"La pintura de Van Gogh es sumamente valiosa desde el punto de vista **estético**."

C. [estética, esteticismo; anestesia, anestesiar, anestésico; hiperestesia, hiperestesiar]

14. **vigente**:

A. *Se aplica a leyes, disposiciones, costumbres, modas, etc., que rigen, se usan o son válidas en el momento de que se trata.

B. "No se preocupe en cuanto a esas leyes, porque ya no se encuentran **vigentes**."
"¿Todavía están **vigentes** o ya no se usan esos sombreros de ala ancha?

C. [vigencia; vigor, vigoroso, vigorizar]

15. **apuesto**:

A. *Se dice de una persona, particularmente de un hombre joven, de hermosa presencia.

B. "Aquel hombre es muy **apuesto** pero le falta un poco de inteligencia."
"Era un joven ideal, el príncipe soñado de muchas solteras: **apuesto**, fino, rico e inteligente."

C. [aposición, apositivo; poner, posición, componer, disponer, imponer, proponer, suponer]

16. **asequible**:

A. *Que se puede conseguir o alcanzar.
*Entendible, en general, o para alguien determinado.

B. "Para progresar y tener éxito debemos proponernos metas **asequibles**."
"El significado de esa novela no es **asequible** a estudiantes de niveles primarios ni secundarios."

C. [seguir, conseguir, secuencia, séquito, consecuencia, obsequio]

17. **enigmático**:

A. *Se aplica a lo que contiene enigma, es decir, que tiene sentido encubierto, oscuro.

B. "La producción de este poeta no resulta fácil de leer porque tiende a preferir temas **enigmáticos**, cerrados."
"Mi jefe se ha puesto muy **enigmático**: ya no sé qué quiere de mí."

C. [enigma, enigmatista, enigmística]

18. **tóxico**:

A. *Teóricamente, equivale exactamente a "venenoso"; pero es de uso más técnico y no suele aplicarse a substancias que llegan a producir la muerte.

B. "Desgraciadamente se han arrojado demasiados elementos **tóxicos** en esta laguna y ya no se puede pescar nada."
"El humo de esa fábrica es sumamente **tóxico**."

C. [toxicidad, toxicología, toxicológico, toxicomanía, toxicómano, toxina, intoxicar, intoxicación; tósigo, atosigar]

19. **unánime**:

A. *Se aplica a un conjunto de personas que opinan o sienten de la misma manera; se aplica también a un sentimiento, opinión, etc., compartido por todas las personas de que se trata.

B. "Por votación **unánime**, se decidió postularlo como candidato a la Presidencia."
"La opinión **unánime** de la familia fue positiva."

C. [unanimidad; alma, ánimo, animoso; animar, animación, anímico; desanimar, exánime, inánime; ecuánime, ecuanimidad; magnánimo, magnanimidad; pusilánime, pusilanimidad]

20. **propicio**:

A. *Dispuesto a favorecer o a conceder lo que le es pedido.
* Favorable para que algo se logre.
*Oportuno.

B. "Lo sabrás en el momento **propicio**."
"Si mis padres me son **propicios**, tendré carro propio a partir del próximo año."

C. [propiciador, propiciar, propiciatorio]

EJERCITACIÓN

Palabras presentadas en esta unidad:

1. provisional, 2. evidente, 3. radical, 4. rebelde, 5. eminente, 6. afectado, 7. dramático, 8. cordial, 9. sublime, 10. pertinente, 11. sutil, 12. astuto, 13. estético, 14. vigente, 15. apuesto, 16. asequible, 17. enigmático, 18. tóxico, 19. unánime, 20. propicio.

I. Copie en orden alfabético y lea en voz alta los 20 adjetivos de la lista anterior:

1.______________, 2.______________, 3.______________, 4.______________,

5.______________, 6.______________, 7.______________, 8.______________,

9.______________, 10.______________, 11.______________, 12.______________,

13.______________, 14.______________, 15.______________, 16.______________,

17.______________, 18.______________, 19.______________, 20.______________.

II. En cada caso escriba el adjetivo de la lista anterior cuyo sentido coincida o se relacione estrechamente con el de las palabras dadas a continuación:

1. distinguido, notable, ilustre, excelente, insigne; alto : ______________
2. cariñoso, afectuoso, franco, amable, afable, hospitalario: ______________
3. misterioso, oscuro, incomprensible, secreto, oculto: ______________
4. claro, obvio, patente, manifiesto, palmario, visible: ______________
5. hipócrita, pedante, presumido; afligido, aquejado: ______________
6. básico, fundamental; total, completo, absoluto, extremista: ______________
7. conveniente, favorable, adecuado; benévolo; oportuno: ______________
8. actual, presente, existente, en vigor: ______________
9. provisorio, interino, temporal, pasajero, efímero: ______________
10. superior, bellísimo, extraordinario, sobrehumano, divino: ______________

11. adornado, ataviado, gallardo, elegante, airoso, galán: ________________

12. acorde, conforme, coincidente, general, colectivo: ________________

13. insurrecto, sublevado; desobediente, indócil, descontento: ________________

14. fino, tenue, suave; exquisito, delicado; agudo, ingenioso: ________________

15. patético, impresionante, conmovedor, emocionante: ________________

16. sagaz, perspicaz, taimado, pícaro, zorro: ________________

17. relativo, perteneciente, concerniente; a propósito: ________________

18. venenoso, ponzoñoso; dañino, perjudicial, nocivo: ________________

19. accesible, alcanzable, conseguible, posible: ________________

20. artístico, armonioso, ordenado, bello, hermoso: ________________

III. Llene cada espacio en blanco con la forma adecuada del adjetivo de la lista anterior que mejor convenga:

1. Vivimos un momento ____________________ mientras ayudábamos a rescatar a la niña que estuvo a punto de ahogarse en la piscina.

2. El sindicato de trabajadores ha propuesto una solución _____________ para el problema del desempleo en nuestro país.

3. En la empresa hay un par de empleados ____________________, que siempre incitan a los demás a ir a huelgas inconducentes.

4. Esa muchacha se cree muy fina y elegante pero no pasa de ser una simple ignorante de modos ___________________.

5. La tienda funcionará en un local _____________________ mientras dure la construcción del nuevo centro comercial.

6. Su mirada era tan ________________________ que hasta el más duro de los hombres se emocionaba al mirarla a los ojos.

7. Todos los estudiantes encontraron con mucha facilidad la solución del problema ya que resultaba ______________________.

8. Tus padres son siempre ______________________ conmigo: cada vez que me ven me invitan a su casa.

9. En este momento, la situación económica del país es ______________________ para invertir en bienes raíces.

10. Debido a las bombas lacrimógenas lanzadas por la policía, el aire de esa zona de la ciudad se volvió ______________________.

11. Tras el gran favor que te ha hecho, sería ______________________ que le enviaras una nota de agradecimiento.

12. Borges es uno de los escritores más ______________________ en el mundo de las letras latinoamericanas.

13. Nos hizo saber su descontento con ______________________ insinuaciones.

14. Muchas actrices del cine moderno se someten, por lo menos una vez en su vida, a una cirugía______________________.

15. Es un prestamista muy ______________________: termina siempre con más dinero del que le corresponde.

16. Por votación ______________________ se ha decidido nombrarte nuestro representante.

17. Ayer nos visitó Angela, una mujer extraña, con una personalidad ______________________ e impredecible, que desconcierta a cualquiera.

18. Con lo ______________________ que es, ese joven podría conseguir trabajo como modelo en alguna agencia publicitaria.

19. Es increíble que la pena de muerte todavía esté ______________________ en algunos países.

20. Te recomiendo que tomes esa clase de historia: la materia no solo es muy interesante, sino además, ______________________.

IV. Redacte una oración original, diferente de las que aparecen en esta unidad, con cada una de las palabras estudiadas:

1. provisional:____
2. evidente:____
3. radical:____
4. rebelde:____
5. eminente:____
6. afectado:____
7. dramático:____
8. cordial:____
9. sublime:____
10. pertinente:____
11. sutil:____
12. astuto:____
13. estético:____
14. vigente:____
15. apuesto:____
16. asequible:____
17. enigmático:____
18. tóxico:____
19. unánime:____
20. propicio:____

UNIDAD # 4

PRESENTACIÓN

1. **agresión**:

   A. *Acción de lanzarse contra alguien para herirle, golpearle o causarle cualquier daño.

   B. "El hombre fue sometido a los tribunales por la **agresión** que cometió contra un inocente."
   "La mujer sufrió más por las **agresiones** sicológicas que por el maltrato físico de que fue víctima durante varios años."

   C. [agredir, agresividad, agresivo, agresor]

2. **exilio**:

   A. *Destierro; en especial, el impuesto a la persona de que se trata por las circunstancias de su país y, más particularmente, por las persecuciones políticas.

   B. "Después de haber vivido tantos años en el **exilio** hoy han retornado a su patria."
   "Durante la década de los setenta miles de latinoamericanos fueron obligados a salir al **exilio** por los gobiernos de sus países."

   C. [exilado]

3. **hemisferio**:

   A. *Cada una de las dos mitades de una esfera.
   *Específicamente, mitad del globo celeste, cortada o limitada por el ecuador.

   B. "La línea del ecuador divide la tierra en el **hemisferio** norte y el **hemisferio** sur."
   "La capacidad de producir el lenguaje hablado se origina en el **hemisferio** izquierdo del cerebro humano."

   C. [hemisférico; esfera, esférico; semi; hemiplejía, hemipléjico; hemistiquio; hemiciclo]

4. **adición**:

   A. *Acción de añadir.
   *Cosa añadida.
   *Operación de sumar.

   B. "La **adición** de esas dos nuevas salas en la casa fue una gran idea."

"Deben hacer esta tarea para mañana: dos **adiciones**, dos substracciones y dos multiplicaciones."

C. [adicional, adicionar; aditamento]

5. **impacto**:

A. *Choque de un proyectil u otra cosa lanzada contra algo.
*Huella dejada por ese choque.
*(fig.) Impresión o efecto muy intensos dejados en alguien o algo por cualquier acción o suceso.

B. "El **impacto** de la bomba arrojada ayer ha dejado a la ciudad totalmente en ruinas."
"La señora Ofelia sufrió un **impacto** emocional muy grande cuando le dijeron que su marido había muerto."

C. [impactante, impactar]

6. **testimonio**:

A. *Cosa que sirve para dar seguridad de la existencia de cierto hecho, la verdad de cierta noticia, etc.
*Copia de un documento autorizada legalmente.

B. "Su **testimonio** en la corte fue fundamental para los miembros del jurado."
"Estoy convencido de que usted es la culpable del crimen y daré mi **testimonio** cuando me lo pidan."

C. [testimonial, testimoniar; testigo, atestiguar; testificar, testificación; testículo; testamento, testamentario; atestación; detestar, detestable; protestar, protesta]

7. **tregua**:

A. *Suspensión temporal de la lucha por acuerdo entre los beligerantes.
*Descanso temporal en cualquier trabajo o padecimiento.

B. "Ayer las partes en conflicto llamaron a una **tregua** para continuar las negociaciones de paz."
"La clase de física que estoy tomando no me da **tregua** y tengo que estudiar hasta los domingos."

C. [atreguar]

8. **patrimonio**:

A. *Conjunto de los bienes de alguien adquiridos por herencia familiar.
*Conjunto de los bienes de alguien, cualquiera que sea su origen.

B. "Mi abuelo me ha dejado, como **patrimonio**, varias hectáreas de terreno cultivable."
"El **patrimonio** del Banco Central es el más grande del país."

C. [patrimonial; padre; patria, patriarca, patriarcal, patricio, patriota, patriotismo, patrocinar, patrocinio, patrología, patrón, patronato, patronímico, patrono]

9. **combustible**:

A. *(sustantivo) Leña, carbón, petróleo, etc. que se usa en cocinas, hornos y máquinas cuyo agente es el fuego.
*(adj. y sust.) Se aplica a las substancias capaces de arder.

B. "La energía solar será el único **combustible** del futuro."
"Ten cuidado con aquel galón de bencina, ya que es altamente **combustible**."

C. [combustión]

10. **convenio**:

A. *Cosa acordada.
*Texto en que se contiene lo que se conviene o acuerda.

B. "El **convenio** firmado por nuestras universidades permitirá el intercambio de profesores y estudiantes."
"Según la historia bíblica, Dios eligió a algunos hombres e hizo diversos **convenios** con ellos."

C. [conveniencia, conveniente, convenir; venir; convención, convencional; conventículo, conventillo, convento, conventual]

11. **éxodo**:

A. *Segundo libro del Pentateuco, en el que se refiere la salida de los israelitas de Egipto.
*Por extensión, emigración, marcha de un pueblo o de un grupo de gente en busca de sitio donde establecerse.

B. "Dicen que tras el maremoto hubo un **éxodo** masivo hacia las montañas."
"La película sobre el **éxodo** israelita fue filmada en Egipto mismo."

C. [episodio, episódico; método, metódico, metodología; período, periódico, periodicidad, periodista, periodismo, periodístico; sínodo]

12. **especulación**:

A. *Operación comercial consistente en comprar algo con la idea de venderlo para obtener lucro o beneficio.
*Opinión basada en apariencias, en probabilidades.
*Reflexión, meditación.

B. "En tiempos de crisis, algunos comerciantes realizan **especulación** con productos alimenticios de primera necesidad."
"Lo que se ha dicho sobre las causas del accidente son puras **especulaciones** porque todavía el caso no ha sido investigado a fondo."

C. [especular, especulador, especulativo; espectáculo, espectador; espectro, espectral; conspicuo; introspección, introspectivo, retrospectivo]

13. **legumbre**:

A. *Fruto formado por una vaina con dos suturas que encierra en su interior una fila de semillas o una sola.
*Todo fruto o semilla que se cría en vainas.

B. "El guiso debe llevar varios tipos de **legumbres** para que quede más sabroso."
"Las lentejas son **legumbres** conocidas por su alta calidad vitamínica."

C. [legumbrera, legumina, leguminales, leguminoso]

14. **sesión**:

A. *Acción de sentarse o de permanecer sentado.
*Cada una de las reuniones celebradas por un consejo, asamblea o corporación para tratar asuntos que les competen.
*Acto que se realiza para el público en cierto espacio de tiempo.

B. "El debate comenzó apenas el moderador abrió la **sesión**."
"Mañana por la tarde tendremos una **sesión** extraordinaria de estudio para repasar la materia del examen."

C. [sesionar; sentar; asentamiento; asiento; sede; sedar, sedante; sedentario; sedimento, sedimentar, sedimentario]

15. **perspectiva**:

A. *Vista de una cosa de modo que se aprecia su posición y situación real, así como la de sus partes.
*Circunstancia de mirar o poder ver u observar las cosas a distancia para apreciarlas en su verdadero valor.
*Desarrollo de un asunto o suceso favorables o desfavorables que se pueden prever para el futuro.

B. "Desde aquí tengo una excelente **perspectiva** para observar el panorama."
"Con el aumento de sueldo las **perspectivas** para el futuro son muy positivas."

C. [perspicaz, perspicacia; perspicuo, perspicuidad]

16. **encanto**:

A. *Modo de ser o conjunto de cualidades que hacen algo o a alguien encantador o atractivo.
*Encantamiento. (Acción y efecto de encantar por arte de magia).

B. "Su mirada y su sonrisa tienen un **encanto** inigualable."
"La princesa estaba bajo el **encanto** de la malvada bruja del norte."

C. [encantado, encantador, encantamiento, encantar, desencantar; cantante, cantar, cantarín, cantata, cántico; canto, cantor, canturrear; chantaje, chantajista]

17. **migración**:

A. *Desplazamiento de individuos de un sitio a otro por razones económicas, sociales o políticas.
*Viaje periódico de las aves de paso.

B. "Durante esta época comienza la **migración** de las golondrinas hacia el sur."
"Después de la segunda guerra mundial, hubo una gran **migración** de europeos hacia los países latinoamericanos."

C. [migratorio; emigrar, emigración, emigrado, emigrante, emigratorio; inmigrar, inmigración, inmigrante, inmigratorio; transmigración]

18. **sanción**:

A. *Acción de confirmar o dar validez a una ley o disposición el jefe del Estado o la autoridad a quien compete.
*Confirmación por alguien de la legitimidad de un acto, una práctica, etc.
*Castigo establecido por la ley para los delitos.

B. "El proyecto se convertirá en ley cuando reciba la **sanción** oficial del Presidente." "Es verdad que tu hijo no se portó bien pero la **sanción** que le impusiste no es proporcional a su mal comportamiento."

C. [sancionar; santo; santero; santidad; santón; santoral; santuario; santurrón]

19. **crepúsculo**:

A. *Claridad que precede a la salida del sol y atenuación de la luz que sigue inmediatamente a su puesta. Si no se especifica, se entiende el de la tarde.
*(fig.) Estado de una cosa o una persona que camina a su desaparición o ruina o que está ya en período de descenso de su valor, vigor o energías.

B. "El momento más romántico para caminar junto al mar es la hora del **crepúsculo**, cuando el sol se apaga lentamente tras las olas."
"Aunque en su juventud fue un gran profesor, ahora, que está en el **crepúsculo** de su vida, no puede enseñar con el mismo vigor."

C. [crepuscular, crepusculino]

20. **silueta**:

A. *Dibujo de un objeto hecho con solo su contorno.
*Vista que presenta un objeto recortándose sobre un fondo más luminoso.
*Contorno de una figura.

B. "A lo lejos se veía la **silueta** de un hombre caminando hacia la casa."
"Tras un cristal ponía las manos de forma tal que parecían **siluetas** de animales."

C. [siluetear]

EJERCITACIÓN

Palabras presentadas en esta unidad:

1. agresión, 2. exilio, 3. hemisferio, 4. adición, 5. impacto, 6. testimonio, 7. tregua, 8. patrimonio, 9. combustible, 10. convenio, 11. éxodo, 12. especulación, 13. legumbre, 14. sesión, 15. perspectiva, 16. encanto, 17. migración, 18. sanción, 19. crepúsculo, 20. silueta.

I. **Copie en orden alfabético y lea en voz alta las palabras de la lista anterior:**

1.____________, 2.____________, 3.____________, 4.____________,

5.____________, 6.____________, 7.____________, 8.____________,

9.____________, 10.____________, 11.____________, 12.____________,

13.____________, 14.____________, 15.____________, 16.____________,

17.____________, 18.____________, 19.____________, 20.____________.

II. **En cada caso escriba el sustantivo de la lista anterior cuyo sentido coincida o se relacione estrechamente con el de las palabras dadas a continuación:**

1. hechizo, embrujo, embeleso, fascinación, delicia: ______________

2 pacto, ajuste, acuerdo, arreglo, tratado, contrato: ______________

3. reunión, deliberación, consulta, conferencia, asamblea: ______________

4. herencia, sucesión; propiedad, pertenencia; bienes, riqueza: ______________

5. destierro, proscripción, deportación, expatriación, ostracismo: ______________

6. ataque, asalto, acometida, acometimiento, embestida; violencia: ______________

7. ganancia, lucro; meditación, reflexión; suposición, deducción: ______________

8. emigración, transmigración, partida: ______________

9. semiesfera; universo, mundo: ____________________

10. figura, contorno, trazo, orla, perfil, sombra: ____________________

11. suma, aumento, añadidura, agregación, anexión: ____________________

12. apariencia, visión, aspecto; probabilidad, posibilidad; lejanía: ____________________

13. ocaso, atardecer, anochecer: ____________________

14. peregrinación, viaje, salida: ____________________

15. golpe, colisión, choque, balazo, bombazo: ____________________

16. afirmación, aseveración; prueba, comprobación, certificación: ____________________

17. inflamable, carburante, incendiable; alcohol, gasolina, propano: ____________________

18. pena, castigo; venia, aprobación, autorización, permiso, anuencia:____________________

19. granos, semillas; verdura, hortaliza: ____________________

20. suspensión, pausa, interrupción, espera, descanso, ocio: ____________________

III. **Llene cada espacio en blanco con la forma adecuada del sustantivo de la lista anterior que mejor convenga**:

1. A los conductores se les exige que enciendan las luces de sus automóviles a la hora del ____________________, cuando la luz del día comienza a decaer.

2. Después de dejar su ____________________ por escrito salió de la estación de policía.

3. La noticia te parece terrible pero si lo miras todo desde otra ____________________ verás que no es tan mala como parece.

4. La ley prescribe una ____________________ muy dura para quienes cometen un asesinato.

5. El ________________ es el peor castigo que puede recibir una persona que ha luchado por el bien de su patria.

6. Se merece los años de cárcel que le impusieron por la ____________________ que cometió contra su mujer.

7. Carlos ha hecho ejercicios sin _______________ durante los últimos meses y ha perdido diez libras.

8. Todos los años hay una gran _______________ de hispanoamericanos hacia los Estados Unidos.

9. La novia se sometió a una _________________ de belleza de cuatro horas para estar muy linda para la ceremonia.

10. Para la fogata de esta noche tienes que traer los ________________, es decir, un poco de gas y de madera.

.11. María siente atracción por las serpientes, es como si ejercieran un ____________________ sobre ella.

12. La operación a la córnea fue todo un éxito: antes solo veía _______________, pero ahora todo lo veo nítidamente.

13. Dicen que Alaska es uno de los lugares más bellos del ______________________ norte.

14. Toda la tarde la pasaron haciendo _______________ sobre las posibles consecuencias de la muerte del candidato presidencial.

15. La guerra fue la causa principal del ________________ de los serranos hacia los valles.

16. De acuerdo con algunos médicos, las ____________________ y toda clase de fibra son excelentes para evitar el cáncer del intestino.

17. El ____________________ que heredó el tío Augusto le permitió vivir la vida entera sin trabajar.

18. Ambos países firmaron un ___________________ que establecía un mayor intercambio comercial.

19. La ____________________ de nuevos países al Tratado de Libre Comercio beneficiará a toda América.

20. El ____________________ del vehículo contra el árbol fue tan fuerte que el cadáver del conductor quedó irreconocible.

IV. **Redacte una oración original, diferente de las presentadas en esta unidad, con cada uno de los sustantivos estudiados**:

1. agresión: ______________________________

2. exilio: ______________________________

3. hemisferio: ______________________________

4. adición: ______________________________

5. impacto: ______________________________

6. testimonio: ______________________________

7. tregua: ______________________________

8. patrimonio: ______________________________

9. combustible: ______________________________

10. convenio: ______________________________

11. éxodo: ______________________________

12. especulación: ______________________________

13. legumbre: ______________________________

14. sesión: ______________________________

15. perspectiva: ______________________________

16. encanto: ______________________________

17. migración: ______________________________

18. sanción: ______________________________

19. crepúsculo: ______________________________

20. silueta: ______________________________

REVISIÓN DE UNIDADES 3 y 4

Junto a cada una de las 30 descripciones o definiciones dadas, escriba el número (entre 1 y 40) correspondiente a la palabra adecuada. Luego, encuentre en la **sopa de letras**, y encierre entre líneas, las 30 palabras seleccionadas. Esas palabras pueden aparecer horizontal, vertical o diagonalmente, en un sentido o en el inverso.

__ sinónimo de "afectuoso", "amable"
__ contrario de "perpetuo", "definitivo"
__ contrario de "inalcanzable"
__ sinónimo de "aumento", "añadidura"
__ "asamblea", "conferencia"
__ sinónimo de "venenoso"
__ luz diurna después de que se pone el sol
__ "obvio", "claro"
__ "salida", "viaje" de un pueblo
__ contrario de "obediente", "sumiso"
__ sinónimo de "patético", "conmovedor"
__ "pacto", "compromiso"
__ sinónimo de "pausa", "cesación"
__ "fino", "agudo", "ingenioso"
__ sinónimo de "gallardo", "airoso"
__ "hechizo", "embrujo"
__ sinónimo de "contorno", "perfil"
__ choque de dos objetos a velocidad considerable
__ contrario de "parcial", "disconforme"
__ sinónimo de "suposición"; "reflexión"
__ "ataque", "embestida"
__ contrario de "inoportuno" o de "desfavorable"
__ sinónimo de "destierro", "extrañamiento"
__ sinónimo de "hermoso", "artístico"
__ sinónimo de "atestación", "certificación", "prueba"
__ sinónimo de "conveniente", "referente"
__ contrario de "insignificante", "bajo"
__ material capaz de arder
__ que posee habilidad para lograr su objetivo, "diestro"
__ contrario de "perdón", "denegación"

1. evidente, 2. dramático, 3. sutil, 4. exilio, 5. provisional, 6. propicio, 7. perspectiva, 8. encanto, 9. rebelde, 10. silueta, 11. radical, 12. tregua, 13. enigmático, 14. legumbre, 15. especulación, 16. convenio, 17. eminente, 18. afectado, 19. éxodo, 20. migración, 21. pertinente, 22. estético, 23. unánime, 24. patrimonio, 25. combustible, 26. impacto, 27. cordial, 28. sesión, 29. crepúsculo, 30. sublime, 31. astuto, 32. adición, 33. vigente, 34. sanción, 35. apuesto, 36. testimonio, 37. tóxico, 38. agresión, 39. hemisferio, 40. asequible.

SOPA DE LETRAS 2

U	E	E	N	O	I	C	N	A	S	L	R	E	B	E	L	D	E	R	G
N	O	Q	Q	I	U	P	E	T	N	E	N	I	M	E	Q	O	T	O	S
A	E	L	B	I	U	Q	E	S	A	I	O	Q	D	L	Y	I	O	T	E
N	O	I	C	I	D	A	S	U	T	I	L	T	R	B	C	L	L	N	S
I	U	A	O	C	I	T	E	T	S	E	U	U	A	I	N	I	A	A	I
M	C	O	S	O	I	N	E	V	N	O	C	O	M	T	O	X	I	C	O
E	T	E	S	T	I	M	O	N	I	O	S	T	A	S	I	E	D	N	N
P	R	O	V	I	S	I	O	N	A	L	U	C	T	U	S	E	R	E	Y
K	P	R	O	P	I	C	I	O	X	Q	P	A	I	B	E	M	O	D	Y
T	M	I	A	P	U	E	S	T	O	D	E	P	C	M	R	X	C	I	U
E	V	I	D	E	N	T	E	U	N	O	R	M	O	O	G	M	O	J	V
P	E	R	T	I	N	E	N	T	E	N	C	I	V	C	A	S	X	D	C
X	M	T	R	E	G	U	A	S	I	L	U	E	T	A	X	R	X	J	O
S	F	S	G	N	O	I	C	A	L	U	C	E	P	S	E	T	I	V	O

CRUCIGRAMA 2

Este **crucigrama** contiene, en diferentes formas flexionales, las 40 palabras de las unidades 3 y 4. Complete cada una de las oraciones dadas con la forma adecuada de la palabra que mejor convenga al contexto y de esa manera encontrará la solución del crucigrama.

1. evidente, 2. dramático, 3. sutil, 4. exilio, 5. provisional, 6. propicio, 7. perspectiva, 8. encanto, 9. rebelde, 10. silueta, 11. radical, 12. tregua, 13. enigmático, 14. legumbre, 15. especulación, 16. convenio, 17. eminente, 18. afectado, 19. éxodo, 20. migración, 21. pertinente, 22. estético, 23. unánime, 24. patrimonio, 25. combustible, 26. impacto, 27. cordial, 28. sesión, 29. crepúsculo, 30. sublime, 31. astuto, 32. adición, 33. vigente, 34. sanción, 35. apuesto, 36. testimonio, 37. tóxico, 38. agresión, 39. hemisferio, 40. asequible.

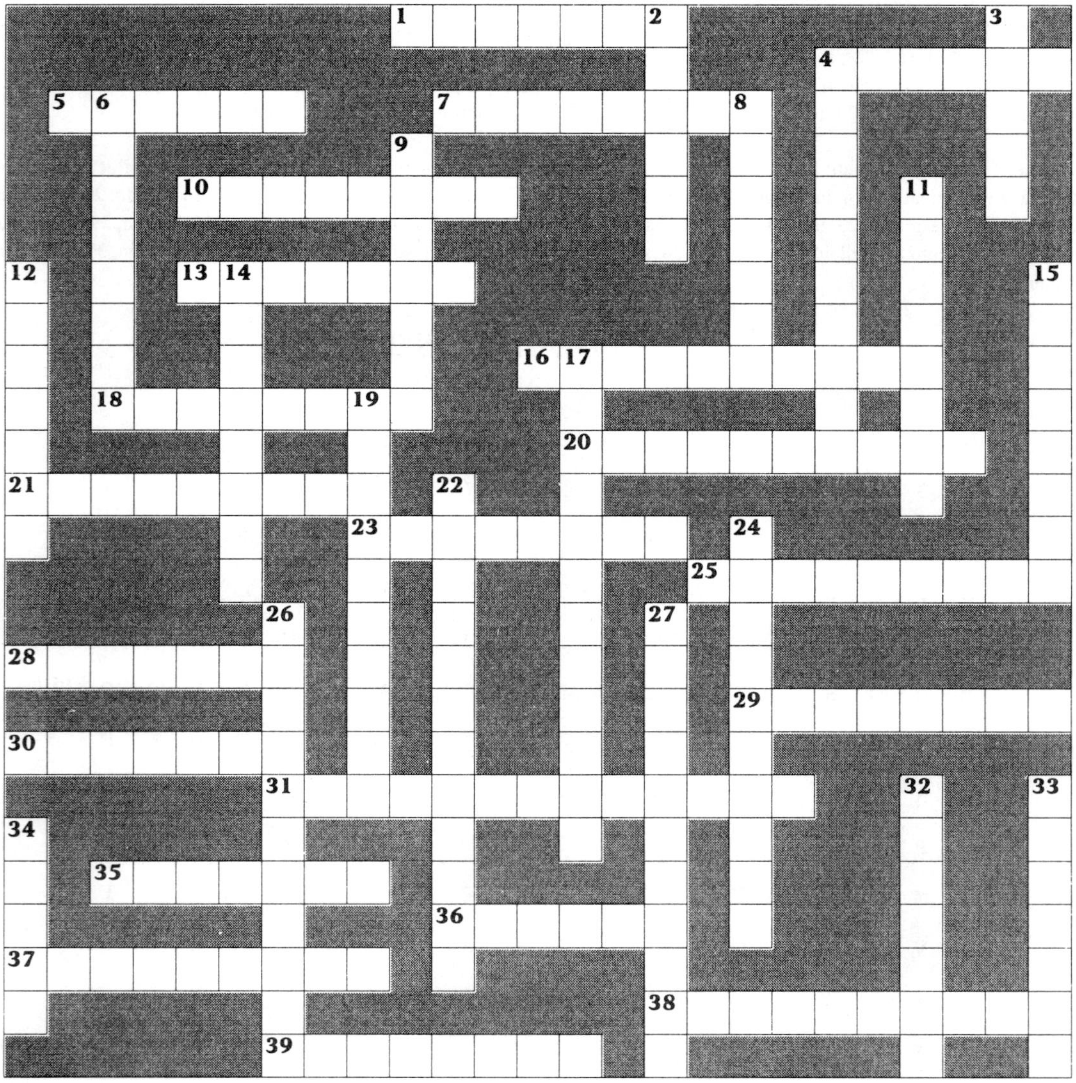

HORIZONTALES:

1. La ..... de un tren lejano resaltaba frente al sol que se ponía en el horizonte.
4. Hasta en la peor de las guerras ha habido una ..... para el día de Navidad.
5. El presidente del Senado abrió la ..... y comenzó a debatirse el nuevo proyecto de ley.
7. Si no quieres tener problemas, nunca vayas en contra de las regulaciones .....
10. Es ..... que el profesor está enojado contigo porque te asignó una nota que no merecías.
13. Los más liberales desean que se produzca un cambio ..... en la política económica del gobierno.
16. La oralidad es una característica ..... de todas las lenguas del mundo.
18. La lectura de ese poema despierta un singular placer .....
20. Las ciudades coloniales que aún se conservan en Hispanoamérica son un ..... cultural de la humanidad.
21. Ese carro, que ahora no es ..... para ti, lo será cuando te gradúes en la universidad.
23. Aún no he encontrado el momento ..... para pedirle que se case conmigo.
25. Durante siglos el hombre se alimentó de ..... y vegetales, y la carne pasó a ser parte de su dieta mucho más tarde.
28. De forma ..... el jurado decidió condenarlo a 30 años de prisión.
29. Las ..... palabras del monólogo de Hamlet conmovieron a la audencia.
30. Hay ciertos remedios caseros que son .....: en lugar de curar, hacen daño.
31. No te preocupes porque las medidas de austeridad impuestas por el gobierno son .....
35. Los cráteres lunares son producto del ..... de miles de meteoritos.
36. La vida en el ..... fue muy difícil: tuve que aprender otro idioma, vivir en una sociedad diferente y lo peor de todo fue que no podía ir a mi país para ver a mi familia.
37. Las víctimas del accidente aéreo vivieron una situación muy .....
38. El detective piensa que el caso es en extremo ..... y por eso no puede resolverlo.
39. Es un hombre muy .....; su falta de espontaneidad y naturalidad es insoportable.

VERTICALES:

2. La ..... mujer se las arregló para convencer al jefe de que ella merecía un aumento de sueldo.

3. Sólo se necesitó una ..... pincelada azul para que el retrato quedara perfecto.

4. El ..... de la víctima era el elemento más importante del caso en contra del acusado.

6. Gabriel García Márquez no solo es un escritor ..... dentro de la literatura latinoamericana, sino dentro de toda la literatura universal.

8. El profesor le aplicó una fuerte ..... al estudiante por haber copiado en el examen.

9. María es un ..... como ser humano: siempre simpática, atenta y generosa.

11. Te propongo un .....: si tú dejas de fumar, te regalaré un carro.

12. David es muy ..... con todo el mundo y por eso tiene tantos amigos.

14. La ..... de que fui víctima ayer me dejó una herida profunda en la cabeza.

15. Durante la adolescencia es normal que los jóvenes sean ....., pero luego maduran y se hacen más sensatos.

17. El gobierno no ha logrado controlar la ..... con los libros de texto y los precios se mantienen por las nubes.

19. Ese boxeador llegó a ser campeón mundial de su categoría pero ahora está en el ..... de su carrera y pierde casi todas las peleas.

22. Algunos ....., como la gasolina, han subido mucho de precio en los últimos meses.

24. Chile se ubica en el ..... sur de nuestro planeta.

26. La sola ..... de tener que vivir con mi suegra me parece terrible.

27. Para poder llegar a ese lugar sin que los detuvieran, los indios realizaban ..... nocturnas.

32. No necesitas ejercicio para desarrollar músculos ya que eres una persona ..... de todas maneras.

33. La ..... de dos y dos da como resultado cuatro.

34. El ..... israelita de Egipto fue uno de los más grandes de la historia.

DIGRESIÓN ORTOGRÁFICA

Como consecuencia del **seseo** o pronunciación de la **z** como **s**, surge la dificultad de saber cuándo se escribe **za, zo, zu, ce, ci,** y cuándo **sa, so, su, se, si.** Lamentablemente, no existe una norma fija que ayude a resolver la confusión y solo el contacto continuo con la escritura de las palabras, a través de la lectura y de la redacción, es realmente eficaz.

En el caso de los sufijos **+ción** y **+sión**, con los que se construyen **nombres** a partir de **verbos** (**admiración**, **admisión**), puede ser de ayuda tener en consideración lo siguiente:

I. Se escribe **SION** :

1.1. cuando el nombre procede de verbos terminados en **-der, -dir, -ter, -tir**, excepto si se mantiene en el sustantivo la **d** o la **t** del verbo:

admisión (admitir)
agresión (agredir)
cesión (ceder)
comisión (cometer)
confusión (confundir)
diversión (divertir)
extensión (extender)
invasión (invadir)

Pero, **medición** (medir), **repartición** (repartir)

1.2. cuando el nombre procede de verbos terminados en **-sar**, excepto si se mantiene en el sustantivo la combinación **sa** del verbo:

confesión (confesar)
expresión (expresar)
revisión (revisar)

Pero, **conversación** (conversar)

II. Se escribe **CION** :

2.1. cuando el nombre o sustantivo procede de verbos terminados en **-izar**:

autorización (autorizar)
civilización (civilizar)
generalización (generalizar)
movilización (movilizar)
organización (organizar)

2.2. cuando el nombre procede de verbos terminados en **-ar** (con la excepción de **sar**, presentada antes):

admiración (admirar)
ampliación (ampliar)
circulación (circular)
elevación (elevar)
legislación (legislar)
población (poblar)
recordación (recordar)
situación (situar)

UNIDAD # 5

PRESENTACIÓN

1. **transcurrir**:

A. *Pasar o correr el tiempo. (El sujeto puede ser también una cosa que se desarrolla en el tiempo).

B. "**Han transcurrido** cinco años desde el día en que nos conocimos."
"La concentración política **transcurrió** sin que se produjeran desórdenes."

C. [transcurso; correr, concurrir, discurrir, escurrir, incurrir, ocurrir, recorrer, recurrir, socorrer]

D. Conjugación regular, como **partir**.

2. **destinar**:

A. *Tener pensado o decidido para alguien o algo el empleo o la suerte que se expresa.

B. "Aún no saben a quién **destinarán** como embajador del país ante la ONU."
"**Destina** su tiempo libre a diversas actividades sociales y recreativas."

C. [destinación, destinatario, destino; predestinar, predestinación, predestinado]

D. Conjugación regular, como **amar**.

3. **embargar**:

A. *(Der.) Retener la autoridad competente bienes de alguien para responder de deudas, de los resultados de un juicio, etc.
*(fig.) Absorber u ocupar; ser cierta cosa el objeto único o principal de la atención de alguien.

B. "Como resultado de su disputa judicial le **embargaron** todos sus bienes."
"El trabajo **embarga** todo tu tiempo."

C. [embargo, embargable, embargador; desembargar, desembargo]

D. Conjugación regular, como **amar**.

4. **delirar**:

A. *Decir cosas incoherentes por efecto de una enfermedad o una pasión violenta.
*(fig.) Decir, creer o pensar cosas disparatadas o concebir ilusiones insensatas.

B. “Debido a la alta fiebre, **deliraba** y sufría convulsiones.”
“Algunos pensaban que **deliraba**; sin embargo, su propuesta permitió solucionar el problema.”

C. [delirio, delirante]

D. Conjugación regular, como **amar**.

5. **tildar**:

A. *Poner tilde, rasgo o signo gráfico, a las letras que lo necesitan.
*Señalar o acusar a una persona de alguna falta o rasgo desfavorable.

B. “El examen de ortografía consistirá en **tildar** las palabras que lo requieran.”
“Aunque lo **tildaban** de haragán, ha desempeñado su labor con mucha eficiencia.”

C. [tilde, tildón; atildar, atildamiento, título, titular, intitular]

D. Conjugación regular, como **amar**.

6. **saciar**:

A. *Hartar y satisfacer de bebida o de comida.
*(fig.) Satisfacer completamente algo como ambición, curiosidad, deseo o afán.

B. “Los invitados **se saciaron** en la cena que ofreciste anoche.”
“Estuvo averiguando hasta **saciar** su prolongada curiosidad.”

C. [saciedad, saciable, insaciable]

D. Conjugación como **cambiar**: sacio, sacias, saciamos, sacié, saciarás, sacie.

7. **albergar**:

A. *Dar refugio u hospedaje.
*(fig.) Tener ciertos sentimientos, ideas o intenciones en la mente, el alma, el corazón, etc.

B. “El tío Luis **alberga** en su casa a tres niños huérfanos.”
“En el interior del peor de los bandidos pueden también **albergarse** sentimientos nobles.”

C. [albergador, albergue, alberguero, alberguería]

D. Conjugación regular, como **amar**.

8. **brotar**:

A. *Nacer o salir la planta de la tierra.
*Manar, salir el agua de los manantiales.
*(fig.) Tener principio o empezar a manifestarse alguna cosa.

B. "Muy pronto **brotará** el maíz que sembraron en el patio."
"En el país **brotó** una epidemia a causa de la acumulación de basura en las calles."

C. [brotadura, brote, rebrotar, rebrote]

D. Conjugación regular, como **amar**.

9. **capturar**:

A. *Aprehender, apresar a persona que es o se considera delincuente.
*Aprehender, apoderarse de alguien o de algo.

B. "La policía **capturó** al fugitivo cuando se disponía a abandonar la ciudad."
"Las autoridades aduaneras **capturaron** las mercancías que trataban de ser introducidas clandestinamente."

C. [captura, captor]

D. Conjugación regular, como **amar**.

10. **recalcar**:

A. *Ajustar, apretar mucho una cosa con otra o sobre otra.
*(fig.) Tratándose de palabras, decirlas con lentitud y exagerada fuerza de expresión para que no pueda quedar duda alguna acerca de lo que con ellas quiere darse a entender.
*(fig. y fam.) Repetir una cosa muchas veces, como saboreándose con las palabras.

B. "**Recalcas** demasiado el lápiz en el papel."
"Durante el dictado, el profesor **recalcaba** cada sílaba tónica que pronunciaba."

C. [recalcadura; calcar, calco, conculcar, inculcar, calcomanía]

D. Conjugación regular, como **amar**.

11. **desplegar**:

A. *Desdoblar, extender lo que está plegado.

*(fig.) Ejercitar, poner en práctica una actividad o manifestar una cualidad.

B. “Cogió el periódico, lo **desplegó** y comenzó a leer.”
“**Desplegó** toda su inteligencia al plantear la solución del problema.”

C. [desplegadura, despliegue; plegar, plegable, pliego, replegar]

D. Conjugación irregular, como **acertar**. La última **e** de la raíz diptonga en **ie** cuando recibe el acento: despl**ie**go, despl**ie**gas, despl**e**gamos, despl**ie**gue, despl**e**gabas.

12. **investir**:

A. *Conferir o dar a una persona una dignidad o un cargo importante u honorífico.

B. “El abogado **fue investido** de todas las prerrogativas que le confiere la ley.”
“En la próxima graduación **serán investidos** con el título de licenciados más de 300 nuevos profesionales.”

C. [investidura; vestir, vestido, vestidura, vestimenta, vestuario, desvestir, revestir]

D. Conjugación irregular, como **vestir**: inv**i**sto, inv**i**stes, inv**e**stimos, inv**i**sta, inv**i**stamos, inv**e**stía, inv**i**stió, inv**i**stiera, inv**i**stiendo.

13. **renovar**:

A. *Hacer como de nuevo una cosa, o volver a su primer estado.
*Cambiar una cosa vieja, o que ya ha servido, por otra nueva.

B. “Necesita **renovar** su licencia de conducir porque ya está vencida.”
“**Renovarán** la decoración del teatro con motivo de la celebración del décimo aniversario de su apertura.”

C. [renovación, renovable, renovamiento, renovador, renovante; nuevo, novato, novedoso, innovar]

D. Conjugación irregular, como **contar**. La **o** diptonga en **ue** cuando está en sílaba tónica: ren**ue**vo, ren**ue**vas, ren**o**vamos, ren**o**vó, ren**ue**ve, ren**o**varás.

14. **torturar**:

A. *Causar o infligir a alguien un padecimiento físico o moral muy intenso.

B. “Durante la dictadura los verdugos **torturaban** cruelmente a los presos políticos.”
“Sus problemas familiares lo **torturan** de tal manera que no ha vuelto a sonreír como antes.”

C. [tortura, torturador, torturante, tortuoso; torcer, retorcer, retorcijar; contorsión, extorsión, distorsión]

D. Conjugación regular, como **amar**.

15. **soldar**:

A. *Pegar y unir sólidamente dos cosas o dos partes de una misma cosa, de ordinario con alguna sustancia igual o semejante a ellas.

B. "En la fundición **soldaron** la pieza que se había roto."
"A menudo el escultor **suelda** diferentes metales en la composición de su obra."

C. [soldadura, soldador; sueldo, solidez, solidario, solidaridad, solidarizar, solidificar, consolidar]

D. Conjugación irregular, como **contar**. La **o** diptonga en **ue** cuando recibe el acento: s**ue**ldas, s**o**ldamos, s**o**ldaba, s**ue**lden.

16. **sepultar**:

A. *Enterrar un cadáver.
*Cubrir algo o a alguien con una masa de cierta cosa, de modo que desaparezca completamente.
*Guardar u ocultar algo, en sentido no material.

B. "La viuda lloraba desconsoladamente mientras **sepultaban** el cadáver de su marido."
"Por un momento logró **sepultar** su timidez."

C. [sepultura, sepultador, sepulturero, sepulto, insepulto, sepelio, sepulcro, sepulcral]

D. Conjugación regular, como **amar**. Tiene participio regular **sepultado** y el irregular usado solo como adjetivo **sepulto**.

17. **demorar**:

A. *Retrasar algo.
*Detenerse por algún tiempo en alguna parte.

B. "No **demores** la entrega del trabajo, porque después de la fecha señalada no lo recibirán."
"Perdió la paciencia porque su mujer **se demoró** mucho hablando con la vecina."

C. [demora; morar, morada, morador, moratoria, morosidad, moroso, remolón, rémora]

D. Conjugación regular, como **amar**.

18. **rehusar**:

A. *Rechazar, no querer o no aceptar una cosa.

B. "Por razones de conciencia, **ha rehusado** la propuesta."
"**Rehúso** continuar bajo esas circunstancias."

C. [no tiene "**parientes**" léxicos]

D. Conjugación regular, como **usar**: reh**ú**so, reh**ú**sas, rehusamos, rehusé, reh**ú**se.

19. **cursar**:

A. *Estudiar una materia, asistiendo a las explicaciones del profesor, en una universidad o en cualquier otro establecimiento de enseñanza.
*Hacer que siga su tramitación una solicitud, expediente, etc. o enviarlos al tribunal o autoridad a que deben ir.

B. "Los estudiantes que **cursan** el quinto grado de primaria ya saben leer y escribir."
"Aún no **ha cursado** la solicitud de la beca."

C. [cursante, curso, cursillo; correr, concurrir, concursar, discurrir, incurrir, ocurrir, recorrer]

D. Conjugación regular, como **amar**.

20. **respaldar**:

A. *Servir de garantía de que una persona no sufrirá daño por hacer cierta cosa o apoyarla en lo que hace.
*(-se) Inclinarse de espaldas o arrimarse al respaldo de la silla o banco.

B. "El gobierno no **respalda** las invasiones de ciertos países a territorio extranjero."
"Para estar más cómodo, **se respaldó** contra la pared."

C. [respaldo, respaldón; espalda, espaldar, espaldarazo]

D. Conjugación regular, como **amar**.

EJERCITACIÓN

Palabras presentadas en esta unidad:

1. transcurrir, 2. destinar, 3. embargar, 4. delirar, 5. tildar, 6. saciar, 7. albergar, 8. brotar, 9. capturar, 10. recalcar, 11. desplegar, 12. investir, 13. renovar, 14. torturar, 15. soldar, 16. sepultar, 17. demorar, 18. rehusar, 19. cursar, 20. respaldar.

I. Copie en orden alfabético y lea en voz alta cada uno de los verbos de la lista anterior:

1.______________, 2.______________, 3.______________, 4.______________,

5.______________, 6.______________, 7.______________, 8.______________,

9.______________, 10.______________, 11.______________, 12.______________,

13.______________, 14.______________, 15.______________, 16.______________,

17.______________, 18.______________, 19.______________, 20.______________.

II. En cada caso escriba el verbo de la lista anterior cuyo sentido coincida o se relacione estrechamente con el de las palabras dadas:

1. salir, retoñar, aparecer, surgir, germinar, nacer, manar: ______________
2. suceder, ocurrir, pasar; andar, avanzar: ______________
3. alojar, acomodar, hospedar, cobijar, acoger, asilar: ______________
4. enterrar, esconder, ocultar, soterrar, sumergir: ______________
5. satisfacer, hartar, saturar, colmar, llenar: ______________
6. secuestrar, incautar, impedir, suspender, retener: ______________
7. azotar, martirizar, castigar, maltratar, golpear: ______________
8. designar, dedicar, ocupar, consagrar, emplear, consignar: ______________
9. disparatar, soñar, loquear, desvariar: ______________

10. nombrar, instalar, elegir, conferir, promover, elevar: ____________________

11. estudiar, seguir, asistir; expedir, despachar, tramitar: ____________________

12. señalar, denigrar, tachar, censurar: ____________________

13. pegar, unir, estañar, adherir: ____________________

14. apresar, aprisionar, detener, arrestar, atrapar: ____________________

15. repetir, reiterar, insistir, acentuar, subrayar, refrendar: ____________________

16. abrir, desdoblar, desenrollar; desarrollar, manifestar, practicar: ____________________

17. repulsar, renunciar, declinar, rechazar, resistir, desechar: ____________________

18. reponer, rejuvenecer, regenerar, restaurar, remozar, reemplazar: ____________________

19. apoyar, autorizar, patrocinar, garantizar: ____________________

20. atrasarse, dilatar, aplazar, retardar, retrasar: ____________________

III. Llene cada espacio en blanco con la forma adecuada del verbo de la lista anterior que mejor convenga:

1. Se convirtió en un terrorista implacable desde que lo ____________________ en la cárcel.

2. Cuando compremos la finca, ____________________ un espacio del terreno a la siembra de hortalizas.

3. Si permitimos que continúe la deforestación indiscriminada, las fuentes, los manantiales y los ríos no ____________________ con la misma abundancia de antes.

4. Quizá puedas arreglar la cadena ____________________ los eslabones rotos.

5. Cuando uno está muy ocupado tiene la impresión de que el tiempo ____________________ rápidamente.

6. Nos cogió la noche y tuvimos que ______________ en el primer hotel que encontramos.

7. El público ____________________ cuando ve al cantante moverse por el escenario.

8. Su comportamiento desordenado ha motivado que lo ______________ de irresponsable.

9. Cuando ese famoso jugador de béisbol ________________ la pelota, pocos corredores se arriesgaban a alejarse de la base.

10. Las vacaciones nos ayudarán a ____________________ las fuerzas y el entusiasmo para seguir estudiando y trabajando el próximo semestre.

11. Su hija obtuvo el título de abogada en tres años porque antes ___________________ una larga lista de materias en otra universidad.

12. La tristeza __________________ su alma a causa de la tragedia sufrida en la familia.

13. La Universidad _____________________ como doctores **honoris causa** a varias figuras importantes del mundo de la ciencia.

14. Los niños _______________________ su hambre comiendo golosinas.

15. Generalmente los discursos de ese político __________________ las mismas ideas.

16. Nos __________________ en la carretera porque el conductor quería descansar un rato.

17. Las aguas del río desbordado _____________________ la plantación de maíz echando a perder toda la cosecha.

18. El colegio __________________ un variado programa de actividades con motivo de su 25 aniversario.

19. Por razones familiares tuvo que ____________________ una atractiva oferta de empleo en el extranjero.

20. Durante la campaña electoral muchos políticos prometen ‘villas y castillos’ para que la gente los ___________________, pero cuando llegan al poder se olvidan de todo.

IV. Redacte una oración original, diferente de las que aparecen en esta unidad, con cada una de las palabras estudiadas:

1. transcurrir: ______________________________

2. destinar: ______________________________

3. embargar: ______________________________

4. delirar: ______________________________

5. tildar: ______________________________

6. saciar: ______________________________

7. albergar: ______________________________

8. brotar: ______________________________

9. capturar: ______________________________

10. recalcar: ______________________________

11. desplegar: ______________________________

12. investir: ______________________________

13. renovar: ______________________________

14. torturar: ______________________________

15. soldar: ______________________________

16. sepultar: ______________________________

17. respaldar: ______________________________

18. demorar: ______________________________

19. rehusar: ______________________________

20. cursar: ______________________________

UNIDAD # 6

PRESENTACIÓN

1. **acrecentar**:

A. *Hacer crecer la cantidad o importancia de una cosa.

B. "El comerciante **acrecentó** sus ganancias como resultado del aumento de precios autorizado por el Gobierno."
"La falta de divisas **acrecienta** la gravedad del problema económico de muchos países."

C. [acrecentamiento, acrecentador; crecer, acrecer, decrecer, incrementar, incremento]

D. Se conjuga como **entender**. La última **e** de la raíz diptonga en **ie** cuando se encuentra en sílaba tónica: acre**cien**to, acre**cien**tas, pero acre**cen**tamos, acre**cen**taste.

2. **otorgar**:

A. *Consentir, condescender o conceder una cosa que se pide o se pregunta.
*Dar algo como favor, distinción o premio.

B. "Al final del curso se le **otorgará** a cada participante un certificado de asistencia."
"Le **otorgaron** el premio de jugador más valioso de su equipo."

C. [otorgamiento, otorgador, otorgante]

D. Conjugación regular, como **amar**.

3. **arremeter**:

A. *Atacar o embestir con ímpetu y furia.

B. "Un perro rabioso **arremetió** contra la anciana que estaba sentada frente a su casa."
"Aunque no esté conforme con la decisión, un jugador nunca debe **arremeter** al árbitro físicamente."

C. [arremetedero, arremetedor, arremetida, arremetimiento; meter, cometer, acometer, entremeter, prometer, remeter, someter]

D. Conjugación regular, como **temer**.

4. **planear**:

A. *Proyectar hacer cierta cosa.

*(Aviac.) Mantenerse un avión en el aire, moviéndose o descendiendo sin motor.

B. "Los estudiantes **han planeado** un viaje a la frontera para conocer mejor la situación de los inmigrantes."
"La nave **planeó** de tal manera que el aterrizaje fue perfecto."

C. [plan, planeador, planeamiento, plano, planificación, planificar; planta, plantear, replantear, desplantar, implantar, suplantar, trasplantar]

D. Conjugación regular, como **pasear**.

5. **procesar**:

A. *Declarar y tratar a una persona como presunto reo de delito.
*Someter alguna cosa a un proceso de elaboración, transformación, etc.

B. "El ex-presidente **fue procesado** por un tribunal militar."
"En la planta **procesaban** mil litros de leche por minuto."

C. [procesamiento, procesal, proceso, procesado; proceder, procedimiento, procesión]

D. Conjugación regular, como **amar**.

6. **incurrir**:

A. *Construido con la preposición "en" y sustantivo que signifique "culpa", "error" o "castigo", ejecutar la acción o merecer la pena expresada por el sustantivo.

B. "El acusado aceptó la condena resignado y sin protestar porque reconoció que **había incurrido** en un crimen."
"La prisa me hizo **incurrir** en un error."

C. [incurrimiento, incursión; correr, concurrir, discurrir, escurrir, ocurrir, recorrer, socorrer, transcurrir]

D. Conjugación regular, como **partir**.

7. **alumbrar**:

A. *Llenar de luz y claridad.
*Parir la mujer, dar a luz.
*(fig.) Sacar a alguien de la ignorancia o el error.

B. "El sol **alumbra** la tierra."
"La mujer **alumbró** trillizos."

C. [alumbramiento, alumbrado, alumbrador, alumbrante; lumbre, lumbrera, deslumbrar, relumbrar, vislumbrar, luminaria, lumínico, iluminar]

D. Conjugación regular, como **amar**.

8. **yacer**:

A. *Estar echada o tendida una persona.
*Estar un cadáver en la fosa o en el sepulcro.

B. "Muchos de los asistentes **yacían** sobre el césped bajo la sombra de los laureles."
"—Aquí **yace** don Miguel Rodríguez—, dice la inscripción sobre la tumba."

C. [yacente, yacimiento, yaciente; adyacente, subyacente]

D. Conjugación irregular, del tipo **nacer**, en algunas formas. Delante de las desinencias **-a** y **-o**, aparece **zc**, aunque esta forma alterna con otras. Ind. pres.: ya**zc**o, ya**zg**o o ya**g**o, yaces, yace; Subj.: ya**zc**a, etc.

9. **estremecer**:

A. *Conmover, hacer temblar una cosa.
*(fig. -se) Ocasionar alteración o sobresalto en el ánimo una causa extraordinaria o imprevista.

B. "La música de la orquesta **estremecía** las paredes del salón."
"Su muerte **estremeció** a todos en la familia."

C. [estremecimiento, estremecedor, estremezón; temblar, tembladera, temblor, tembloroso, tremebundo, tremendo]

D. Conjugación irregular, como **agradecer**. Delante de **-a** y **-o** aparece **zc**: estreme**zc**o, estremeces, estreme**zc**as, estremecíamos, etc.

10. **batir**:

A. *Mover con ímpetu y fuerza alguna cosa.
*Mover y revolver alguna cosa para que se condense o se disuelva.
*Derrotar al enemigo.

B. "Al volar, las garzas **batían** sus alas formando con ellas arcos en el aire."
"La cocinera **batió** la leche con el azúcar hasta conseguir un exquisito dulce."

C. [batida, batidor, batidera, batiente; abatir, abatimiento, combatir, debatir, rebatir]

D. Conjugación regular, como **partir**.

11. **restablecer**:

A. *Volver a establecer, a instituir una cosa o ponerla en el estado que antes tenía.
*(-se) Recuperarse de una dolencia, enfermedad u otro daño.

B. "En la revolución los constitucionalistas lucharon para **restablecer** el gobierno que había sido derrocado un año antes."
"El médico dijo que el paciente **se restablecerá** en pocos días."

C. [restablecimiento, restablecedor; estar, estable, establecer, estabilizar, bienestar, malestar]

D. Conjugación irregular, como **agradecer**: restable**zc**o, restableces, restablecían, restable**zc**an.

12. **discurrir**:

A. *Andar, caminar, correr por diversas partes y lugares.
*Realizarse una acción o suceso de manera continua.
*Reflexionar, pensar acerca de una cosa, hablar de ella.

B. "Cuando la gente **discurre** por los centros de diversión, estos se llenan de bullicio y algarabía."
"Las celebraciones de navidad **discurrieron** tranquilamente."

C. [discurrimiento, discurso, discursivo; correr, concurrir, concurrencia, concursar, decurso, incurrir, ocurrir]

D. Conjugación regular, como **partir**.

13. **fortalecer**:

A. *Hacer más fuerte o vigoroso.

B. "El muro **fue fortalecido** con una viga de amarre."
"Mi amigo me **fortaleció** con sus consejos y su compañía."

C. [fortalecimiento, fortalecedor, fortaleza; fuerte, fuerza, forzar, forzoso, forcejear, fortificar, confortar, esforzar, reforzar, reconfortar]

D. Conjugación irregular, como **agradecer**.

14. **fingir**:

A. *Dar a entender lo que no es cierto.
*Dar existencia ideal a lo que realmente no la tiene.

B. "Ellos **fingieron** no saber la noticia."
"¿Los actores **fingen** o sienten las emociones que manifiestan?"

C. [fingimiento, fingido, fingidor; ficción, ficticio, efigie]

D. Conjugación regular, como **partir**. Hay que advertir que no constituye una irregularidad el cambio de la letra **g** por **j** delante de **-a** y **-o** que se realiza para conservar la adecuada representación del fonema: fin**j**o, fin**g**es, fin**g**ía, fin**j**as.

15. **derrocar**:

A. *Despeñar, arrojar algo desde una peña o roca.
*Echar por tierra, deshacer, arruinar un edificio.
*Hacer caer a alguien de un puesto preeminente o hacer caer un sistema de gobierno.

B. "Los asaltantes sacaron el cadáver del baúl del auto y lo **derrocaron** por el precipicio."
"Los ingenieros **derrocarán** varias casas para levantar un moderno edificio."

C. [derrocadero, derrocamiento; roca, rocalloso, rocoso]

D. Conjugación regular, como **amar**. Antiguamente se usó como irregular del tipo **contar**, con diptongación en **ue** de la **o** en sílaba tónica.

16. **afianzar**:

A. *Poner algo más seguro o fuerte en sentido material o inmaterial.

B. "Antes de subir por la escalera, el pintor la **afianzó** cuidadosamente contra la pared."
"En los últimos años se **han afianzado** las relaciones entre nuestro país y otros países latinoamericanos."

C. [afianzamiento, afianzador; fiar, fianza, confiar, confianza, confidente, confidencial, desafiar, desafío, desconfiar]

D. Conjugación regular, como **amar**.

17. **esparcir**:

A. *Separar, extender lo que está junto o amontonado, derramar extendiendo.
*(fig.) Divulgar, publicar, extender una noticia.
*(-se) Distraer el ánimo con una ocupación agradable.

B. "El collar se rompió y el niño **esparció** las cuentas por el suelo."
"Los diferentes medios de comunicación **esparcen** las noticias con rapidez."

C. [esparcimiento, esparcidor; aspersión, dispersar, dispersión, disperso]

D. Conjugación regular, como **partir**. No es irregularidad el cambio de la letra **c** por **z** delante de **-a** y **-o** para mantener la adecuada representación del sonido: espar**z**o, espar**c**es, espar**c**ía, espar**z**a.

18. **retener**:

A. *Impedir que se vaya una cosa, no darla, soltarla ni devolverla.
*Conservar en la memoria una cosa.
*Imponer prisión preventiva, arrestar.

B. "Mamá aún **retiene** en su armario algunas de las ropas que yo usé cuando era niño."
"El Jefe de la Policía aseguró a la prensa que en esa prisión no **se retiene** a ningún ciudadano injustamente."

C. [retención, retenedor, retenimiento; tener, abstener, atener, contener, detener, entretener, obtener, pertenecer, sostener]

D. Conjugación irregular, como **tener**: reten**g**o, ret**ie**nes, retenía.

19. **hurgar**:

A. *Menear o remover una cosa.
*(fig.) Inquietar a alguien cierta idea, recuerdo.

B. "Los ladrones **hurgaron** en todos los armarios de la casa."
"**Hurga** en tu interior y podrás encontrar la respuesta."

C. [hurgamiento, hurgador, hurgón; hurgonear, furgón]

D. Conjugación regular, como **amar**.

20. **desvanecer**:

A. *Disgregar o difundir las partículas de un cuerpo en otro.

*Disipar, hacer desaparecer celos, dudas, temores, etc.
*(-se) Desmayarse, perder momentáneamente el conocimiento.

B. "La acetona **desvaneció** rápidamente el esmalte que tenías en las uñas."
"Nuestra conversación **desvanecerá** todos sus temores."

C. [desvanecimiento, desvanecedor; vano, vanidad, envanecer, evanescencia, vanagloria]

D. Conjugación irregular, como **agradecer**.

EJERCITACIÓN

Palabras presentadas en esta unidad:

1. acrecentar, 2. otorgar, 3. arremeter, 4. planear, 5. procesar, 6. incurrir, 7. alumbrar, 8. yacer, 9. estremecer, 10. batir, 11. restablecer, 12. discurrir, 13. fortalecer, 14. fingir, 15. derrocar, 16. afianzar, 17. esparcir, 18. retener, 19. hurgar, 20. desvanecer.

I. Copie en orden alfabético y lea en voz alta cada uno de los verbos de la lista anterior:

1.____________, 2.____________, 3.____________, 4.____________,

5.____________, 6.____________, 7.____________, 8.____________,

9.____________, 10.____________, 11.____________, 12.____________,

13.____________, 14.____________, 15.____________, 16.____________,

17.____________, 18.____________, 19.____________, 20.____________.

II. En cada caso escriba el verbo de la lista anterior cuyo sentido coincida o se relacione estrechamente con el de las palabras dadas a continuación:

1. conceder, dar, consentir, conferir; acceder, permitir: ____________
2. disimular, aparentar, simular; esconder, ocultar: ____________
3. juzgar, encausar, enjuiciar; fabricar, transformar: ____________
4. planificar, proyectar, calcular, programar; volar: ____________
5. reflexionar, pensar, meditar, imaginar, razonar: ____________
6. aumentar, agrandar, ampliar, incrementar, desarrollar: ____________
7. derribar, demoler, arrojar, precipitar; deponer, destituir: ____________
8. atacar, embestir, agredir, chocar, atropellar, arrollar: ____________
9. robustecer, fortificar, endurecer; confortar, animar: ____________

10. asegurar, estabilizar, fijar, arraigar, consolidar: ________________

11. dispersar, desparramar, diseminar; divertir, alegrar: ________________

12. iluminar, encender, aclarar, irradiar; parir: ________________

13. echarse, tenderse, acostarse; descansar, reposar: ________________

14. conservar, guardar, archivar, almacenar; apresar, arrestar: ________________

15. desaparecer, esfumar, atenuar, evaporar; marear, desmayar: ________________

16. buscar, examinar, revolver, rastrear, remover, explorar: ________________

17. caer, cometer, pecar, faltar, ocasionar: ________________

18. emocionar, excitar, conmover, sobresaltar; temblar, vibrar: ________________

19. derrotar, vencer, arrollar; mezclar, menear: ________________

20. reconstruir, reparar, rehacer, restaurar, restituir; reponerse: ________________

III. Llene cada espacio en blanco con la forma adecuada del verbo de la lista anterior que mejor convenga:

1. A los mejores diez estudiantes de la universidad les ____________________ becas para que continúen sus estudios en España.

2. El Jurado que ____________________ a los acusados del secuestro estaba formado por dos mujeres y tres hombres.

3. ¿ ____________________ las actividades que piensas realizar durante las vacaciones del próximo verano?

4. La buena lectura __________________ nuestro vocabulario y nuestra cultura en sentido general.

5. Cuando algún estudiante le presenta un problema difícil en la clase, el profesor Gutiérrez

   __________________ con serenidad y cautela.

6. La alimentación adecuada y el ejercicio continuo _________________ el organismo.

7. Indignado por lo que le había dicho, el policía ________________ contra el delincuente y lo golpeó repetidas veces.

8. A menudo los niños ________________ que estaban enfermos para que su madre no los enviara a la escuela.

9. El dictador ______________________ por un grupo de militares cuando cumplía 15 años en el poder.

10. Su última declaración __________________ más la sospecha de que él es el responsable de lo ocurrido.

11. Su madre les asignó la tarea de ________________ por el patio toda la arena que estaba amontonada.

12. Aunque han pasado muchos años, todavía ____________________ perfectamente en mi memoria el recuerdo de mi primer viaje en avión.

13. La madre de Juanito se enfadó mucho cuando lo encontró ___________________ en los papeles que ella había dejado sobre la mesa.

14. La muerte de su hijo mayor ___________________ las ilusiones y las esperanzas de la sacrificada madre.

15. Dos horas después del accidente, el herido todavía _________________ en el pavimento de la carretera.

16. Las tropas nacionales ________________ heroicamente a los invasores en menos de dos semanas.

17. Se mantenía tranquilo porque estaba seguro de que no __________________ en ninguna violación a la ley.

18. Potentes reflectores ___________________ el estadio de tal manera que parecía que era el mediodía.

19. Me __________________ y se me pone la piel de gallina cuando recuerdo aquel horrible accidente.

20. Si no ___________________ los precios de los artículos de primera necesidad a su nivel anterior, la vida de los pobres cada día se hará más difícil.

IV. Redacte una oración original, diferente de las que aparecen en esta unidad, con cada una de las palabras estudiadas:

1. acrecentar: ____________________

2. otorgar: ____________________

3. arremeter: ____________________

4. planear: ____________________

5. procesar: ____________________

6. incurrir: ____________________

7. alumbrar: ____________________

8. yacer: ____________________

9. estremecer: ____________________

10. batir: ____________________

11. restablecer: ____________________

12. discurrir: ____________________

13. fortalecer: ____________________

14. fingir: ____________________

15. derrocar: ____________________

16. afianzar: ____________________

17. esparcir: ____________________

18. retener: ____________________

19. hurgar: ____________________

20. desvanecer: ____________________

REVISIÓN DE UNIDADES 5 y 6

Junto a cada una de las 30 descripciones o definiciones dadas, escriba el número (entre 1 y 40) correspondiente a la palabra adecuada. Luego, encuentre en la **sopa de letras**, y encierre entre líneas, las 30 palabras seleccionadas. Esas palabras pueden aparecer horizontal, vertical o diagonalmente, en un sentido o en el inverso.

___ llenar de luz y claridad
___ sinónimo de "martirizar", "angustiar"
___ contrario de "aburrir"
___ sinónimo de "reposar", "estar tendido"
___ contrario de "disminuir"
___ contrario de "aceptar"
___ sinónimo de "consentir", "conceder"
___ tener turbada la razón, disparatar
___ contrario de "adelantar", "apresurar"
___ sinónimo de "aparentar", "simular", "encubrir"
___ dar alojamiento a alguien
___ sinónimo de "desaparecer", "evaporarse"
___ contrario de "mantener", "conservar"
___ sinónimo de "consolidar", "afirmar", "asegurar"
___ sinónimo de "destacar", "subrayar", "repetir"

___ contrario de "debilitar"
___ contrario de "liberar", "soltar"
___ satisfacer completamente
___ poner acento a una letra
___ sinónimo de "pegar", "unir"
___ retener una cosa judicialmente
___ conferir una dignidad o cargo
___ sinónimo de "correr", "pasar"
___ volver a poner en el estado original
___ sinónimo de "enjuiciar", "encausar"
___ sinónimo de "enterrar", "inhumar"
___ sinónimo de "idear", "preparar", "proyectar"
___ servir de garantía, apoyar
___ sinónimo de "caer", "cometer", "pecar"
___ sinónimo de "conmover"

1. capturar, 2. recalcar, 3. desplegar, 4. investir, 5. renovar, 6. torturar, 7. soldar, 8. estremecer, 9. batir, 10. restablecer, 11. discurrir, 12. fortalecer, 13. fingir, 14. derrocar, 15. afianzar, 16. esparcir, 17. retener, 18. hurgar, 19. desvanecer. 20. sepultar, 21. demorar, 22. rehusar, 23. cursar, 24. respaldar, 25. transcurrir, 26. destinar, 27. embargar, 28. delirar, 29. tildar, 30. saciar, 31. albergar, 32. brotar, 33. acrecentar, 34. otorgar, 35. arremeter, 36. planear, 37. procesar, 38. incurrir, 39. alumbrar, 40. yacer.

SOPA DE LETRAS 3

I	R	A	R	B	M	U	L	A	T	R	A	N	S	C	U	R	R	I	R
R	U	D	A	S	W	L	P	R	E	S	P	A	L	D	A	R	A	X	U
H	D	R	I	R	R	U	C	N	I	R	A	Z	N	A	I	F	A	R	Q
S	N	L	C	J	O	M	F	I	N	G	I	R	S	R	P	Y	A	B	V
R	R	C	A	A	C	R	E	C	E	N	T	A	R	A	R	R	F	Q	R
A	A	J	S	R	E	C	E	M	E	R	T	S	E	T	I	A	V	E	E
R	V	R	E	C	E	L	B	A	T	S	E	R	C	L	T	R	R	M	C
O	O	T	O	R	G	A	R	J	R	B	T	U	E	U	S	U	A	B	A
M	N	F	O	R	T	A	L	E	C	E	R	D	N	P	E	T	R	A	L
E	E	S	P	A	R	C	I	R	B	L	H	M	A	E	V	R	U	R	C
D	R	A	E	N	A	L	P	K	J	P	S	U	V	S	N	O	T	G	A
L	R	A	D	L	I	T	X	T	V	P	J	F	S	T	I	T	P	A	R
P	R	O	C	E	S	A	R	N	U	J	V	T	E	A	A	I	A	R	T
R	F	R	A	G	R	E	B	L	A	S	O	L	D	A	R	E	C	A	Y

CRUCIGRAMA 3

Este **crucigrama** contiene, en diferentes formas flexionales, las 40 palabras de las unidades 5 y 6. Complete cada una de las oraciones dadas con la forma adecuada de la palabra que mejor convenga al contexto y de esa manera encontrará la solución del crucigrama.

1. capturar, 2. recalcar, 3. desplegar, 4. investir, 5. renovar, 6. torturar, 7. soldar, 8. estremecer, 9. batir, 10. restablecer, 11. discurrir, 12. fortalecer, 13. fingir, 14. derrocar, 15. afianzar, 16. esparcir, 17. retener, 18. urgar, 19. desvanecer, 20. sepultar, 21. demorar, 22. rehusar, 23. cursar, 24. respaldar. 25. transcurrir, 26. destinar, 27. embargar, 28. delirar, 29. tildar, 30. saciar, 31. albergar, 32. brotar, 33. acrecentar, 34. otorgar, 35. arremeter, 36. planear, 37. procesar, 38. incurrir, 39. alumbrar, 40. yacer.

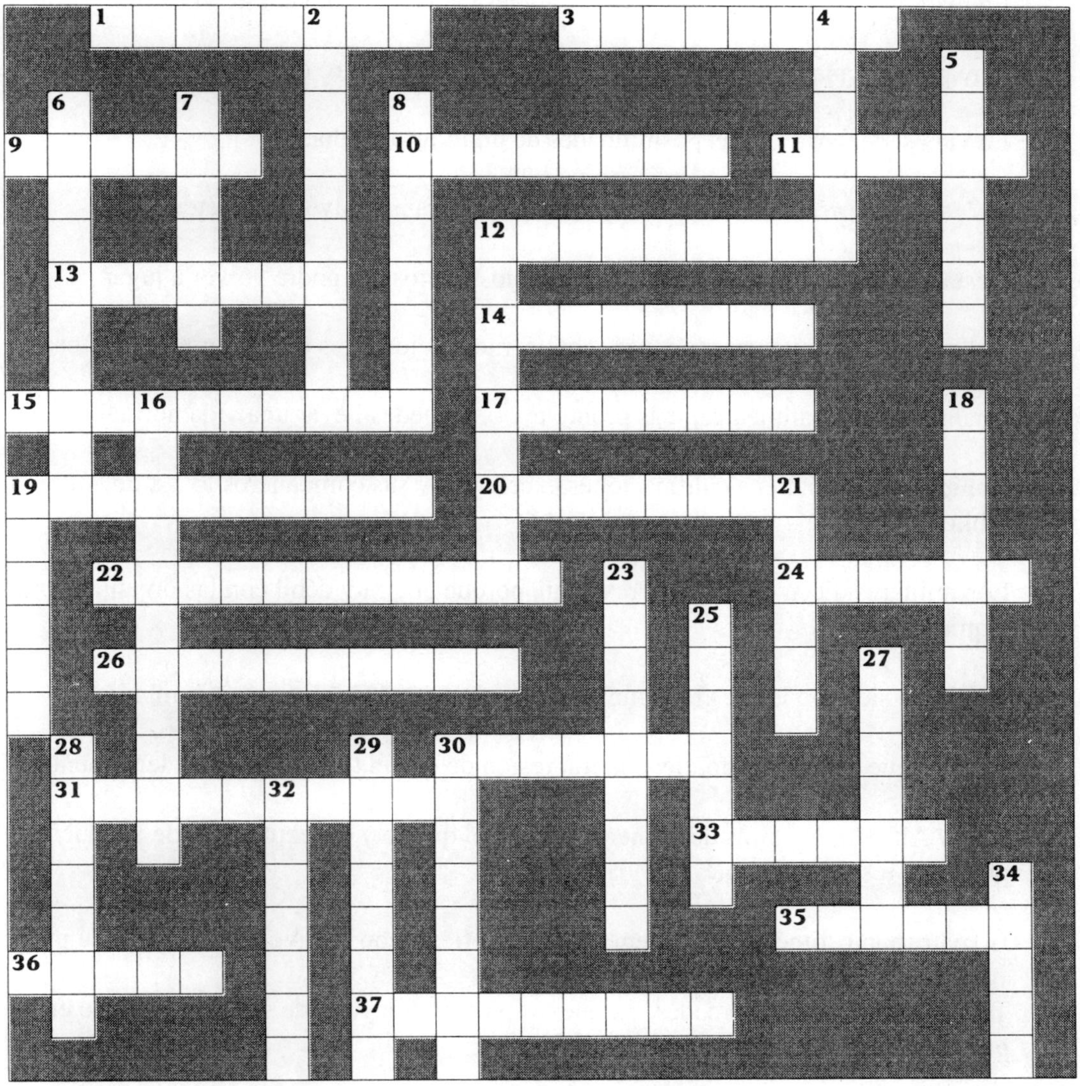

HORIZONTALES:

1. El Presidente lo ..... con el cargo de Secretario de Relaciones Exteriores.

3. Aunque Laura es aún una adolescente, ya ..... con la madurez de una adulta.

9. Si Juan no ..... mucho en llegar, podemos esperarlo para que nos acompañe a la fiesta.

10. Las autoridades del gobierno han amenazado con ..... los bienes del ex-jefe militar hasta que se aclare la denuncia del fraude.

11. Por más que ..... en las gavetas del escritorio, no pude encontrar el documento.

12. Pasó toda la noche ..... a causa de la alta fiebre que padecía.

13. La madre ..... la esperanza de que su hijo desaparecido todavía esté vivo.

14. Hoy por la mañana ..... el cadáver de don Antonio, maestro de varias generaciones.

15. La vida sedentaria ..... las posibilidades de un infarto cardíaco.

17. Si ..... en un error, no te lamentes y esfuérzate para no volver a cometerlo.

19. Hasta que no ..... sus músculos con ejercicios diarios, no podrá volver a jugar.

20. Debemos ..... nuestra relación para conocernos mejor antes de pensar en casarnos.

22. Cuanto mejor te alimentas, más pronto te ..... y puedes llevar una vida normal.

24. Daniel siempre obtiene calificaciones excelentes y sus compañeros lo ..... de "ratón de biblioteca".

26. Los militares dicen que ..... al Presidente porque era muy débil con las organizaciones izquierdistas.

30. Su madre siempre le ..... el mismo consejo a Luisito: "Cuídate mucho, mi hijo".

31. Cuando uno está aburrido, tiene la impresión de que el tiempo ..... muy lentamente.

33. José y Alfredo, los hijos de mi hermana, ... el quinto y el sexto grado de la educación primaria, respectivamente.

35. El matrimonio Jiménez ..... celebrar una gran fiesta con motivo de sus bodas de plata.

36. Todos los días doña Mercedes ..... huevos para el desayuno de sus hijos cuando eran pequeños.

37. No pudo contener su indignación y ..... contra el insolente jovenzuelo.

VERTICALES:

2. Cuando estuvo en la cárcel lo ..... tanto que quedó con lesiones físicas permanentes.

4. Por la presión de sus hijos ..... una oferta de trabajo en una universidad mejicana.

5. Esta lámpara apenas ..... tímidamente la sala pero adorna el ambiente.

6. La brisa ..... el mal olor que producía la sustancia esparcida por el suelo.

7. Si quieres que los tulipanes que sembraste ..... saludables, debes echarles agua todos los días.

8. La empresa ..... los esfuerzos de superación de sus empleados y concede becas de estudio a los interesados.

12. A partir del año próximo, ... el 5% de mi sueldo a contribuir a la lucha contra el cáncer.

16. Los gritos de dolor de la mujer ..... a todos los presentes, algunos de los cuales no podían contener las lágrimas.

18. Le pedí al herrero que me ..... las piezas rotas.

19. No te fíes demasiado, que esos jóvenes ..... mejor que actores de teatro.

21. En la pelea del sábado por la noche, el boxeador ..... su título de campeón de los pesos completos.

23. En una ocasión tan especial como la de tu boda debes ..... tu simpatía y buena educación.

25. La niña que encabeza el desfile ..... flores en la calle por donde pasará la reina.

27. Recuerdo que mi hermano menor no dejaba de llorar hasta que no ..... su hambre.

28. Cada año las autoridades educativas ..... premios a los cien mejores estudiantes del país.

29. Antes de que termine el semestre tienes que ..... los datos de tu investigación.

30. El año que viene ..... mi licencia de conducir.

32. Después de una larga búsqueda, la policía ..... al fugitivo.

34. Cuando pasamos por el lugar del accidente, el cadáver de la víctima ..... en medio de la carretera.

DIGRESIÓN MORFOLÓGICA

Los verbos de la unidad anterior (#6) tienen en común un rasgo morfológico: sirven de base para la formación de un sustantivo verbal si se les añade el sufijo **+miento**. El nombre o sustantivo derivado así del verbo puede ser abstracto o concreto y expresa la acción o el resultado de la acción verbal. Para que se produzca ese proceso morfológico es necesario eliminar la **-r** del infinitivo:

plane**ar**	=>	planea + miento
esparci**r**	=>	esparci + miento
derroca**r**	=>	derroca + miento

Cuando el verbo es de la segunda conjugación (yac**er**, fortalec**er**, acontec**er**), además de perder la **r** final, cambia la vocal temática **e** por **i**, probablemente como consecuencia de una asimilación a la **i** del diptongo acentuado en la sílaba siguiente [m**ien**]:

yac**er**	=>	yac**i** + miento
fortalec**er**	=>	fortalec**i** + miento
acontec**er**	=>	acontec**i** + miento

UNIDAD # 7

PRESENTACIÓN

1. **lealtad**:

A. *Cualidad que se aplica a la persona incapaz de cometer falsedades, de engañar o de traicionar.
*Cualidad que se aplica al que no abandona a alguien determinado.

B. "Antes de salir a luchar en la guerra, los soldados juraron **lealtad** a su rey."
"Para que ella accediera a casarse con él, le prometió **lealtad** eterna."

C. [leal, desleal, deslealtad; ley, legal, legalidad, legalista, legalizar, ilegal, ilegalidad; legítimo, legitimidad, legitimar, legitimación, ilegítimo]

2. **súbdito**:

A. *Sujeto a la autoridad de un superior, con obligación de obedecerle.
*Seguido de un adjetivo de nacionalidad, ciudadano del país de que se trate.

B. "El monarca emitió un comunicado a sus **súbditos**: una gran guerra se desencadenaría en los próximos días y les pedía su lealtad."
"Los **súbditos** españoles ahora pueden viajar por toda Europa sin necesidad de visas."

C. [no tiene "**parientes**" léxicos]

3. **hostilidad**:

A. *Cualidad de hostil o contrario, por enemistad o animadversión.
*(en plural) Ataque recíproco de los enemigos en guerra.

B "Su **hostilidad** hacia nosotros no tenía un fundamento serio: no nos quería por ser extranjeros."
"Solo después de la firma del pacto entre ambos países, cesarán las **hostilidades** en el campo de batalla."

C. [hostil, hostilizar]

4. **dilema**:

A. *(lógica) Razonamiento formado por una premisa con dos términos contrapuestos que, supuestos alternativamente verdaderos, conducen a la misma conclusión.

*Situación de alguien cuando tiene forzosamente que elegir entre dos soluciones.

B. "Estoy en un **dilema** ya que las únicas dos oportunidades de trabajo que tengo me obligan a alejarme de la familia."
"Se le presentó un gran **dilema**: decir la verdad y herirla, o mentir y no hacerla sufrir."

C. [lema]

5. **anhelo**:

A. *Deseo vehemente de algo, particularmente inmaterial.

B. "Su mayor **anhelo** era conocer personalmente a Robert Redford."
"Mi **anhelo** es vivir lejos de este lugar tan violento y ver crecer a mis hijos en un ambiente de paz."

C. [anhelación, anhelante, anhelar, anheloso]

6. **ensueño**:

A. *Cosa que se imagina o se sueña mientras se duerme.
*Cosa placentera en cuyo pensamiento se recrea uno.

B. "Después de beber las aguas mágicas de la fuente, la princesa cayó en un dulce **ensueño**."
"El ambiente del cuento era un paisaje de **ensueño**, con una hermosa luz y grandes árboles frutales."

C. [ensoñación, ensoñador, ensoñar; soñar, soñación, soñador, sueñera; soñoliento, soñolencia, somnolencia]

7. **prestigio**:

A. *Buena fama que disfruta una persona, como tal persona o por su profesión, e influencia que tiene por ella. Buena fama o crédito de una entidad, de una casa comercial, de una marca, etc.

B. "Pienso que puedes depositar tus ahorros tranquilamente en ese banco porque tiene gran **prestigio** y credibilidad ."
"El **prestigio** no es un regalo; al contrario, hay que merecerlo y lograrlo trabajando sin descanso."

C. [prestigiar, prestigioso, desprestigiado; prestidigitador, prestidigitación]

8. **catástrofe**:

A. *Suceso en que hay gran destrucción y muchas desgracias. Se aplica también a una desgracia o un trastorno moral grave.
*Desenlace, particularmente cuando es desgraciado, de un poema dramático.

B. "Las pérdidas materiales que dejó el terremoto produjeron una **catástrofe** económica en nuestro país."
"El accidente de avión ocurrido el año pasado se considera la peor **catástrofe** en la historia de la transportación aérea."

C. [catastrófico, catastrofismo, catastrofista]

9. **tertulia**:

A. *Reunión de personas que se juntan habitualmente, con frecuencia en un café, para conversar y también, a veces, para jugar juegos de sobremesa.

B. "Para conocer a los nuevos vecinos organicemos una **tertulia** en tu casa e invitémoslos."
"Las **tertulias** de comienzos de siglo eran eventos de gran popularidad."

C. [tertuliano, tertuliante, tertuliar, tertulio, contertulio]

10. **ímpetu**:

A. *Violencia con que las cosas, los animales o las personas acometen o se lanzan contra algo.
*Brío o energía con que alguien emprende una cosa.

B. "El portero de nuestro equipo de fútbol defendió su portería con gran **ímpetu**, a pesar de las numerosas ocasiones en que el equipo contrario amenazó."
"El potro colorado tiene una fuerza descomunal y corrió con tanto **ímpetu** que rompió el lazo."

C. [impetuoso, impetuosidad]

11. **claustro**:

A. *Galería que rodea el patio interior de un convento, iglesia, universidad, etc. Por extensión, convento o estado monástico.
*Junta formada por el director y los profesores de un centro de enseñanza.

B. "Las monjas de este **claustro** son famosas por su hermoso coro."

"El director de la escuela convocó al **claustro** de profesores para discutir el tema de los reajustes salariales."

C. [claustral, claustrofobia, enclaustrar, exclaustrar, exclaustración]

12. **intriga**:

A. *Intensa curiosidad que despierta en alguien cierta cosa.
*Maquinación, manejo cauteloso para conseguir un fin.

B. "Lo torturaba la **intriga** de saber lo que había en ese cuarto cerrado."
"El joven fue víctima de un engaño sin nombre, de una **intriga** malévola."

C. [intrigante, intrigar; intrincar, intrincado; inextricable]

13. **faena**:

A. *Actividad que alguien realiza con esfuerzo físico o mental. Cosas que alguien tiene que hacer.
*(fig.) Mala jugada, acción con que una persona perjudica injustamente a otra, generalmente por beneficiarse a sí mismo o a una tercera.

B. "Me toca realizar cada día la peor de las **faenas**: arrastrar sacos de basura hacia los basureros municipales."
"Miguel no le perdona a su amigo la **faena** que le hizo de nunca devolverle el dinero que le prestó."

C. [faenar, faenero]

14. **audacia**:

A. *Cualidad de atrevido, osado; capaz de acometer empresas difíciles o peligrosas.

B. "Su **audacia** no tiene límite, es capaz de saltar de un puente para salvar a un niño que se ahoga en un río."
"Si no hubiera sido por la **audacia** de Cristóbal Colón, la historia americana sería muy diferente."

C. [audaz]

15. **barbarie**:

A. *Estado de incultura o atraso de un pueblo.
*(fig.) Crueldad.

B. "Son pueblos perdidos en la selva que viven en la **barbarie** absoluta."
"Durante años se cometieron **barbaries** y atrocidades contra los campesinos que protestaban por su pobreza."

C. [bárbaro, barbaridad, barbarismo]

16. **desierto**:

A. *Lugar inhabitado, arenoso y desprovisto de vegetación. Como adjetivo, significa solitario, despoblado, donde hay poca gente.

B. "No quisiera ni acordarme de la pesadilla que vivimos aquel día mientras cruzábamos el **desierto** sin tener nada que darles de beber a los niños."
"Este lugar está totalmente **desierto** desde hace años, cuando se fueron a la ciudad los pocos campesinos que quedaban."

C. [desértico; desertar, desertor, deserción]

17. **mito**:

A. *Leyenda simbólica de carácter religioso.
*(fig.) Cosa inventada por alguien, que intenta hacerla pasar por verdad, o cosa que no existe más que en la fantasía de alguien.

B. "La posibilidad de la eterna juventud es solo un **mito** necesario."
"Es un explorador obstinado que no entiende que eso de los tesoros escondidos bajo las rocas de esta isla es un **mito**."

C. [mitología, mitológico; mitógrafo]

18. **contraste**:

A. *Oposición o diferencia notable que existe entre personas o cosas.

B. "Este artista trabaja los **contrastes** de colores a la perfección."
"Su belleza **contrasta** con la fealdad de su hermano."

C. [contrastable, contrastante, contrastar, contrastivo]

19. **elogio**:

A. *Alabanza de las cualidades y mérito de una persona o cosa.

B. "Le dijimos varios **elogios** bien merecidos pues es una mujer de gran talento."

"El gran orador recibió **elogios** de todos nosotros porque su conferencia fue verdaderamente magnífica."

C. [elogiar, elogioso]

20. **pretexto**:

A. *Razón que se alega falsamente para hacer o dejar de hacer cierta cosa.

B. "Con el **pretexto** de estar enfermo no vino a trabajar hoy."
"Ningún **pretexto** será considerado válido para faltar al examen final."

C. [pretextar, pretexta; tejer, tejedura; tesitura; tejido, entretejer; texto, textual, contexto; textura; textil; contextura]

EJERCITACIÓN

Palabras presentadas en esta unidad:

1. lealtad, 2. súbdito, 3. hostilidad, 4. dilema, 5. anhelo, 6. ensueño, 7. prestigio, 8. catástrofe, 9. tertulia, 10. ímpetu, 11. claustro, 12. intriga, 13. faena, 14. audacia, 15. barbarie, 16. desierto, 17. mito, 18. contraste, 19. elogio, 20. pretexto.

I. Copie en orden alfabético y lea en voz alta las palabras de la lista anterior:

1.____________, 2.____________, 3.____________, 4.____________,

5.____________, 6.____________, 7.____________, 8.____________,

9.____________, 10.____________, 11.____________, 12.____________,

13.____________, 14.____________, 15.____________, 16.____________,

17.____________, 18.____________, 19.____________, 20.____________.

II. En cada caso escriba el sustantivo de la lista anterior cuyo sentido coincida o se relacione estrechamente con el de las palabras dadas a continuación:

1. oposición, diferencia, disparidad, desemejanza, desigualdad: ____________
2. fantasía, sueño, imaginación, ilusión, quimera, esperanza: ____________
3. cataclismo, desastre, conmoción, desgracia, hecatombe: ____________
4. sabana, páramo, estepa; despoblado, inhabitado, solitario: ____________
5. fidelidad, adhesión, nobleza, rectitud, cumplimiento, sinceridad: ____________
6. adulación, alabanza, encomio, aplauso, ponderación, exaltación: ____________
7. leyenda, fábula, tradición, ficción, superstición: ____________
8. dependiente, vasallo; ciudadano: ____________

9. trabajo, quehacer, ocupación, labor, tarea: ____________________

10. enemistad, contienda, agresión, ataque: ____________________

11. monasterio, convento; junta, cuerpo, personal docente: ____________________

12. excusa, motivo, disculpa, salida, subterfugio: ____________________

13. ignorancia, incultura, rusticidad; salvajismo, crueldad: ____________________

14. maquinación, maniobra, treta, artimaña, enredo, trama: ____________________

15. osadía, atrevimiento, intrepidez, arrojo, valor, coraje: ____________________

16. alternativa, conflicto, contradicción, problema: ____________________

17. reunión, club; conversación, charla, plática, coloquio: ____________________

18. impulso, vehemencia, fuerza, violencia, brusquedad, fogosidad: ____________________

19. ansia, apetencia, gana, afán, aspiración, deseo: ____________________

20. fama, renombre, reputación, crédito, influencia, autoridad: ____________________

III. Llene cada espacio en blanco con la forma adecuada del sustantivo de la lista anterior que mejor convenga al contexto:

1. Estaba ansioso de oír la conferencia de un poeta de tanta fama y ____________________ a nivel mundial.

2. Antes de la última batalla los soldados entonaron el himno nacional y solemnemente juraron ____________________ a su bandera.

3. En la medida en que avanza la ciencia, se van deshaciendo muchos ____________________ del pasado.

4. Tantos ____________________ le hincharon el pecho de orgullo.

5. Al terminar su ____________________, los labradores volvieron a la ciudad.

6. El hombre se vio enfrentado a un ____________________ cuando tuvo que elegir con cuál de las dos damas se casaría.

7. Después de entablar una querella en contra de la empresa, comencé a ser víctima de una gran ____________________ de parte de la administración.

8. Faltó a la cita con el dentista con el __________________ de estar muy ocupado, pero la verdad fue que sintió miedo.

9. Para ese trabajo necesitas a alguien que posea talento para vender y __________________ para ir a los lugares más peligrosos.

10. El color de su piel morena hacía ________________ con el vestido blanco que llevaba.

11. El ___________________ de aquella estudiante era ser la mejor de su promoción, pero nunca lo logró.

12. El __________________ de los monjes benedictinos es de una sobriedad exquisita.

13. Sonreía mientras en su ____________________ imaginaba que había ganado la lotería.

14. Tanta guerra entre esas tribus se debe a la _______________ en la que viven desde hace siglos.

15. Los conspiradores planearon su ____________________ con gran cuidado.

16. Los escritores se reunían en _____________________ todos los jueves y hablaban de lo que habían estado escribiendo.

17. Empujó la puerta con tanto _____________________ que el ruido despertó a los niños.

18. Los animales que mejor sobreviven en el ______________________ son los camellos, porque pueden guardar agua por días.

19. El marqués trataba muy mal a sus __________________ y estos estaban planeando una rebelión en su contra.

20. La derrota en el partido final del mundial de fútbol fue como una ___________________ nacional para los argentinos.

IV. Redacte una oración original, diferente de las que aparecen en esta unidad, con cada una de las palabras estudiadas:

1. lealtad:____
2. súbdito:____
3. hostilidad:______________________________________
4. dilema:____
5. anhelo:____
6. ensueño:_______________________________________
7. prestigio:______________________________________
8. catástrofe:_____________________________________
9. tertulia:_______________________________________
10. ímpetu:_______________________________________
11. claustro:______________________________________
12. intriga:_______________________________________
13. faena:____
14. audacia:______________________________________
15. barbarie:______________________________________
16. desierto:______________________________________
17. mito:____
18. contraste:_____________________________________
19. elogio:____
20. pretexto:______________________________________

UNIDAD # 8

PRESENTACIÓN

1. **fecundo**:

   A. *Que produce o se reproduce por los medios naturales.
   *Se aplica a la cosa o persona que produce abundantes obras o resultados.

   B. "Lope de Vega fue un escritor muy **fecundo**."
   "Las hembras de los animales solo son **fecundas** hasta determinada edad."

   C. [fecundidad, fecundar, fecundación, fecundador, fecundante, fecundizar; feto, fetal, superfetación]

2. **insigne**:

   A. *Se aplica a la persona que sobresale mucho en algo o en la actividad expresada por el nombre a que se aplica este adjetivo, y es muy estimada y conocida.

   B. "Era un **insigne** deportista, aunque académicamente nunca pasó de la educación secundaria."
   "El profesor estudió en una universidad **insigne**, conocida a nivel mundial por la calidad de su educación."

   C. [insignia; signo, signatario, asignar, asignatura; consignar, consigna, consignación; designar, designio; persignar, resignar, resignación; seña, señal, señalar; diseñar, diseño; enseñar, enseñanza]

3. **perpetuo**:

   A. *Que dura siempre o es para siempre.

   B. "El Juez le aplicó una sentencia de condena **perpetua**."
   "La religiosa pronunció, en una ceremonia solemne, sus votos **perpetuos** de castidad, pobreza y obediencia."

   C. [perpetuar, perpetuación, perpetuidad]

4. **previo**:

   A. *Lo que precede y sirve de preparación a algo.

   B. "En nuestra conversación **previa** habíamos acordado reunirnos el lunes."
   "Puedes llegar a mi casa sin **previo** aviso."

C. [vía; viaje, viajar; viático; desviar, enviar, extraviar, obvio; trivial]

5. **vano**:

A. *Falto de realidad, substancia o entidad.
*Sin efecto, sin resultado.
*Que tiene orgullo, arrogancia, vanidad.

B. "Resultaron completamente **vanos** sus intentos de impresionarlo con su forma de vestir."
"Dicen que muchas estrellas del cine suelen ser personas **vanas**."

C. [vanidad, vanidoso; devaneo; desvanecer, desvanecimiento; evanescente; envanecer, envanecimiento]

6. **rotundo**:

A. *Redondo.
*Se aplica a "contestación, afirmación, negación" y palabras semejantes, así como a "sí" o "no" usados como nombres, indicando que no dejan lugar a duda ni a rectificación y no se acompañan de explicaciones, excusas, etc.

B. "Mi propuesta fue bien acogida y los colegas le dieron una aprobación **rotunda**."
"El empleado recibió una negativa **rotunda** a su petición de aumento de sueldo."

C. [rotundidad, rotonda; redondo, redondear, redondel, redondez, redondilla]

7. **fantástico**:

A. *Creado por la imaginación, sin realidad.
*Impresionante por lo bueno, bello, agradable, etc.

B. "La exposición de arte fue estupenda, **fantástica**."
"Esa no es una novela que se pueda clasificar como realista, sino más bien como **fantástica**."

C. [fantasía, fantasioso, fantasear; fantasma, fantasmón]

8. **pintoresco**:

A. *Se aplica a los lugares o escenas que tienen interés pictórico; que atraen la vista por su belleza o particularidad.
*Interesante por su tipismo, o por ser gracioso y extravagante.

B. "Me gusta viajar a la costa para disfrutar de sus paisajes tan **pintorescos**."
"La película fue una representación **pintoresca** de la vida de los indígenas."

C. [pintoresquismo; pintar, pintor, pintura; pictográfico, pictórico; pigmentar, pigmentación]

9. **severo**:

A. *Falto de benevolencia; muy exigente al someter a otros o a sí mismo a una disciplina, norma o ley.
*(fig.) Se aplica a "invierno", "verano", etc., para expresar que el frío, el calor son extremados.
*Aplicado al semblante o aspecto de una persona, serio o grave; aplicado a ciertas cosas o a su aspecto, serio, sin colores demasiado vivos, sin exceso de adornos.

B. "Resulta difícil obtener la calificación de sobresaliente con el profesor López porque es sumamente **severo**."
"El traje **severo** que lleva concuerda muy bien con su carácter."

C. [severidad; aseverar, aseveración, aseverativo; perseverar, perseverante, perseverancia]

10. **mutuo**:

A. *Se aplica a los sentimientos o acciones que son tenidos o realizados por dos o más personas, de modo que cada una hace objeto de ellos a otra de la que, a su vez, los recibe.

B. "El negocio producirá beneficios **mutuos** tanto al comprador como al vendedor."
"La simpatía es **mutua** ya que ella me gusta y creo que yo también le caigo bien."

C. [mutual, mutualidad, mutuación; mudar, mudable, mutable, mudanza, trasmutación; permutar; conmutar, conmutación; inmutable, inmutar]

11. **hidalgo**:

A. *(sustantivo) Persona de noble e ilustre nacimiento, de la clase noble.
*(fig.) Que tiene generosidad y nobleza.

B. "Le dio una educación **hidalga** a su hija."
"Don Pedro es todo un caballero, es un verdadero **hidalgo** español."

C. [hidalguía; hijo, hijastro, hijuela, ahijar, ahijado; prohijar]

12. **erudito**:

A. *Persona que tiene amplios conocimientos. También se aplica a sus obras, trabajos, etc.

B. “El profesor escribió un artículo muy **erudito** sobre los dialectos del Caribe.”
“Andrés Bello fue uno de los hombres más **eruditos** de América Latina.”

C. [erudición; rudo, rudeza, rudimiento, rudimentario]

13. **agrícola**:

A. *Relativo al cultivo de la tierra o al que ejerce ese cultivo.

B. “Este es un país mayoritariamente **agrícola**, con muy poca industrialización.”
“Gran parte de este terreno está destinado a trabajos **agrícolas**.”

C. [agricultor, agricultura; agro, agrario, agreste; agrimensor, agrimensura; agropecuario, agrónomo, agronomía]

14. **inefable**:

A. *De tal naturaleza o tan grande que no se puede expresar con palabras.

B. “Tras ser premiado con la beca, lo colmó una alegría **inefable**.”
“Un miedo **inefable** se apoderó de los niños al oír la historia de fantasmas.”

C. [inefabilidad; afabilidad, afable]

15. **absurdo**:

A. *Contrario a la lógica o a la razón.

B. “La excusa que dio era tan **absurda** que ni un niño la hubiera aceptado.”
“Es **absurdo** tenerles miedo a unas inofensivas mariposas.”

C. [absurdidad; sordo, sordera, sordina, ensordar, ensordecer]

16. **exquisito**:

A. *Se aplica a las cosas que tienen un tipo de belleza u otra cualidad grata capaz de satisfacer un gusto refinado.

B. “Los platos que sirven en ese restaurante son **exquisitos**.”
“Sofía tiene un gusto **exquisito**: se viste con prendas hermosas y finas.”

C. [exquisitez; adquirir, adquisición, adquisitivo; inquirir, inquisidor, inquisición, inquisitivo; encuesta; requerir, requerimiento, requisito, requisar]

17. **cotidiano**:

A. *De o para cada día.

B. "Marta ha convertido en un ritual **cotidiano** escribirle a su novio todas las tardes."
"Lavarse los dientes es, hoy en día, una actividad **cotidiana** en todo el mundo."

C. [cotidianidad; día, diario, diurno]

18. **prodigioso**:

A. *Que encierra en sí un hecho sobrenatural, una cosa rara.
*Maravilloso, primoroso.

B. "Los profesores están de acuerdo en que es una estudiante **prodigiosa**: siempre obtiene las mejores calificaciones."
"Este terreno es tan **prodigioso** que hasta en los peores tiempos ha dado frutos en abundancia."

C. [prodigio, prodigiosidad]

19. **prudente**:

A. *Se dice del que obra con buen juicio; del que previene los peligros o los evita; del que no comete excesos; del que no habla o dice más de lo necesario.

B. "Es un empleado que se caracteriza por ser **prudente** y mesurado, que siempre actúa con cuidado."
"María es la muchacha más **prudente** del grupo: nunca pregunta más de lo necesario."

C. [prudencia, prudencial, imprudente, imprudencia]

20. **inexorable**:

A. *Se aplica a la persona que no se deja ablandar en sus sentencias o castigos por los ruegos o la piedad.

B. "Su padre era **inexorable** y no le permitía salir nunca a fiestas con sus amigos por más que se lo implorara."
"El criminal fue sentenciado a veinte años de prisión por el juez que en todo momento se mostró **inexorable** ante los argumentos de la defensa."

C. [inexorabilidad; exorable, exorar; orar, oración, orador, oratoria, adorar, adoración]

EJERCITACIÓN

Palabras presentadas en esta unidad:

1. fecundo, 2. insigne, 3. perpetuo, 4. previo, 5. vano, 6. rotundo, 7. fantástico, 8. pintoresco, 9. severo, 10. mutuo, 11. hidalgo, 12. erudito, 13. agrícola, 14. inefable, 15. absurdo, 6. exquisito, 17. cotidiano, 18. prodigioso, 19. prudente, 20. inexorable.

I. Copie en orden alfabético y lea en voz alta las palabras de la lista anterior:

1.____________, 2.____________, 3.____________, 4.____________,

5.____________, 6.____________, 7.____________, 8.____________,

9.____________, 10.____________, 11.____________, 12.____________,

13.____________, 14.____________, 15.____________, 16.____________,

17.____________, 18.____________, 19.____________, 20.____________.

II. En cada caso escriba el adjetivo de la lista anterior cuyo sentido coincida o se relacione estrechamente con el de las palabras dadas a continuación:

1. eterno, imperecedero, perenne, inmortal, infinito, interminable: ________________
2. ilógico, disparatado, irracional, desatinado, incoherente: ________________
3. diario, ordinario, habitual, corriente, común: ________________
4. quimérico, inverosímil, fabuloso, imaginario, irreal: ________________
5. moderado, juicioso, sensato, discreto, ecuánime, precavido: ________________
6. colorido, atractivo, vivo, animado, expresivo, folklórico: ________________
7. inexpresable, indecible, inenarrable, indescriptible, maravilloso: ________________
8. recíproco, bilateral, alterno, solidario: ________________
9. noble, ilustre, distinguido; generoso, magnánimo, caballeroso: ________________

10. excelente, finísimo, delicado, refinado; delicioso, sabroso: ________________

11. milagroso, maravilloso, sobrenatural, admirable, extraordinario: ________________

12. implacable, inflexible, inquebrantable, duro, cruel, inapelable: ________________

13. ilustrado, culto, instruido, docto, sabio: ________________

14. anterior, adelantado, antecedente, precedente, preliminar: ________________

15. rural, agrario, agronómico: ________________

16. redondo; claro, definitivo, concluyente, conclusivo, terminante: ________________

17. serio, rígido, estricto, exigente, riguroso, intolerante: ________________

18. insubstancial; hueco, vacío, superficial; inútil; vanidoso: ________________

19. prolífico; productivo, fértil, fructífero; abundante: ________________

20. ilustre, célebre, distinguido, famoso, renombrado, sobresaliente: ________________

III. Llene cada espacio en blanco con la forma adecuada del adjetivo de la lista anterior que mejor convenga al contexto:

1. En este vecindario el ruido de los aviones es un problema ______________ contra el cual no podemos hacer nada.

2. Si me amas, entonces el sentimiento es _______________, porque yo me desvelo por ti.

3. Es un abogado ___________________ que se ha ganado la fama de nunca haber perdido un caso.

4. Recibirás un castigo inevitable por lo que has hecho, porque la Directora es una persona

   _____________________________.

5. Es una dicha __________________________ poder vivir la experiencia de ser padre.

6. Esta ha sido una década __________________________ en nuestro país ya que el poder adquisitivo de las personas aumenta año a año.

7. En el hotel se nos brindó una atención ______________________, digna de príncipes.

8. No hay dudas de que don Ramón es una persona muy generosa y noble, por lo cual todo el mundo lo quiere y lo considera como un verdadero ____________________.

9. Resultaron _______________ todos sus esfuerzos por conseguir el trabajo en el banco.

10. Para ese puesto tan delicado en la compañía le recomiendo al señor Antúnez, un hombre muy sensato y _______________________.

11. Ese artista siempre ha estado interesado en retratar escenas _____________________.

12. Nunca abandones tu trabajo sin la aprobación ____________________ del director del Departamento.

13. Cornelio dedica todo su tiempo al trabajo _______________________ y casi no realiza actividades sociales.

14. Muchos de los que terminan un doctorado pueden considerarse ___________________ en sus áreas de estudio.

15. Se dice que estas montañas son __________________, que sus piedras brillan de noche iluminando todo el valle.

16. Recibió una noticia ___________________: será abuela en poco tiempo más.

17. No tomes esa clase, porque la profesora es demasiado ______________________ en sus evaluaciones.

18. Solo bastó un ligero impulso y el péndulo comenzó un vaivén ________________.

19. La respuesta fue _______________: no había posibilidad alguna de recuperar el dinero.

20. Es una situación __________________ ya que todos están enojados pero ninguno sabe por qué.

IV. Redacte una oración original, diferente de las que aparecen en esta unidad, con cada una de las palabras estudiadas:

1. fecundo:____
2. insigne:____
3. perpetuo:____
4. previo:____
5. vano:____
6. rotundo:____
7. fantástico:____
8. pintoresco:____
9. severo:____
10. mutuo:____
11. hidalgo:____
12. erudito:____
13. agrícola:____
14. inefable:____
15. absurdo:____
16. exquisito:____
17. cotidiano:____
18. prodigioso:____
19. prudente:____
20. inexorable:____

REVISIÓN DE UNIDADES 7 y 8

Junto a cada una de las 30 descripciones o definiciones dadas, escriba el número (entre 1 y 40) correspondiente a la palabra adecuada. Luego, encuentre en la **sopa de letras**, y encierre entre líneas, las 30 palabras seleccionadas. Esas palabras pueden aparecer horizontal, vertical o diagonalmente, en un sentido o en el inverso.

___ sinónimo de "inexpresable", "indescriptible"
___ "folklórico", "atractivo", "expresivo"
___ "eterno", "infinito"
___ "enemistad", "agresión"
___ contrario de "posterior", "siguiente"
___ sinónimo de "alternativa", "problema"
___ contrario de "estéril", "árido"
___ contrario de "pasividad", "placidez"
___ gran destrucción y numerosas pérdidas
___ sinónimo de "ilustre", "famoso"
___ "reunión", "conversación"
___ contrario de "real", "cierto", "verídico"
___ contrario de "lógico", "sensato", "razonable"
___ "finísimo", "selecto", "delicioso"
___ sinónimo de "sobrenatural", "espectacular"
___ sinónimo de "ilustrado", "muy instruido"
___ sinónimo de "trabajo", "labor"
___ contrario de "flexible", "tolerante"
___ contrario de "mala reputación"
___ "osadía", "atrevimiento"
___ contrario de "insulto"
___ contrario de "semejanza", "parangón"
___ sinónimo de "salvajismo", "fiereza"
___ vasallo de un señor o patrón
___ contrario de "poblado", "populoso"
___ "recíproco", "bilateral"
___ "leyenda", "fábula"
___ "deseo intenso", "apetencia"
___ de todos los días
___ contrario de "infidelidad", "traición"

1. dilema, 2. inefable, 3. ensueño, 4. pintoresco, 5. mutuo, 6. catástrofe, 7. súbdito, 8. erudito, 9. previo, 10. anhelo, 11. rotundo, 12. tertulia, 13. claustro, 14. severo, 15. insigne, 16. agrícola, 17. prestigio, 18. inexorable, 19. lealtad, 20. hostilidad, 21. vano, 22. fantástico, 23. ímpetu, 24. hidalgo, 25. prudente, 26. elogio, 27. fecundo, 28. audacia, 29. intriga, 30. perpetuo, 31. prodigioso, 32. barbarie, 33. faena, 34. mito, 35. absurdo, 36. pretexto, 37. desierto, 38. contraste, 39. exquisito, 40. cotidiano.

SOPA DE LETRAS 4

T	I	F	L	O	R	I	T	Y	D	A	D	I	L	I	T	S	O	H	U
X	E	A	K	T	I	O	E	F	O	R	T	S	A	T	A	C	T	T	C
P	E	N	G	I	S	N	I	J	O	C	S	E	R	O	T	N	I	P	O
J	M	T	E	S	D	F	E	C	U	N	D	O	V	T	P	A	D	A	N
E	C	A	O	I	I	I	E	F	A	E	N	A	M	I	U	C	B	X	T
B	O	S	H	U	O	Q	L	E	A	L	T	A	D	D	P	S	U	W	R
A	T	T	C	Q	T	T	O	E	D	B	U	F	A	U	U	R	S	K	A
R	I	I	D	X	M	U	R	Y	M	M	L	C	G	R	I	M	S	G	S
B	D	C	L	E	H	I	M	E	O	A	I	E	D	E	H	V	T	V	T
A	I	O	Y	U	C	R	T	Q	I	A	M	O	Q	P	L	O	L	T	E
R	A	L	E	L	O	G	I	O	V	S	P	E	B	A	N	H	E	L	O
I	N	E	X	O	R	A	B	L	E	T	E	R	T	U	L	I	A	X	I
E	O	S	O	I	G	I	D	O	R	P	T	D	V	I	G	A	D	T	D
W	O	I	G	I	T	S	E	R	P	C	U	P	E	R	P	E	T	U	O

CRUCIGRAMA 4

Este **crucigrama** contiene, en diferentes formas flexionales, las 40 palabras de las unidades 7 y 8. Complete cada una de las oraciones dadas con la forma adecuada de la palabra que mejor convenga al contexto y de esa manera encontrará la solución del crucigrama.

1. dilema, 2. inefable, 3. ensueño, 4. pintoresco, 5. mutuo, 6. catástrofe, 7. súbdito, 8. erudito, 9. previo, 10. anhelo, 11. rotundo, 12. tertulia, 13. claustro, 14. severo, 15. insigne, 16. agrícola, 17. prestigio, 18. inexorable, 19. lealtad, 20. hostilidad, 21. vano, 22. fantástico, 23. ímpetu, 24. hidalgo, 25. prudente, 26. elogio, 27. fecundo, 28. audacia, 29. intriga, 30. perpetuo, 31. prodigioso, 32. barbarie, 33. faena, 34. mito, 35. absurdo, 36. pretexto, 37. desierto, 38. contraste, 39. exquisito, 40. cotidiano.

VERTICALES:

1. El director de la orquesta es muy ....., y no admite ni perdona que falles una sola vez.

2. Conozco un remedio que es ..... para la tos.

3. El profesor Pérez tiene un rostro ....., que difícilmente muestra una sonrisa.

5. Los ..... postres que sirvieron en el banquete fueron una tentación para todos.

6. Don Quijote es el gran personaje ..... y loco de la literatura española.

7. Su ..... fue siempre ser un gran escritor, pero desgraciadamente nunca le dieron el reconocimiento que él merecía.

8. Cada vez que comienza un nuevo siglo muchas personas creen que vendrán terribles ..... sobre la tierra, pero nunca ha pasado nada realmente diferente.

9. Llamó dos horas después y me dio el ..... de que tuvo que llevar a su madre a la iglesia.

10. El ..... universitario se reunió para conocer las nuevas reformas de los estatutos.

11. Víctimas de una gran ..... en su contra, los turistas alemanes debieron abandonar el país.

16. Los arqueólogos encontraron piezas importantes que demostraban la ..... en la que vivía aquel pueblo indígena.

19. Con la publicación de sus libros el escritor se ha ganado un gran ..... dentro de su país.

21. El ..... de Sáhara es uno de los lugares más secos de todo el planeta.

22. Al ver a su hijo después de tanto tiempo, experimentó una alegría .....

23. El universo está en ..... movimiento.

24. En medio del creciente ..... que la envolvía, le pareció oír la voz de su difunto marido.

25. Dos poetas participaron en una ..... literaria organizada por el Departamento de Letras.

28. Para terminar más rápido el trabajo, siempre nos repartimos las ..... de la casa.

30. Carlos y Andrea se divorciarán de ..... acuerdo.

31. Para poder hablar con el gerente se requiere una cita .....

33. Los presos empujaron con tanto ..... que derribaron la puerta de la cárcel.

35. Todas las diligencias que realizó resultaron ..... porque no le concedieron la beca.

HORIZONTALES:

2. Los conejos son animales muy ..... que tienden a tener una gran cantidad de crías.

4. Para crear un ..... más profundo, debes pintar el sol amarillo sobre un cielo púrpura.

12. En las montañas del norte del país hay unos pueblitos muy .....

13. Mi mejor amiga, Teresa, me ha demostrado una gran ....., especialmente en los momentos difíciles.

14. Para convencerlo de que le prestara dinero, le dijo ..... que todos sabíamos que eran falsos.

15. Sientes ..... por saber si te ama, ¿verdad?

17. Su padre fue un campesino dedicado completamente a las actividades .....

18. Las tareas caseras forman parte de nuestra vida .....

20. Dicen que es un mago ....., que es capaz hasta de volar.

23. Creo que, en estos casos, mantener silencio es una actitud .....

26. Vivían aterrorizados por supersticiones absurdas, por ..... que habían heredado de sus antepasados.

27. Es ..... pensar que te va a caer dinero del cielo.

29. Esto es un .....: si la dejamos seguir trabajando, seguirá robando; si la despedimos, nos demandará.

32. Pedro Henríquez Ureña, el ..... dominicano, fue gran filólogo y notable crítico literario.

34. La chica le respondió con un no ..... al joven cuando éste se le declaró.

36. Pablo Neruda es un ..... poeta chileno.

37. Por su gran ..... en la pista del circo, el acróbata recibió un caluroso aplauso.

38. Como acto de rebeldía, los ..... de la corona francesa protestaron a viva voz frente al palacio.

DIGRESIÓN SEMÁNTICA

En el momento de emitir un mensaje, el hablante puede tener opción entre diferentes significantes o formas fonéticas para expresar el mismo significado. Es el fenómeno conocido con el nombre de **sinonimia**, que se puede ejemplificar con palabras como **dentista - odontólogo**, **fino - cortés**, **conseguir - obtener**. Los sinónimos son diferentes en su composición fonológica, pero pertenecen a la misma categoría gramatical, es decir, si un término es sustantivo, el otro también debe ser sustantivo; si uno es verbo, el otro también.

Muchos autores niegan la existencia de la sinonimia en sentido estricto. Consideran que por lo general algún aspecto o matiz de significado es distinto y que, por otra parte, difícilmente dos palabras son intercambiables en todos los contextos. Así, por ejemplo, **dentista** tiene un carácter menos culto y menos formal que **odontólogo**. En la oración **mi amigo es muy fino**, la palabra **fino** es sustituible por **cortés**, pero en otra como **este hilo es muy fino** la sustitución no es posible. En este sentido, muy pocas palabras, si es que las hay, son completamente sinónimas. Hay que tomar en cuenta también los casos de algunos 'sinónimos' que solo lo son en abstracto, pero que de hecho pertenecen a diferentes dialectos, es decir, uno se usa en un país o región y otro en otro. Son ejemplos de este tipo **carro - coche**, **halar - tirar**, **pomelo - toronja**. Igualmente ocurre con palabras equivalentes en teoría pero que son utilizadas por grupos sociales diferentes o por las mismas personas en estilos o registros de habla diferentes. Ilustran este fenómeno las parejas **colgar - guindar**, **pelar - mondar**, **esposo - cónyuge**, **morir - fallecer**.

Ahora bien, si es cierto que no existe la sinonimia total y perfecta, se puede hablar, al menos, de sinonimia parcial, como la que se pone de manifiesto en los diccionarios de sinónimos. Debe quedar claro, en consecuencia, que cuando se trabaja con 'sinónimos' no hay que esperar una identidad o coincidencia plena de sentido entre los términos, sino una semejanza básica, una estrecha relación de significado.

Teóricamente, la existencia de la sinonimia contradice el principio de la economía lingüística: para los fines de la comunicación ordinaria no es rentable almacenar varias formas fonológicas para expresar un solo significado. Sin embargo, son numerosas las ventajas estilísticas que proporcionan los sinónimos al usuario ya que: 1. permiten elegir entre varios términos posibles el más apropiado al contexto, el más expresivo o el que más se ajusta a la estructura fonética de la oración, es decir, el que suena mejor; 2. evitan la repetición molesta y torpe de la misma palabra; 3. permiten enfatizar y desplegar una idea.

Como ilustración de la tercera ventaja obsérvese el siguiente ejemplo, tomado de Azorín:

"Difícilmente habrá en nuestra literatura libro que, siendo tan **corto**, tan **sucinto**, contenga tal cúmulo de **pormenores** e **incidentes**."

UNIDAD # 9

PRESENTACIÓN

1. **impartir**:

   A. *Comunicar o repartir una persona a otras algo que puede dar.

   B. "Isabel Rodríguez, la maestra de Luis, **imparte** ocho horas de clases cada día."
   "La Defensa Civil está preparada para **impartir** auxilio en casos de catástrofes tales como incendios, terremotos, ciclones."

   C. [impartición; parte, partir, partición, compartir, departir, participar, participio, apartar, repartir]

   D. Conjugación regular, como **partir**.

2. **portar**:

   A. *Llevar o traer.
   *(-se) Comportarse, obrar en cierto caso o en general de una manera que se califica de algún modo (usado en este sentido siempre va acompañado de un adverbio o expresión equivalente que califique la conducta).

   B. "Según los testigos, el ladrón **portaba** un arma blanca."
   "Los niños **se portaron** estupendamente durante su visita al dentista."

   C. [portador, portante, portátil, porte; aportar, comportar, exportar, importar, reportar, soportar, transportar]

   D. Conjugación regular, como **amar**.

3. **sucumbir**:

   A. *Rendirse, declararse vencido.
   *Morir en ciertas circunstancias extraordinarias como en una catástrofe, en la guerra, etc.

   B. "El ejército **sucumbió** ante los continuos ataques del enemigo."
   "Miles de personas **sucumbieron** en el terremoto que sacudió a la capital."

   C. [incumbir, incumbencia]

   D. Conjugación regular, como **partir**.

4. **fungir**:

A. *Desempeñar un empleo o cargo.

B. "Desde hace cinco años, ella **funge** de gerente en esa compañía."
"No quieren que **funjas** de maestro en esa escuela."

C. [fungible, función, funcional, funcionar, funcionario]

D. Conjugación regular, como **partir**. No es una irregularidad el cambio de la **g** por **j** delante de **-a** y **-o** que se realiza para mantener la representación del sonido: fun**j**o, fun**g**es, fun**j**as, fun**g**ía.

5. **entrever**:

A. *Ver, percibir confusamente una cosa.
*Conjeturarla, sospecharla, adivinarla.

B. "Aunque había mucha gente, **entreví** tu figura y luego comprobé que eras tú."
"Su brillante exposición nos permitió **entrever** su sagacidad y su erudición."

C. [entrevista, entrevistar; ver, visible, visión, prever]

D. Se conjuga como **ver**: entreveo, entrevés, entreveía, entrevieras, entrevisto.

6. **doblegar**:

A. *Someter, obligar una persona a otra a obedecer su voluntad.

B. "Los asaltantes **fueron doblegados** por la acción de los policías."
"Fieles a los principios de nuestra nación, nunca permitiremos que una potencia extranjera nos **doblegue**."

C. [doble, doblez, doblegable; dos, doblar, desdoblar, duplicar, reduplicar, redoblar]

D. Conjugación regular, como **amar**.

7. **deambular**:

A. *Andar, caminar sin dirección determinada, por pasatiempo.

B. "Durante el día suele **deambular** solo por las calles de la ciudad."
"Cada vez que visito el Palacio Municipal, encuentro a ese señor **deambulando** por los pasillos."

C. [deambulante, deambulatorio; ambular, ambulante, ambulancia, preámbulo]

D. Conjugación regular, como **amar**.

8. **conllevar**:

A. *Sufrir o llevar con paciencia los trabajos, los problemas.
*Comprender, implicar, llevar o encerrar dentro de sí una cosa a otra.

B. "La joven viuda **conlleva** su pena con mucha resignación."
"La destitución del gerente **conllevará** toda una serie de cambios en la administración."

C. [conllevable, conllevancia; llevar, llevadero, sobrellevar, relevar, relevante, relevo, relieve]

D. Conjugación regular, como **llevar**.

9. **cerciorar**:

A. *Asegurar a alguno la verdad de una cosa. (-se)

B. "Prefiero **cerciorarme** por mí mismo de que el trabajo quedó bien realizado."
"Un amigo lo **cercioró** de los peligros que correría al escalar esa montaña."

C. [cierto, acertar, acierto, certero, certeza, certidumbre, certificar, desacierto, incertidumbre]

D. Conjugación regular, como **amar**.

10. **conferir**:

A. *Conceder, asignar a uno dignidad, empleo, facultades o derechos.
*Atribuir o prestar una cualidad no física a una persona o cosa.

B. "La Universidad **confirió** el título de "Doctora Honoris Causa" a la insigne poetisa."
"Esas lámparas **confieren** elegancia al salón."

C. [conferencia, conferenciar, conferenciante, conferencista; diferir, inferir, preferir, proferir, referir, transferir]

D. Conjugación irregular, como **hervir**. La **e** diptonga en **ie** cuando está en sílaba tónica y se convierte en **i** en determinadas formas del indicativo, el subjuntivo, el imperativo y en gerundio: confiero, confieres, conferimos, confería, confirió, confieran, confiriendo.

11. **retumbar**: **(de origen onomatopéyico)**

A. *Resonar mucho o hacer gran ruido o estruendo una cosa.

B. "Los tambores **retumbaron** al anunciarse la llegada del Presidente."
"Cuando **retumban** los truenos, ladran los perros."

C. [retumbante, retumbo]

D. Conjugación regular, como **amar**.

12. **derribar**:

A. *Hacer caer al suelo una cosa que está de pie o en un lugar alto.
*Destruir un edificio o construcción.

B. "Los revolucionarios **derribaron** la estatua del dictador."
"Los vientos de un huracán **derriban** casas y hasta los árboles más robustos."

C. [derribo, derribador, arribar]

D. Conjugación regular, como **amar**.

13. **colmar**:

A. *Llenar un recipiente, particularmente una medida, con cierta cosa, hasta que rebase los bordes.
*Llenar algo o a alguien de atenciones, alabanzas, insultos, maldiciones o cosas semejantes.
*Satisfacer plenamente deseos, ilusiones, esperanzas, aspiraciones, etc.

B. "**Colmó** la cuchara de jarabe y se le derramó sobre la camisa."
"Nos **colmaron** de atenciones mientras estuvimos en su casa."

C. [colmado, colmo]

D. Conjugación regular, como **amar**.

14. **remolcar**:

A. *(Mar.) Llevar una embarcación u otra cosa sobre el agua, tirando de ella por medio de un cabo o cuerda.

*Por semejanza, llevar por tierra un vehículo a otro.

B. "Después de muchas horas de trabajo, los marinos lograron **remolcar** el buque hasta el puerto."
"La grúa **remolcará** el auto hasta el taller."

C. [remolque, remolcador]

D. Conjugación regular, como **amar**.

15. **recurrir**:

A. *Acudir a un juez o autoridad con una demanda o petición.
*Acogerse en caso de necesidad al favor de uno, o emplear medios no comunes para el logro de un objeto.

B. "El abogado **recurrió** al juez para obtener una segunda oportunidad."
"**Recurre** a su madre cuando se encuentra en problemas y requiere de ayuda."

C. [recurso, recurrente; correr, concurrir, discurrir, escurrir, incurrir, ocurrir, recorrer, socorrer, transcurrir]

D. Conjugación regular, como **partir**.

16. **refugiar**:

A. *Acoger o amparar a uno, sirviéndole de resguardo y asilo.

B. "La embajada **refugió** a los desertores."
"**Se refugiaron** en una casa abandonada."

C. [refugio, refugiado; huir, ahuyentar, fuga, fugar, fugaz, fugitivo, prófugo]

D. Conjugación regular, como **cambiar**.

17. **extraviar**:

A. *Hacer perder el camino.
*(-se) Perder el camino.
*Poner una cosa en otro lugar que el que debía ocupar.
*(fig. [-se]) Dejar la carrera y forma de vida que se había empezado y tomar otra distinta, por lo general mala.

B. "**Nos extraviamos** cuando intentábamos salir de la ciudad."
"De nuevo se le **han extraviado** las llaves de la casa."

C. [extravío, extraviado; vía, viajar, aviar, desviar, enviar, obviar, viandante, viaducto, trivial]

D. Conjugación como **desviar**: extravío, extravías, extraviamos, extravió, extravíe.

18. **alentar**:

A. *Animar, infundir aliento o esfuerzo, dar vigor.
*(-se) Mejorar, convalecer o restablecerse de una enfermedad.

B. "El entrenador **alentaba** con gran entusiasmo a su equipo."
"El paciente **se alienta** cuando recibe visita de sus parientes y amigos."

C. [aliento, alentador; desalentar, desaliento]

D. Conjugación irregular, como **acertar**. La **e** diptonga en **ie** cuando recibe el acento: al**ie**nto, al**ie**ntas, al**e**ntamos, al**e**ntaba, al**ie**nten.

19. **afrentar**:

A. *Causar afrenta o deshonra, humillar.

B. "Su conducta **afrenta** la moral de la familia."
"El orador hizo algunas insinuaciones que **afrentaron** a algunos de los presentes."

C. [afrenta, afrentador, afrentoso; frente, afrontar, confrontar, enfrentar]

D. Conjugación regular, como **amar**.

20. **despejar**:

A. *Desocupar un sitio o espacio.
*Hacer desaparecer la oscuridad o confusión de una cosa.
*(Mat.) Separar por medio del cálculo una incógnita de las otras cantidades que la acompañan en una ecuación.

B. "Los militares **despejaban** el camino para que pasara el Presidente."
"La brisa **despejó** el horizonte ennegrecido antes por espesas nubes."

C. [despejado, despejo, despeje]

D. Conjugación regular, como **amar**.

EJERCITACIÓN

Palabras presentadas en esta unidad:

1. impartir, 2. portar, 3. sucumbir, 4. fungir, 5. entrever, 6. doblegar, 7. deambular, 8. conllevar, 9. cerciorar, 10. conferir, 11. retumbar, 12. derribar, 13. colmar, 14. remolcar, 15. recurrir, 16. refugiar, 17. extraviar, 18. alentar, 19. afrentar, 20. despejar.

I. Copie en orden alfabético y lea en voz alta cada uno de los 20 verbos de la lista anterior:

1.____________, 2.____________, 3.____________, 4.____________,

5.____________, 6.____________, 7.____________, 8.____________,

9.____________, 10.____________, 11.____________, 12.____________,

13.____________, 14.____________, 15.____________, 16.____________,

17.____________, 18.____________, 19.____________, 20.____________.

II. En cada caso escriba el verbo de la lista anterior cuyo sentido coincida o se relacione estrechamente con el de las palabras dadas:

1. andar, pasear, callejear, vagar, rondar: ________________
2. caer, rendirse; morir, perecer, fallecer : ________________
3. desviar, apartar, alejar, despistar, descarriar, perder: ________________
4. distribuir, repartir, comunicar, dar: ________________
5. percibir, divisar, vislumbrar; sospechar, conjeturar, presentir: ________________
6. animar, excitar, estimular, consolar, confortar, reanimar: ________________
7. llevar, transportar; tener, poseer: ________________
8. amparar, acoger, ayudar, guarecer, asilar, socorrer: ________________
9. dominar, vencer; doblar, torcer, quebrar: ________________

10. tirar, halar, arrastrar: ________________

11. asegurar, atestiguar, certificar, confirmar: ________________

12. desempeñar, desplegar; dárselas de: ________________

13. conceder, otorgar, atribuir, asignar, dispensar: ________________

14. llenar, satisfacer, ocupar, inundar, atiborrar, saturar: ________________

15. aclarar, resolver; desocupar, desembarazar; divertirse: ________________

16. estallar, resonar, tronar: ________________

17. insultar, ofender, agraviar, deshonrar, injuriar, ultrajar: ________________

18. aguantar, tolerar, soportar; implicar, suponer: ________________

19. demoler, arrasar, derrocar, precipitar, desplomar, tumbar: ________________

20. apelar, interponer; suplicar, acudir; emplear, hacer uso de: ________________

III. Llene cada espacio en blanco con la forma adecuada del verbo de la lista anterior que mejor convenga:

1. La profesora siempre ______________ a sus estudiantes a trabajar para que se superen y aprendan todo lo posible.

2. La institución ________________ a todos los damnificados por el huracán.

3. Se encontraba a mitad de camino cuando tuvo que llamar para que __________su carro.

4. Desde la playa logramos ________________ el choque de los dos barcos.

5. El ejército ______________ a los invasores durante la primera semana de combates.

6. Las autoridades ordenaron ________________ la vieja edificación porque constituía un peligro para la comunidad.

7. Por más que lo ______________________, nunca pierde la serenidad.

8. El empleado __________________________ a la tentación y aceptó el soborno.

9. Su mala conducta ________________________ la paciencia del profesor.

10. Aquella noche la policía arrestó a todas las personas que ____________ por las calles.

11. Antes de salir hacia el aeropuerto, ________________ de que no se te queda ningún documento importante en la casa.

12. El día 5 de septiembre todos los profesores comenzarán a ______________docencia.

13. Se espera que los funcionarios del Estado no __________________ armas cuando se encuentran ejerciendo su trabajo.

14. Después de media hora de trabajo aún no logra _______________ la incógnita.

15. El Vicepresidente ________________ como Presidente de la República mientras este permanezca en el extranjero.

16. En la oficina se acumuló tanto trabajo que hubo que _________________ al empleo de personal adicional.

17. Su pregunta _________________ cierta carga de ironía.

18. El trabucazo disparado por el capitán __________________ en toda la ciudad.

19. Sus amigos consiguieron que __________________ su ejemplar forma de vida y se convirtiera en un vagabundo.

20. Los estatutos _____________ al Presidente de la Compañía la atribución de nombrar a los directores de departamento.

IV. Redacte una oración original, diferente de las que aparecen en esta unidad, con cada una de las palabras estudiadas:

1. impartir: ______________________________

2. portar: ______________________________

3. sucumbir: ______________________________

4. fungir: ______________________________

5. entrever: ______________________________

6. doblegar: ______________________________

7. deambular: ______________________________

8. conllevar: ______________________________

9. cerciorar: ______________________________

10. conferir: ______________________________

11. retumbar: ______________________________

12. derribar: ______________________________

13. colmar: ______________________________

14. remolcar: ______________________________

15. recurrir: ______________________________

16. refugiar: ______________________________

17. extraviar: ______________________________

18. alentar: ______________________________

19. afrentar: ______________________________

20. despejar: ______________________________

UNIDAD # 10

PRESENTACIÓN

1. **conmover**:

   A. *Estremecer, hacer temblar una cosa.
   *Inspirar compasión, causar emoción en alguien una desgracia, una demostración de cariño, una escena de ternura o de padecimientos humanos.

   B. "La potente música **conmovía** las paredes del apartamento."
   "Las despedidas la **conmueven** y la hacen llorar."

   C. [conmoción, conmovedor; mover, promover, remover]

   D. Conjugación irregular, como **mover**. La última **o** de la raíz diptonga en **ue** cuando está en sílaba tónica: conm**ue**vo, conm**ue**ves, conm**o**vió, conm**o**vía.

2. **enunciar**:

   A. *Expresar breve y sencillamente una idea.

   B. "El profesor **enunciará** mañana los requisitos necesarios para la elaboración del trabajo."
   "Por favor, **enuncia** las partes en que se divide el cuerpo humano."

   C. [enunciación, enunciado, enunciativo; nuncio, anunciar, anuncio, denunciar, denuncia, pronunciar, renunciar]

   D. Conjugación regular, como **cambiar**. La **i** es siempre átona: enuncio, enuncié, enunciabas, enunciaremos.

3. **extinguir**:

   A. *Hacer que cese el fuego o la luz.
   *(fig. [-se]) Hacer que cesen o se acaben del todo ciertas cosas que desaparecen gradualmente, como un sonido, un afecto, una vida.

   B. "Los bomberos **extinguieron** el gran incendio después de muchos esfuerzos."
   "Su euforia se **extinguirá** con la misma rapidez con que le sobrevino."

   C. [extinción, extinguible, extinto, extintor, inextinguible]

   D. Conjugación regular, como **partir**. Tiene participio regular '**extinguido**' e irregular '**extinto**'.

4. **fundir**:

A. *Derretir y licuar los metales, los minerales u otros cuerpos sólidos.
*Dar forma en moldes al metal en fusión.
*(fig.) Unir íntimamente varias cosas, particularmente en sentido no material.

B. "Para que dos metales **sean fundidos** deben ser expuestos a temperaturas muy altas."
"**Fundió** en su composición la claridad de pensamiento y el sentido del humor."

C. [fundición, fundido, fusión, fundidor, fusionar; confundir, difundir, infundir, refundir]

D. Conjugación regular, como **partir**.

5. **reanudar**:

A. *Continuar lo interrumpido; volver al estudio, al trabajo, etc, después de las vacaciones o de una ausencia.

B. "Después de lo ocurrido **reanudaron** su vida con más ilusión que antes."
"Espero que **reanudes** el trabajo cuanto antes."

C. [reanudación; nudo, anudar, nódulo, nudillo]

D. Conjugación regular, como **amar**.

6. **expropiar**:

A. *Desposeer legalmente de una cosa a su propietario, dándole en cambio una indemnización, salvo casos excepcionales.

B. "Le **expropiaron** su casa debido a que por allí pasará la nueva carretera."
"La agencia consiguió **expropiarle** su auto."

C. [expropiación, expropiador; propio, propiedad, apropiar, impropio]

D. Conjugación regular, como **cambiar**.

7. **destituir**:

A. *Quitar la autoridad competente a alguien de su cargo.

B. "El nuevo gerente **destituyó** a algunos empleados."
"Hizo diligencias para que no lo **destituyeran**."

C. [destitución, destituible; constituir, instituir, restituir, sustituir]

D. Conjugación irregular, como **huir.** Delante de las terminaciones **-a**, **-e**, **-o**, la **-i** (vocal temática) átona se consonantiza, pasa a ser **y**: destitu**y**o, destitu**y**es, destitu**y**ó, pero destitu**i**mos, destituía.

8. **expirar**:

A. *Acabarse la vida, morir.
*Acabar o vencer un período de tiempo o un plazo.

B. "El abuelo **expiró** después que el sacerdote le aplicó la extremaunción."
"La vigencia del pasaporte **expira** el próximo mes."

C. [expiración, expirante; aspirar, conspirar, espirar, inspirar, respirar, suspirar, transpirar]

D. Conjugación regular, como **amar**.

9. **denotar**:

A. *Servir una cosa para que se conozca o sepa la existencia de otra.

B. "Su voz **denotaba** que estaba muy nervioso."
"A menudo las comillas (") **denotan** que lo escrito entre ellas es una cita."

C. [denotación, denotativo; notar, anotar, connotar]

D. Conjugación regular, como **amar**.

10. **deducir**:

A. *Sacar consecuencias de un principio, obtener una idea particular por aplicación de una general.
*Descontar una parte de cierta cantidad.

B. "Por lo que expuso en la conferencia, **deduje** que no simpatiza con el socialismo."
"Si los norteamericanos hablan inglés, **deduzco** que los tejanos también lo hacen."

C. [deducción, deducido, deductivo; aducir, conducir, inducir, introducir, producir, reducir, seducir, traducir]

D. Conjugación irregular, como **conducir**. Delante de **-a** y **-o** aparece **zc**: dedu**zc**o, deduces, dedu**zc**as. La **c** pasa a **j** en el pretérito indefinido (dedu**j**e, dedu**j**iste, dedu**j**imos, dedu**j**eron) y en el imperfecto del subjuntivo (dedu**j**era, dedu**j**éramos).

11. **infiltrar**:

A. *Introducir suavemente un líquido entre los poros de un sólido.
*(fig. [-se]) Penetrar subrepticiamente en territorio ocupado por fuerzas enemigas a través de las posiciones de estas.
*(fig.) Introducirse en un partido, corporación, medio social, etc., con propósito de espionaje, propaganda o sabotaje.

B. "Cuando llueve, el agua **infiltra** la tierra."
"Varios soldados **se infiltraron** en la zona dominada por los guerrilleros."

C. [infiltración, infiltrable, infiltrado; filtración, filtrar, filtro]

D. Conjugación regular, como **amar**.

12. **consumar**:

A. *Realizar completamente una acción.
*Dar cumplimiento a un contrato u otro acto jurídico.

B. "Los administradores, aunque no **consumaron** el desfalco, fueron responsables de la acción."
"El matrimonio no llegó a **consumarse**."

C. [consumación, consumador, consumativo, consumado; sumar, sumario, asomar, asomo]

D. Conjugación regular, como **amar**.

13. **corroborar**:

A. *Dar mayor fuerza a la razón, al argumento o a la opinión aducidos con nuevos raciocinios o datos.
*Confirmar.

B. "Sus datos **corroboraron** la hipótesis de la investigación."
"Las declaraciones del testigo **corroboran** las sospechas del fiscal."

C. [corroboración, corroborativo, corroborador]

D. Conjugación regular, como **amar**.

14. **asumir**:

A. *Atraer a sí, tomar para sí, o sobre sí.

B. “El Presidente electo **asumirá** el poder en la fecha indicada en la constitución de la República.”
“Una cualidad muy importante en toda persona es que **asuma** con responsabilidad sus decisiones.”

C. [asunción, asuncionista, asunto, reasumir; sumir, consumir, presumir, resumir]

D. Conjugación regular, como **partir**.

15. **apelar**:

A. *Recurrir al juez o tribunal superior para que revoque, enmiende o anule la sentencia que se supone injustamente dada por el inferior.
*(fig.) Recurrir a una persona o cosa para algún trabajo o necesidad.

B. “La sentencia de la Junta Central Electoral **fue apelada** por varios partidos.”
“Para convencerlo, **apelé** a su amistad con mi padre.”

C. [apelación, apelable, apelante, apelativo; apellidar, apellido, interpelar]

D. Conjugación regular, como **amar**.

16. **adoptar**:

A. *Recibir como hijo al que no lo es naturalmente.
*Recibir, haciéndolos propios, pareceres, métodos, doctrinas.
*Tratándose de resoluciones o acuerdos, tomarlos con previo examen o deliberación.
*Adquirir o recibir una configuración determinada.

B. “Después de largos años, la pareja decidió **adoptar** a un niño.”
“Muchos jóvenes **adoptan** costumbres ajenas a la cultura de sus padres.”

C. [adopción, adoptivo, adoptación, adoptable, adoptante, adoptador; optar, optativo, opción]

D. Conjugación regular, como **amar**.

17. **suscitar**:

A. *Provocar cosas como comentarios, dificultades, discusiones, escándalos en que hay agitación, lucha.
*Provocar una persona o una cosa un sentimiento de atracción o de repulsión hacia ella.

B. “La propuesta **suscitó** una discusión acalorada.”
“El nombramiento del nuevo funcionario **ha suscitado** reacciones muy favorables.”

C. [suscitación, suscitado; concitar, excitar, incitar, resucitar]

D. Conjugación regular, como **amar**.

18. **verificar**:

A. *Comprobar o examinar la verdad de una cosa.
*Probar que una cosa que se dudaba es verdadera.
*(-se) Realizar o efectuar algún acto.

B. “Antes de pagar mis cuentas **verifico** cuidadosamente todas las cifras.”
“La concentración **se verificó** sin contratiempos a pesar de las amenazas recibidas.”

C. [verificación, verificador, verificativo; verdad, verdadero, verídico, verosímil]

D. Conjugación regular, como **amar**.

19. **deportar**:

A. *Desterrar, enviar el gobierno a alguien a un sitio lejano.

B. “A los detenidos los **deportaron** a Venezuela.”
“Muchos regímenes totalitarios **deportan** a los ciudadanos que piensan de una manera diferente a la gubernamental.”

C. [deportación, deportado]

D. Conjugación regular, como **amar**.

20. **reorganizar**:

A. *Volver a ordenar una cosa.

B. “Cuando los exiliados de la dictadura eran sorprendidos en algún plan subversivo, al poco tiempo **reorganizaban** otro movimiento.”
“Pedro **reorganizó** los papeles que el viento había dispersado.”

C. [reorganización, reorganizador; órgano, organizar, orgánico, organización, desorganizar]

D. Conjugación regular, como **amar**.

EJERCITACIÓN

Palabras presentadas en esta unidad:

1. infiltrar, 2. enunciar, 3. extinguir, 4. fundir, 5. reanudar, 6. expropiar, 7. destituir, 8. expirar, 9. denotar, 10. deducir, 11. conmover, 12. consumar, 13. corroborar, 14. asumir, 15. apelar, 16. adoptar, 17. suscitar, 18. verificar, 19. deportar, 20. reorganizar.

I. Copie en orden alfabético y lea en voz alta cada uno de los verbos de la lista anterior:

1.____________, 2.____________, 3.____________, 4.____________,

5.____________, 6.____________, 7.____________, 8.____________,

9.____________, 10.____________, 11.____________, 12.____________,

13.____________, 14.____________, 15.____________, 16.____________,

17.____________, 18.____________, 19.____________, 20.____________.

II. En cada caso escriba el verbo de la lista anterior cuyo sentido coincida o se relacione estrechamente con el de las palabras dadas a continuación:

1. acoger, aceptar, ahijar, prohijar; seguir, practicar: ____________
2. emocionar, enternecer, alterar, excitar, impresionar: ____________
3. tomar, cargar con; adquirir, alcanzar, conseguir, apoderarse: ____________
4. relevar, despedir, deponer, suspender, sustituir: ____________
5. confirmar, reafirmar, ratificar, convalidar, apoyar: ____________
6. exiliar, expatriar, expulsar, confinar, desterrar: ____________
7. mencionar, formular, exponer, expresar, manifestar: ____________
8. derretir, licuar, moldear; unir, fusionar, juntar: ____________
9. continuar, seguir, proseguir: ____________

10. causar, motivar, ocasionar, producir, generar: ________________

11. apagar, sofocar, debilitar, acabar, disipar: _________ _____

12. probar, comprobar, constatar, evidenciar, demostrar: ________________

13. indicar, señalar, mostrar, revelar, significar: ________________

14. terminar, acabar, caducar; morir, fallecer: ________________

15. privar, desposeer, despojar, quitar, confiscar: ________________

16. entrar, penetrar, introducir, meterse, espiar: ________________

17. razonar, inferir, derivar, suponer, concluir; rebajar, restar: ________________

18. realizar, llevar a cabo, ejecutar, cumplir, hacer, efectuar: ________________

19. invocar, suplicar, acudir, recurrir, reclamar: ________________

20. rehacer, reconstruir, restaurar, reintegrar, renovar: ________________

III. Llene cada espacio en blanco con la forma adecuada del verbo de la lista anterior que mejor convenga:

1. El exceso de trabajo muy pronto __________________ las escasas fuerzas de esa débil muchacha.

2. Los hombres que __________________ la muerte del policía aún están prófugos de la ley.

3. El Presidente __________________ al secretario de agricultura porque incurrió en actos de corrupción.

4. El anciano llamó a su hijo y le hizo una última petición antes de ________________.

5. Unos individuos extraños se __________________ en la manifestación y provocaron un desorden.

6. Como tiene una semana sin asistir al trabajo, sus compañeros ______________________ que Pedro está enfermo.

7. Me __________________ las condiciones infrahumanas de vida en que se desenvuelven muchos seres humanos en el llamado Tercer Mundo.

8. Las últimas investigaciones no ____________________ la creencia de que su muerte fue accidental.

9. El profesor de Literatura les pidió a sus alumnos que __________________________ las características principales del romanticismo.

10. Los jugadores ___________________ sus entrenamientos después de llegar a un acuerdo salarial con los dueños de los equipos.

11. La presencia de aquella dinámica joven ___________________ simpatía en todas partes.

12. En la asamblea se decidió ____________________ los dos partidos políticos en uno solo para obtener mayor éxito en las elecciones.

13. Los empleados que no __________________________ sus funciones con seriedad serán despedidos de la empresa.

14. Las enfermedades que sufren muchos niños _______________ claramente que no se les está dando la adecuada atención sanitaria.

15. Tuvo que _______________ a la generosidad de sus amigos para poder pagar la deuda.

16. Aún no ha recibido la indemnización que le corresponde después que le ______________ sus bienes.

17. Cuando un gobierno ___________________ a un ciudadano por razones políticas, sufren el individuo y la sociedad.

18. Desde el año pasado, las autoridades ____________________ la medida de prohibir las importaciones textiles para proteger la industria nacional.

19. Cuando llegaron los niños de la escuela, su mamá estaba _______________________ los juguetes en los estantes de su habitación.

20. Solicitó que un inspector ____________________ la autenticidad de sus declaraciones.

IV. Redacte una oración original, diferente de las que aparecen en esta unidad, con cada una de las palabras estudiadas:

1. infiltrar: ______________________________
2. enunciar: ______________________________
3. extinguir: ______________________________
4. fundir: ______________________________
5. reanudar: ______________________________
6. expropiar: ______________________________
7. destituir: ______________________________
8. expirar: ______________________________
9. denotar: ______________________________
10. deducir: ______________________________
11. conmover: ______________________________
12. consumar: ______________________________
13. corroborar: ______________________________
14. asumir: ______________________________
15. apelar: ______________________________
16. adoptar: ______________________________
17. suscitar: ______________________________
18. verificar: ______________________________
19. deportar: ______________________________
20. reorganizar: ______________________________

REVISIÓN DE UNIDADES 9 y 10

Junto a cada una de las 30 descripciones o definiciones dadas, escriba el número (entre 1 y 40) correspondiente a la palabra adecuada. Luego, encuentre en la **sopa de letras**, y encierre entre líneas, las 30 palabras seleccionadas. Esas palabras pueden aparecer horizontal, vertical o diagonalmente, en un sentido o en el inverso.

___ contrario de "construir" o "alzar"
___ sinónimo de "arrastrar", "tirar"
___ sinónimo de "acabar", "terminar"; y de "realizar"
___ volver a organizar
___ contrario de "nombrar", "designar"
___ sinónimo de "acudir" y de "apelar"
___ contrario de "desamparar", "abandonar"
___ sinónimo de "penetrar", "entrar"
___ sinónimo de "vagar", "andar", "errar"
___ contrario de "cuajar", "solidificar"
___ sinónimo de "apagar", "sofocar"
___ contrario de "dejar", "delegar"
___ sinónimo de "motivar", "ocasionar"
___ sinónimo de "repartir", "dar", "asignar"
___ sinónimo de "llevar"
___ ver confusamente, vislumbrar
___ contrario de "honrar", "agasajar"
___ sinónimo de "inferir", "derivar", "suponer"
___ sinónimo de "aclarar", "esclarecer"
___ contrario de "vaciar"
___ sinónimo de "desposeer", "confiscar"
___ contrario de "desanimar", "desilusionar"
___ sinónimo de "exponer", "formular"
___ sinónimo de "desterrar", "expulsar"
___ contrario de "interrumpir", "detener"
___ sinónimo de "emocionar", "enternecer"
___ contrario de "hallar"
___ sinónimo de "confirmar", "probar"
___ sinónimo de "someter", "obligar"
___ sinónimo de "resonar", "tronar"

1. impartir, 2. portar, 3. sucumbir, 4. fungir, 5. entrever, 6. doblegar, 7. deambular, 8. conllevar, 9. cerciorar, 10. conferir, 11. retumbar, 12. derribar, 13. colmar, 14. remolcar, 15. recurrir, 16. refugiar, 17. extraviar, 18. alentar, 19. afrentar, 20. despejar, 21. infiltrar, 22. enunciar, 23. extinguir, 24. fundir, 25. reanudar, 26. expropiar, 27. destituir, 28. expirar, 29. denotar, 30. deducir, 31. conmover, 32. consumar, 33. corroborar, 34. asumir, 35. apelar, 36. adoptar, 37. suscitar, 38. verificar, 39. deportar, 40. reorganizar.

SOPA DE LETRAS 5

G	B	F	R	F	D	E	S	T	I	T	U	I	R	W	C	L	R	O	R
V	J	Y	B	A	I	R	I	R	R	U	C	E	R	M	Q	E	A	K	O
R	E	F	S	O	R	D	A	N	A	F	U	N	D	I	R	X	C	R	R
S	A	R	D	U	Q	T	E	I	B	M	D	H	E	R	A	T	L	A	A
G	D	I	I	E	S	E	L	S	G	H	L	E	D	E	T	R	O	Z	B
D	D	O	P	F	V	C	Y	I	P	U	N	O	U	V	N	A	M	I	M
R	E	U	B	O	I	G	I	I	F	E	F	G	C	O	E	V	E	N	U
A	R	A	R	L	R	C	M	T	P	N	J	E	I	M	R	I	R	A	T
M	R	F	M	J	E	P	A	N	A	T	I	A	R	N	F	A	V	G	E
U	I	J	P	B	A	G	X	R	S	R	Y	L	R	O	A	R	C	R	R
S	B	U	E	R	U	J	A	E	U	E	N	U	N	C	I	A	R	O	B
N	A	H	T	G	W	L	P	R	M	V	S	R	A	T	R	O	P	E	D
O	R	I	X	I	A	N	A	P	I	E	D	A	L	E	N	T	A	R	I
C	R	E	A	N	U	D	A	R	R	R	R	I	U	G	N	I	T	X	E

CRUCIGRAMA 5

Este **crucigrama** contiene, en diferentes formas flexionales, las 40 palabras de las unidades 9 y 10. Complete cada una de las oraciones dadas con la forma adecuada de la palabra que mejor convenga al contexto y de esa manera encontrará la solución del crucigrama.

1. impartir, 2. portar, 3. sucumbir, 4. fungir, 5. entrever, 6. doblegar, 7. deambular, 8. conllevar, 9. cerciorar, 10. conferir, 11. retumbar, 12. derribar, 13. colmar, 14. remolcar, 15. recurrir, 16. refugiar, 17. extraviar, 18. alentar, 19. afrentar, 20. despejar, 21. infiltrar, 22. enunciar, 23. extinguir, 24. fundir, 25. reanudar, 26. expropiar, 27. destituir, 28. expirar, 29. denotar, 30. deducir, 31. conmover, 32. consumar, 33. corroborar, 34. asumir, 35. apelar, 36. adoptar, 37. suscitar, 38. verificar, 39. deportar, 40. reorganizar.

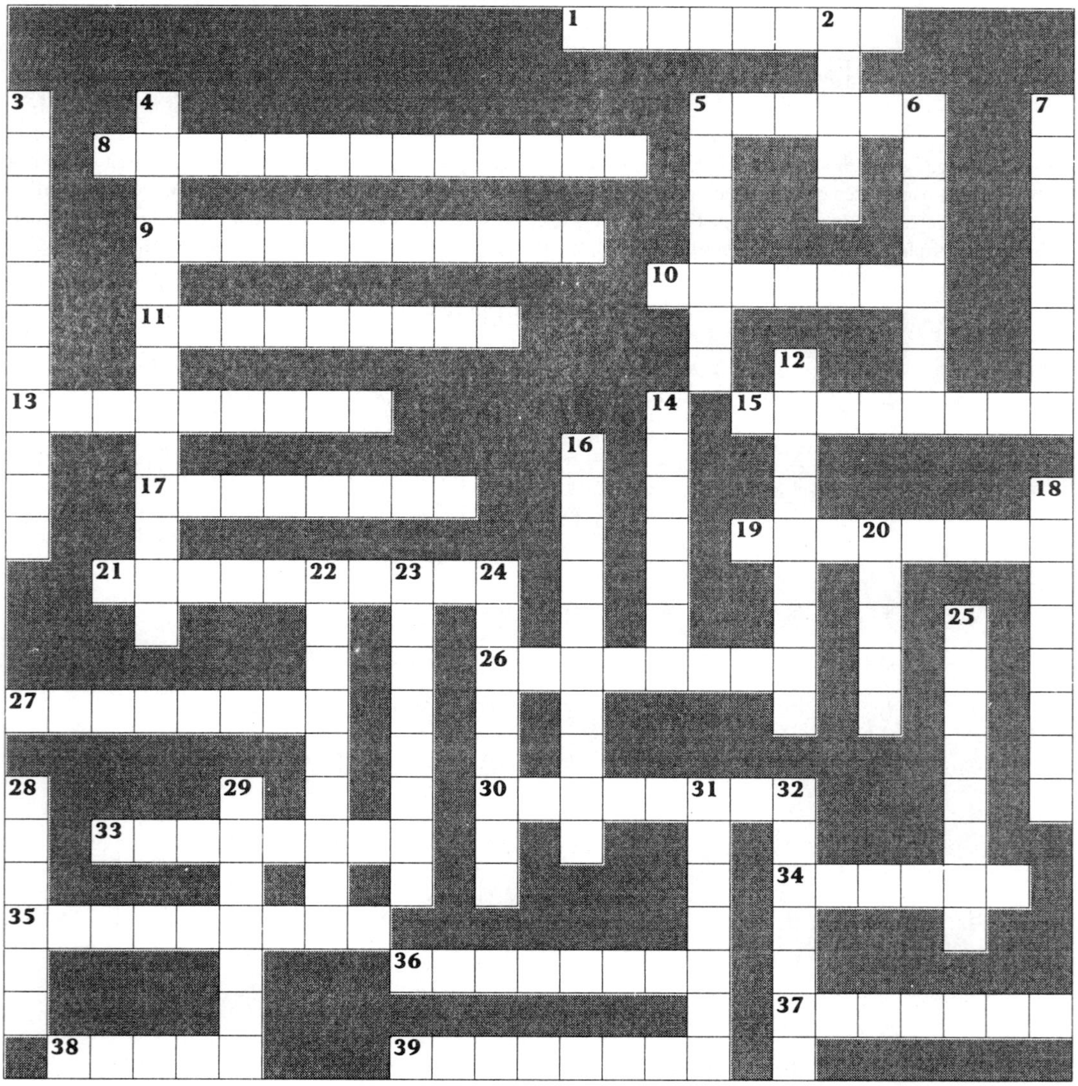

HORIZONTALES:

1. Tuvimos que abandonar el auto en el camino, pero mañana lo vamos a ..... hasta la ciudad.

5. De su forma de hablar se ..... que es una persona muy educada.

8. Cuando éramos jóvenes ..... por la playa casi todos los días.

9. Los estudiantes ..... a vender flores para poder pagar sus estudios en la universidad.

10. El trueno ..... con tanta fuerza que hizo vibrar las ventanas de la casa.

11. Ellos lo ..... desde que tenía dos años, cuando murieron sus padres.

13. Los bomberos tuvieron que trabajar durante varias horas para ..... el incendio.

15. La historia de la película era muy triste y ..... a todos los presentes en el cine.

17. Lo que menos agradaría a su padre es que ustedes ..... el nombre de la familia peleándose por la herencia.

19. La administración universitaria le ..... el rango de profesor titular o catedrático.

21. La realización de esa obra ..... mucho tiempo y, sobre todo, mucho dinero.

26. En medio de la oscuridad, apenas podíamos ..... la silueta del transeúnte.

27. Casi siempre que se habla de política, se ..... disputas o discusiones apasionadas.

30. Me resulta muy difícil ..... los estudios después de un período de vacaciones.

33. Su ropa ..... que había estado trabajando en el jardín.

34. Para ..... esos metales se requieren temperaturas sumamente altas.

35. Los espías del gobierno lograron ..... la organización terrorista.

36. Anunciaron que van a .... el viejo hotel con dinamita para construir un edificio de 25 pisos.

37. Todas las noches, a la hora de acostarse, María ..... la bendición a cada uno de sus hijos.

38. La señora siempre ..... de piropos a las novias de sus hijos.

39. Cuando quiero visitar a mi amigo, antes me ..... de que está en casa llamándolo por teléfono.

VERTICALES:

2. Yo ..... toda la responsabilidad por los errores que aparecen en el examen.

3. Las autoridades informaron que más de cien personas ..... a causa de las inundaciones que provocó la creciente del río.

4. Después de años de inactividad, los jóvenes del barrio ..... el club social.

5. Por suerte, el viento ..... una parte de la contaminación industrial que se acumula en el aire.

6. El banco le ..... su casa porque no tenía otra cosa con qué pagar sus cuantiosas deudas.

7. El abogado ..... escrupulosamente las circunstancias del crimen antes de que comenzara el juicio.

12. El policía ..... lo que había dicho el primer testigo.

14. Hasta que no se ..... el acuerdo entre ambos gobiernos, seguirá siendo necesario tener visa para viajar de tu país al nuestro y viceversa.

16. Siempre me esmero en hacer bien el trabajo para que nunca me ..... del cargo que tengo.

18. A pesar de que opuso resistencia, en poco tiempo la maestra logró ..... al rebelde estudiante.

20. Desde la muerte de su padre, el mayor de los hijos, Miguel, ... como cabeza de la familia.

22. A la estudiante le pidieron que ..... las reglas que rigen el uso de la coma en español.

23. Los buenos maestros ..... a sus alumnos para que aprendan y no solo los critican.

24. Si el juez condena al acusado, es seguro que los abogados de la defensa ..... la sentencia.

25. A menudo me sucede que cuando más lo necesito, se me ..... el número de teléfono de su oficina.

28. Tu licencia de conducir ..... dentro de tres meses.

29. Lo arrestaron porque no ..... ningún documento de identificación personal y sospechaban que era un inmigrante ilegal.

31. El régimen militar ..... a muchos ciudadanos que se oponían a su política.

32. Cada vez que ocurre una catástrofe natural, la iglesia ..... a muchas de las víctimas.

DIGRESIÓN ETIMOLÓGICA

El verbo **deportar** procede del latín **deportare** (trasladar, trasportar), de donde también derivó el antiguo verbo castellano **deportarse** (divertirse, descansar), que es la forma de donde surgió la palabra **deporte** en su sentido original de 'placer, entretenimiento'. Con el significado moderno de 'actividad al aire libre para hacer ejercicio', el término **deporte** reapareció en el siglo XX como traducción del inglés **sport**.

Con relación al verbo **asumir**, conviene anotar que en español no tiene el sentido de 'suponer', con el que es utilizado a veces ("**Asumo** que a esta hora ya habrán llegado a la capital"). Se trata en este caso de un anglicismo semántico: se le asigna a una forma léxica del español (**asumir**) un significado propio de la palabra inglesa correspondiente fonéticamente a la española (**to assume**). En español, como se indicó oportunamente, el significado propio del verbo **asumir** es "tomar para sí o sobre sí": "Yo **asumo** el compromiso de redactar dos composiciones y entregarlas al final del mes."

UNIDAD # 11

PRESENTACIÓN

1. **doméstico**:

   A. *Del hogar o vivienda humana.

   B. "Tenemos una empleada **doméstica** para ayudar con los quehaceres de la casa."
   "No quiero comprar una casa muy grande porque las tareas **domésticas** serán agobiantes."

   C. [domesticidad, domesticar, domesticación; domicilio, domiciliario, domiciliar]

2. **anónimo**:

   A. *De autor no conocido o no declarado; obscuro, no famoso.

   B. "La obra fue escrita por un autor **anónimo**."
   "El director de la revista recibió una carta **anónima** que criticaba su gestión."

   C. [anonimato; nombre, nombrar, nombramiento; pronombre; renombre; nómina, nominal; denominar, denonimación; onomástico; antonomasia; paronomasia; metonimia; apónimo; sinónimo, antónimo, parónimo]

3. **radiante**:

   A. *(Fís.)Que emite radiaciones.
   *(fig.)Muy brillante o luminoso.
   *(fig.)Que siente y manifiesta belleza, alegría, felicidad o satisfacción grandes.

   B. "Lucía **radiante** con el nuevo vestido de colores vivos."
   "La novia estaba **radiante** de felicidad y de alegría el día de su boda."

   C. [radiación, radiar, radioactivo, radial, radiador, radioactividad, irradiar, irradiación; rayo]

4. **autónomo**:

   A. *Que tiene la facultad de gobernarse por sus propias leyes.
   *Persona o entidad que no depende de otra.

   B. "Nuestro departamento es completamente **autónomo**, por lo que no tiene que consultar con la sede central para tomar sus decisiones."
   "Desde pequeña, Carolina fue siempre muy **autónoma** y decidía lo que quería."

C. [autonomía, autonómico, autonomista]

5. **inédito**:

A. *Se aplica a lo escrito que no está editado o publicado, y al autor cuyas obras no se han publicado todavía.
*Por extensión, todavía desconocido del público.

B. "No sé qué se ha publicado sobre el asunto pero tengo dos artículos **inéditos** que tratan el tema."
"La noticia del golpe de estado se mantuvo **inédita** fuera del país por más de una semana."

C. [edición, editar, editor, editorial, editorialista]

6. **meridional**:

A. *Del mediodía, relativo al Sur.

B. "Tuvo que entrar de prisa a la casa porque no soportaba el sol **meridional**."
"En este país las playas **meridionales** son, definitivamente, las más hermosas."

C. [meridiano]

7. **rígido**:

A. *Imposible o difícil de doblar.
*(fig.) Falto de flexibilidad para acomodarse a las circunstancias, riguroso y exageradamente atenido a las normas establecidas.
*(fig.) Inexpresivo. Se aplica al rostro que no muestra ninguna emoción.

B. "No se puede trabajar con este plástico porque es demasiado **rígido**."
"La profesora es muy **rígida** y muchos estudiantes no quieren tomar clases con ella."

C. [rigidez, rigor, rigorismo, rigurosidad, riguroso; recio, reciedumbre, arreciar]

8. **denso**:

A. *Se aplica a las cosas que tienen mucha materia en relación con su volumen.
*(fig.) Con mucha materia o contenido.
*(fig.) Confuso.

B. "Al viajar por la costa nos encontramos con una **densa** neblina que reducía notablemente la visibilidad."
"Fue un discurso tan **denso** que resultaba difícil entender todo lo que decía."

C. [densidad, densificación, densificar; condensar, condensación, condensador]

9. **árido**:

A. *Seco, estéril.
*(fig.) Aplicado a trabajos, lecturas, falto de amenidad.

B. "El terreno **árido** de esta región contrasta con el del norte, donde la vegetación es exuberante."
"El discurso **árido** del señor López nos dejó a todos cansados y aburridos."

C. [aridez, aridecer]

10. **íntegro**:

A. *Entero. Se aplica a las cosas a las que no les falta nada.
*(fig.) Persona que cumple exactamente y con rectitud los deberes de su cargo o posición.

B. "En su testamento expresó que la herencia **íntegra** fuera entregada a los pobres."
"Según algunos, en nuestra época son escasos los ciudadanos **íntegros**."

C. [integral, integrar, integración, integridad, integrismo, reintegrar, reintegración; entero, entereza, enterizo]

11. **irónico**:

A. *Que denota ironía, es decir, que expresa algo dando a entender lo contrario de lo que dice.

B. "Era un sabio **irónico**, que halagaba a quienes lo desafiaban pero sutilmente les demostraba que él tenía la razón."
"Siempre felicita al que le ha ido mal en la clase: es un estudiante muy **irónico**."

C. [ironía, ironista, ironizar]

12. **venerable**:

A. *Digno de respeto o veneración.

B. "Un anciano de aspecto **venerable** me saludó en la calle."
"Su abuelo es un hombre **venerable**, que ha hecho mucho bien en la comunidad."

C. [venerar, veneración, venerando]

13. **marginal**:

A. *Que está en el margen, en la orilla.
*(fig.) De escasa importancia, secundario.

B. "El texto contenía muchas notas **marginales** que explicaban el significado de los términos técnicos."
"Mucho tiempo de la reunión se perdió en discusiones totalmente **marginales**."

C. [margen, marginación, marginalidad, marginar]

14. **lícito**:

A. *Legítimo, permitido por la ley.

B. "Es **lícito** matar en defensa propia."
"No es **lícito** que un político acepte sobornos."

C. [licitud, ilícito, ilicitud; licencia, licencioso, licenciar, licenciado, licenciatura]

15. **categórico**:

A. *Que afirma o niega de una manera absoluta, sin vacilación, sin reserva o posibilidad de rectificación.

B. "Me respondió con un no **categórico**."
"El policía emitió un juicio **categórico** sobre aquel hombre tildándolo de ladrón."

C. [categoría, categorema, categorial, categorización, categorizar]

16. **esbelto:**

A. *Delgado o alto con relación a las cosas de su especie, y de formas graciosas o elegantes.

B. "Para Enrique la mujer ideal es inteligente y **esbelta**."
"Las esculturas de Rodin son **esbeltas**."

C. [esbeltez, esbelteza]

17. **asiduo**:

A. *Se aplica al que asiste o concurre con frecuencia y constancia a cierto sitio; aplicado a un nombre de agente o de acción, significa que hace o se hace con frecuencia y constancia la acción de que se trata.

B. “La asistencia a clases de Rodrigo ha sido **asidua** durante el semestre.”
“Me gustan las **asiduas** visitas de esa chica tan amable.”

C. [asiduidad]

18. **pícaro**:

A. *Que obra con falta de honradez o de escrúpulos y se beneficia con negocios sucios o ilícitos.
*Se aplica, benévola o afectuosamente, a las personas, incluso a los niños, que saben vivir o sacar partido de las cosas o de las personas; que tienen cierta inclinación a hacer pequeños engaños o simulaciones que les benefician y en que no ponen intención de causar daño, y los hacen con habilidad.

B. “El personaje **pícaro** de la novela medieval se sitúa entre la maldad y la inocencia.”
“Carlitos es un niño muy **pícaro**, que sabe sacar provecho de todas las maldades que hace.”

C. [picaresco, picaresca; picaril; picarón, picaronazo; apicarar, apicarado; picardía]

19. **portentoso**:

A. *Que causa admiración, extraordinario por alguna cualidad.

B. “En la ciudad hay monumentos **portentosos** heredados de antiguas civilizaciones.”
“La obra describe los **portentosos** milagros ocurridos en Lourdes.”

C. [portento]

20. **pueril**:

A. *Infantil, propio de niños.
*(fig.) Infundado, ingenuo o irrazonable.

B. “Es **pueril** creer que el profesor nos va a exonerar del examen final.”
“Carmen manifiesta una inocencia **pueril** a pesar de sus 30 años.”

C. [puerilidad, puericultura, puerilismo, puerperal, puerperio]

EJERCITACIÓN

Palabras presentadas en esta unidad:

1. doméstico, 2. anónimo, 3. radiante, 4. autónomo, 5. inédito, 6. meridional, 7. rígido, 8. denso, 9. árido, 10. íntegro, 11. irónico, 12. venerable, 13. marginal, 14. lícito, 15. categórico, 16. esbelto, 17. asiduo, 18. pícaro, 19. portentoso, 20. pueril.

I. Copie en orden alfabético y lea en voz alta las palabras de la lista anterior:

1.______________, 2.______________, 3.______________, 4.______________,

5.______________, 6.______________, 7.______________, 8.______________,

9.______________, 10.______________, 11.______________, 12.______________,

13.______________, 14.______________, 15.______________, 16.______________,

17.______________, 18.______________, 19.______________, 20.______________.

II. En cada caso escriba el adjetivo de la lista anterior cuyo sentido coincida o se relacione estrechamente con el de las palabras dadas:

1. elegante, gentil; delgado; airoso, gallardo, alto, espigado: ______________
2. ruin, pillo, desvergonzado, sinvergüenza, travieso, listo: ______________
3. burlón, punzante, chocarrero, mordaz, sarcástico, sardónico: ______________
4. asombroso, maravilloso, prodigioso, admirable, estupendo: ______________
5. lateral, anexo; secundario, auxiliar, complementario: ______________
6. manso, sumiso, tranquilo; sirviente, servidor, criado, mozo: ______________
7. compacto, macizo, apretado, tupido, consistente, espeso: ______________
8. constante, continuo, perseverante, frecuente, persistente: ______________
9. seco, estéril, infecundo, improductivo; aburrido, monótono: ______________

10. infantil, inocente, cándido, ingenuo; trivial, infundado: ________________

11. legal, legítimo, justo, permitido, autorizado: ________________

12. entero, completo, cabal, total; recto, honrado, intachable: ________________

13. reluciente, resplandeciente, brillante; feliz, alegre, satisfecho: ________________

14. absoluto, terminante, concluyente, decisivo, rotundo, preciso: ________________

15. tieso, duro, tenso, endurecido; severo, inflexible, estricto: ________________

16. virtuoso, santo, honorable, respetable; estimado, respetado: ________________

17. emancipado, independiente, libre, soberano: ________________

18. original, nuevo, fresco, reciente, impublicado: ________________

19. austral, antártico: ________________

20. desconocido, incógnito, secreto, ignorado: ________________

III. Llene el espacio en blanco con la forma adecuada de la palabra de la lista anterior que mejor se adapte la contexto:

1. No es ________________, bajo ninguna circunstancia, maltratar físicamente a un niño inocente.

2. Es un hombre de porte ________________ y apariencia elegante pero, desgraciadamente, no es muy inteligente.

3. Con una sonrisa ________________, Carmen respondió a las insinuaciones de Miguel.

4. El humo era tan ________________ que resultó muy difícil rescatar a las víctimas del incendio.

5. Todos lo aprecian porque paga sus deudas puntualmente y de forma ____________, mes tras mes.

6. El gato es un animal ________________ muy cariñoso.

7. Me dijo que le caía bien, pero yo sé que me detesta: es una chica ________________.

8. La vegetación _____________ tiende a ser bastante frondosa, por la humedad del clima, pero cuando el frío es muy intenso algunas plantas no sobreviven.

9. Después de su visita al dentista, sus dientes tienen un color blanco ________________.

10. Durante la tertulia, un grupo de ______________ caballeros hablaba de sus años mozos.

11. Tiene una colección ____________________ de estampillas de los años treinta.

12. Los comentarios ____________________ que la profesora García escribió en mi trabajo al corregirlo, me ayudaron a hacer un estudio mucho más profundo que el original.

13. La respuesta fue _____________________: no hay posibilidad de préstamo.

14. El observar cómo algunos cometas se desintegran al entrar en la atmósfera terrestre, es un espectáculo verdaderamente ____________________.

15. En el concurso literario solo admiten poemas ______________________.

16. En estas tierras _______________ abundan los diferentes tipos de cactus pero apenas se encuentra variedad en la vegetación.

17. Nadie esperaba una reacción tan _________________ de parte de una mujer de más de treinta años.

18. Ya el cuerpo del difunto estaba ________________, después de varias horas de ocurrida la muerte.

19. Durante varias décadas se consideró que la obra era ______________, pero una reciente investigación ha logrado identificar a su autor.

20. En lugar de ser empleado, prefiero seguir siendo un trabajador ___________________.

IV. Redacte una oración original, diferente de las que aparecen en esta unidad, con cada una de las palabras estudiadas:

1. doméstico:____________________

2. anónimo:____________________

3. radiante:____________________

4. autónomo:____________________

5. inédito:____________________

6. meridional:____________________

7. rígido:____________________

8. denso:____________________

9. árido:____________________

10. íntegro:____________________

11. irónico:____________________

12. venerable:____________________

13. marginal:____________________

14. lícito:____________________

15. categórico:____________________

16. esbelto:____________________

17. asiduo:____________________

18. pícaro:____________________

19. portentoso:____________________

20. pueril:____________________

UNIDAD #12

PRESENTACIÓN

1. **síntoma**:

   A. *Alteración del organismo que revela una enfermedad y sirve para determinar su naturaleza.
   *(fig.) Indicio de cierta cosa.

   B. "Doctor, siento unos **síntomas** muy extraños y temo estar muy enfermo."
   "La hostilidad y agresividad que manifiesta son solo un **síntoma** de su depresión."

   C. [sintomático, sintomatología]

2. **melancolía**:

   A. *Propensión, habitual o circunstancial, a la tristeza. Tristeza suave.

   B. "Después de ver esa película tan triste me entró un estado de **melancolía** que se me quitaron las ganas de comer."
   "Como consecuencia del viaje al extranjero de su novio, Maribel pasó muchos meses sumida en la **melancolía**."

   C. [melancólico, melancolizar]

3. **germen**:

   A. *Primera fase de un nuevo ser orgánico cuando empieza a desarrollarse después de la fecundación.
   *(fig.) Causa original de algo, circunstancia o suceso que, al desenvolverse, se transforma en cierta cosa.

   B. "Con la ayuda del microscopio se puede observar borrosamente el **germen** de ese microbio."
   "El golpe de estado fue el **germen** que dio lugar, varios años después, a la revolución armada."

   C. [germinar, germinación, germinativo; germinal]

4. **paradoja**:

   A. *Idea extraña, opuesta a lo que se tiene generalmente por verdadero o a la opinión general.
   *Expresión en que hay una contradicción aparente, que está resuelta en un pensamiento más profundo del que la enuncia.

*Afirmación inverosímil presentada con apariencias de verdadera.

B. "La frase 'Yo nací para **vivir muriendo**' encierra una **paradoja**."
"La vida está llena de **paradojas** que hay que sobrellevar con sensatez."

C. [paradójico]

5. **escrúpulo**:

A. *Temor que tiene alguien de que cierta acción que ha realizado o puede realizar no es moral, justa, buena o lícita.
*Aprensión o asco hacia alguna cosa, especialmente alimentos, por temor de que estén sucios, o por otro motivo.

B. "Es un hombre sin **escrúpulos**, a quien no le importa ni le preocupa decir groserías a una dama."
"Me da **escrúpulo** comer en ese plato."

C. [escrupulosidad, escrupuloso, escrupulizar]

6. **cauce**:

A. *Concavidad del terreno, natural o artificial, por donde corre un río u otra corriente.
*Camino seguido, procedimiento o norma.

B. "Ten cuidado al bañarte en ese río, que tiene un **cauce** muy profundo."
"Es difícil que te concedan la beca, porque la solicitud no siguió el **cauce** reglamentario."

C. [encauzamiento, encauzar]

7. **espectro**:

A. *Imagen o fantasma, generalmente horrible, que alguien ve en su imaginación, a veces como si fuera real.
*Resultado de la dispersión de un conjunto de radiaciones, especialmente de la luz.
*(fig.) Persona que ha llegado a un grado extremo de delgadez o decadencia física.
*Margen de las ondas ordenadas según su frecuencia.

B. "Después del entierro, el **espectro** de la víctima se mantenía fijo en la mente del asesino."
"Su enfermedad lo tenía tan demacrado que parecía un **espectro**."

C. [espectral, espectrografía, espectrógrafo, espectrograma; espectáculo, espectador; espécimen; especular, especulación, especulador, especulativo; introspección, introspectivo; retrospectivo]

8. **sosiego**:

A. *Estado de la persona o la cosa no agitada o intranquila.

B. "Si pasas dos días en **sosiego** total, desaparecerán esos dolores."
"Lo que más nos llamó la atención fue su **sosiego** y tranquilidad a pesar de los tantos problemas y necesidades que tiene."

C. [sosegar, sosegado, sosegador, asosegar, desasosegar]

9. **apetencia**:

A. *Gana de comer.
*Movimiento natural que inclina al hombre a desear alguna cosa.

B. "Tiene una **apetencia** insaciable de dinero y de poder."
"Su gran **apetencia** por las cosas dulces nos hizo sospechar que era diabética."

C. [apetecer, apetecible, apetito, apetitoso; pedir, petición]

10. **precaución**:

A. *Actitud prudente y cuidadosa por la existencia o por el temor de un peligro.

B. "Antes de viajar toma tus **precauciones** y deja todo bien asegurado."
"El accidente ocurrió debido a la falta de **precaución** del automovilista."

C. [cauto, cautela, cauteloso; incauto; precaver, precavido]

11. **retórica**:

A. *Conjunto de principios y reglas referentes al arte de hablar o escribir literariamente.
*(desp.) Palabrería, rebuscamiento en el lenguaje.

B. "El año pasado tomé un curso de **retórica** con el mejor orador del país."
"Basta de tanta **retórica**; quiero que me digas en dos o tres palabras qué fue lo que sucedió."

C. [retórico, retoricar]

12. **incidente**:

A. *Pequeño suceso o cosa que ocurre en el desarrollo de un asunto, un relato, una conversación, e interrumpe más o menos su curso.
*Choque, disputa o riña que ocurre entre dos o más personas.

B. "La manifestación política transcurrió normalmente, pero después de concluida dos candidatos contrarios se vieron involucrados en un **incidente** lamentable."
"La discusión entre los dos colegas fue un **incidente** que nos reveló su antipatía mutua."

C. [incidir, incidental, incidencia; coincidir, coiccidente, coincidencia; reincidir, reincidente, reincidencia]

13. **obsesión**:

A. *Idea, preocupación o deseo que alguien no puede apartar de su mente.
*Apoderamiento del espíritu por parte de dicha idea o preocupación.

B. "La única **obsesión** de su vida había sido tener dinero y ahora que lo tiene no sabe qué hacer con él."
"Vivía siempre con una sola **obsesión**: morir en su país natal."

C. [obsesionar, obseso, obsesivo]

14. **pacto**:

A. *Tratado o convenio entre dos o más personas, entidades o países.

B. "Los dos países colindantes firmaron un **pacto** que excluía toda posibilidad de guerra territorial."
"A pesar de sus diferencias, el **pacto** hecho años atrás les impedía separarse."

C. [pactar; pecho, pechero, pechazo]

15. **júbilo**:

A. *Alegría muy intensa y ostensible.

B. "Cuando le dijeron que se había ganado la lotería, su **júbilo** fue tan grande que bailó y cantó por una hora, sin parar."
"El ascenso lo llenó de **júbilo**, ya que había esperado durante largos años este momento."

C. [jubilar, jubilación, jubilado, jubiloso, jubileo]

16. **código**:

A. *Colección ordenada de leyes.
*Conjunto de símbolos y reglas para transmitir información.
*(fig.) Colección de reglas o normas sobre cualquier materia.

B. "El sistema jurídico de muchos países está influido por el **código** napoleónico."
"El **código** de números para abrir la caja fuerte es el 23-67-75."

C. [codificar, codificación]

17. **optimismo**:

A. *Tendencia a ver o esperar lo mejor de las cosas.

B. "Una de las grandes cualidades de Marcela es su **optimismo**, pues hasta en los peores momentos ha sabido ver el lado bueno del asunto."
"Su **optimismo** en relación al proyecto era tal que nos convenció a todos de que era una excelente idea."

C. [optimista; óptimo, optimar, optimización, optimizar]

18. **vicisitud**:

A. *Sucesión de cosas opuestas.
*Suceso que produce un cambio brusco en la marcha de algo.
*(en pl.) Alternancia de sucesos felices y desgraciados.

B. "El proceso de paz avanzaba muy lentamente debido a las innumerables **vicisitudes** que salían al paso."
"Hubo que suspender las negociaciones con aquella empresa pues las **vicisitudes** y problemas a los que nos vimos enfrentados no nos dejaron seguir."

C. [vicisitudinario; vez; vicario; viceversa]

19. **vértigo**:

A. *Sensación de pérdida del equilibrio o de falta de base de sustentación, o bien de que gira el propio sujeto o las cosas que le rodean, que se padece, por ejemplo, al encontrarse a gran altura.
*(fig.) Apresuramiento anormal de la actividad de una persona o colectividad.
*(fig.) Mareo producido por una impresión muy fuerte.

B. "Sentí un gran **vértigo** cuando miré hacia la calle desde lo más alto de la torre."

"Prefiero la vida tranquila del campo y no la presión que impone el **vértigo** propio de las grandes ciudades."

C. [verter; vertical, vértice; vertiente; vertiginoso]

20. **frivolidad**:

A. *Cualidad de no dar a las cosas la importancia debida o de no hacerlas con seriedad, de no ocuparse o preocuparse de cosas serias y de solo pensar en divertirse.

B. "Tanta **frivolidad** no es buena, hija, solo piensas en divertirte."
"Lo despidieron del trabajo pues su **frivolidad** era de tal magnitud que nunca tomó nada en serio."

C. [frívolo]

EJERCITACIÓN

Palabras presentadas en esta unidad:

1. síntoma, 2. melancolía, 3. germen, 4. paradoja, 5. escrúpulo, 6. cauce, 7. espectro, 8. sosiego, 9. apetencia, 10. precaución, 11. retórica, 12. incidente, 13. obsesión, 14. pacto, 15. júbilo, 16. código, 17. optimismo, 18. vicisitud, 19. vértigo, 20. frivolidad.

I. Copie en orden alfabético y lea en voz alta las palabras de la lista anterior:

1.______________, 2.______________, 3.______________, 4.______________,

5.______________, 6.______________, 7.______________, 8.______________,

9.______________, 10.______________, 11.______________, 12.______________,

13.______________, 14.______________, 15.______________, 16.______________,

17.______________, 18.______________, 19.______________, 20.______________.

II. En cada caso escriba el sustantivo de la lista anterior cuyo sentido coincida o se relacione estrechamente con el de las palabras dadas:

1. alegría, regocijo, gozo, animación, entusiasmo, felicidad: ______________
2. embrión, semilla; principio, origen, causa, motivo, fuente, raíz: ______________
3. lecho, madre; zanja; conducto, procedimiento: ______________
4. calma, quietud, serenidad, tranquilidad, paz, reposo, silencio: ______________
5. tristeza, pena, languidez, pesadumbre, abatimiento: ______________
6. oratoria; rebuscamiento, artificio, ampulosidad: ______________
7. idea fija, inquietud, manía, prejuicio, preocupación: ______________
8. extravagancia, contradicción, contrasentido, incompatibilidad: ______________
9. convenio, tratado, contrato, alianza, acuerdo, compromiso: ______________

10. reserva, prudencia, cautela, moderación, cuidado, previsión: ________________

11. manifestación, señal, indicio, revelación, signo: ________________

12. reglamento, reglamentación, estatuto, norma, ley, sistema: ________________

13. apetito, deseo, gana, hambre: ________________

14. confianza, esperanza, seguridad, tranquilidad: ________________

15. mareo, desmayo, turbación, aturdimiento, vahído: ________________

16. duda, recelo, temor, aprensión; miramiento, delicadeza: ________________

17. suceso, acontecimiento; alternativa, sucesión: ________________

18. ligereza, trivialidad, superficialidad: ________________

19. fantasma, visión, aparición: ________________

20. cuestión, litigio, discusión, disputa, suceso, acontecimiento: ________________

III. Llene el espacio en blanco con la forma adecuada de la palabra de la lista anterior que mejor se adapte al contexto:

1. Tanta soledad y ____________________ acabaron con sus ganas de vivir.

2. Cuando salgas, toma siempre la ____________________ de cerrar bien todas las puertas.

3. Por alguna razón, su ______________ era grande, porque cantaba, saltaba y se reía solo.

4. Las últimas propuestas del jefe no han sido más que ___________________: quiere subir los precios y que al mismo tiempo las ventas aumenten.

5. No te preocupas por nada y malgastas el tiempo pensando en ___________________.

6. El __________________ protagonizado el día pasado por la pareja nos dejó claro por qué quieren divorciarse.

7. Hay personas que para conservar su juventud se atreverían a hacer un ____________con el diablo.

8. Según dicen, no conviene ir a ese lugar donde aparecen _______________ y fantasmas terroríficos.

9. El _________________ y la alegría de vivir de Fernando nos convencieron de que no se dejaría vencer por la cruel enfermedad.

10. No entiendo cómo lo hacen aquellos que caminan sobre la cuerda floja a muchos metros de altura para no sentir ____________________.

11. Su afán por obtener siempre la mejor calificación era ya una __________________ que le ganó la antipatía de los otros estudiantes.

12. Durante este año han sido tantas las ______________ con las que me he enfrentado que no tuve tiempo de cumplir con mis metas.

13. El ______________ de aquel canal era tan profundo que no hubo problemas cuando, en el invierno, aumentó el caudal en más de un 70% con respecto al año anterior.

14. Lo que más me impresionó de aquel lugar fue el ________________ y la paz que allí se respiraba.

15. Tus pretextos son solo un ejercicio de ________________: dime de una vez por qué no asististe a la reunión.

16. Una lengua es un _______________ compuesto por un conjunto de unidades, sonidos y palabras, y por una serie de reglas que indican cómo se combinan esas unidades.

17. Algunos de los __________________ que padece permiten concluir que su enfermedad es grave.

18. Es un hombre sin ____________________, capaz de engañar a su propia madre.

19. Siente una gran ____________________ por los chocolates y por otras cosas que no le convienen a su salud.

20. El __________________ de las protestas populares es, sin duda, el aumento de precios autorizado recientemente por el gobierno.

IV. Redacte una oración original, diferente de las que aparecen en esta unidad, con cada una de las palabras estudiadas:

1. síntoma:____________________

2. melancolía:____________________

3. germen:____________________

4. paradoja:____________________

5. escrúpulo:____________________

6. cauce:____________________

7. espectro:____________________

8. sosiego:____________________

9. apetencia:____________________

10. precaución:____________________

11. retórica:____________________

12. incidente:____________________

13. obsesión:____________________

14. pacto:____________________

15. júbilo:____________________

16. código:____________________

17. optimismo:____________________

18. vicisitud:____________________

19. vértigo:____________________

20. frivolidad:____________________

REVISIÓN DE UNIDADES 11 y 12

Junto a cada una de las 30 descripciones o definiciones dadas, escriba el número (entre 1 y 40) correspondiente a la palabra adecuada. Luego, encuentre en la **sopa de letras**, y encierre entre líneas, las 30 palabras seleccionadas. Esas palabras pueden aparecer horizontal, vertical o diagonalmente, en un sentido o en el inverso.

___ respetable por su avanzada edad, honorable
___ sinónimo de "consistente", "espeso"
___ sinónimo de "resplandeciente", "brillante"
___ contrario de "dependiente", o "sometido"
___ "seco", "estéril"
___ ligereza, falta de seriedad al hacer las cosas
___ contrario de "dubitativo", "vago"
___ que carece de flexibilidad
___ sinónimo de "raíz", "origen"
___ "maravilloso", "extraordinario"
___ idea fija, preocupación constante
___ que no ha sido publicado
___ "convenio", "tratado"
___ contrario de "incompleto", o "deshonesto"
___ "pillo", "desvergonzado"
___ del hogar o relacionado con éste
___ sinónimo de "fantasma"
___ contrario de "tristeza', "congoja"
___ contrario de "intranquilidad", "actividad"
___ "abatimiento", "nostalgia", "añoranza"
___ sinónimo de "legítimo", "autorizado"
___ sinónimo de "prevención", "previsión"
___ contrario de "pesimismo"
___ sinónimo de "suceso", "acontecimiento"
___ sinónimo de "manifestación", "signo"
___ que asiste con regularidad y constancia a cierto lugar
___ sensación de mareo y pérdida de equilibrio
___ lecho por donde corre un río
___ sinónimo de "alto", "espigado"
___ sinónimo de "contradicción"

1. paradoja, 2. árido, 3. retórica, 4. anónimo, 5. sosiego, 6. síntoma, 7. autónomo, 8. pueril, 9. escrúpulo, 10. categórico, 11. código, 12. denso, 13. íntegro, 14. lícito, 15. incidente, 16. cauce, 17. espectro, 18. precaución, 19. radiante, 20. meridional, 21. irónico, 22. venerable, 23. germen, 24. marginal, 25. pacto, 26. pícaro, 27. optimismo, 28. melancolía, 29. doméstico, 30. frivolidad 31. inédito, 32. rígido, 33. portentoso, 34. apetencia, 35. asiduo, 36. vértigo, 37. obsesión, 38. vicisitud, 39. júbilo, 40. esbelto.

SOPA DE LETRAS 6

A	G	E	R	M	E	N	N	N	E	L	B	A	R	E	N	E	V	H	H
K	O	B	S	E	S	I	O	N	T	C	U	J	P	J	L	P	I	N	C
J	G	N	E	A	O	O	Q	D	H	T	O	O	O	O	D	I	R	A	I
Y	I	E	M	S	Q	R	S	X	O	P	T	D	L	N	O	K	H	M	N
P	T	C	A	N	P	S	G	N	R	A	I	A	I	O	D	B	C	O	C
O	R	U	P	H	V	E	O	E	E	W	D	R	B	U	I	O	T	T	I
R	E	A	K	C	W	M	C	S	T	D	E	A	U	D	G	T	W	N	D
T	V	C	D	S	O	A	O	T	I	N	N	P	J	I	I	I	G	I	E
E	A	Q	H	I	U	R	F	M	R	E	I	R	H	S	R	C	E	S	N
N	B	X	W	C	A	O	C	I	R	O	G	E	T	A	C	I	K	M	T
T	J	J	I	C	T	N	W	J	A	I	L	O	C	N	A	L	E	M	E
O	T	O	I	C	K	M	T	V	D	A	D	I	L	O	V	I	R	F	X
S	N	P	A	Q	D	O	M	E	S	T	I	C	O	T	L	E	B	S	E
O	A	P	X	A	N	O	M	S	I	M	I	T	P	O	W	Y	I	M	T

CRUCIGRAMA 6

Este **crucigrama** contiene, en diferentes formas flexionales, las 40 palabras de las unidades 11 y 12. Complete cada una de las oraciones dadas con la forma adecuada de la palabra que mejor convenga al contexto y de esa manera encontrará la solución del crucigrama.

1. paradoja, 2. árido, 3. retórica, 4. anónimo, 5. sosiego, 6. síntoma, 7. autónomo, 8. pueril, 9. escrúpulo, 10. categórico, 11. código, 12. denso, 13. íntegro, 14. lícito, 15. incidente, 16. cauce, 17. espectro, 18. precaución, 19. radiante, 20. meridional, 21. irónico, 22. venerable, 23. germen, 24. marginal, 25. pacto, 26. pícaro, 27. optimismo, 28. melancolía, 29. doméstico, 30. frivolidad, 31. inédito, 32. rígido, 33. portentoso, 34. apetencia, 35. asiduo, 36. vértigo, 37. obsesión, 38. vicisitud, 39. júbilo, 40. esbelto.

VERTICALES:

1. El ..... postal es el conjunto de cifras que permite identificar la oficina de Correos encargada de repartir las cartas.

2. Su ..... desenfrenada de bebidas alcohólicas les destruyó la vida a él y a su familia.

3. Nos inquietó mucho la llegada de esa carta ..... tan agresiva.

4. Muchos astros, como el sol y otras estrellas, son cuerpos celestes .....

5. Sus ..... visitas a nuestra casa de campo ya nos tienen un poco cansados.

6. Jugaba todas las semanas porque tenía la ..... de ganar la lotería tarde o temprano.

9. La señora siempre hacía el trabajo ....., pero ahora trabajará en una tienda.

12. Durante la campaña electoral del año pasado hubo varios ..... violentos entre las fuerzas policiales y los estudiantes.

14. A causa de las diversas .... que tuvimos durante el viaje, llegamos con dos horas de retraso.

15. Muchos canadienses prefieren el clima ..... de La Florida o de la República Dominicana.

18. Le va mal en la escuela porque toma los estudios con .... y solo se interesa por los deportes.

21. Antes de conducir tantas horas debes tomar la ..... de revisar bien el coche.

23. Supongo que ese escritor estudió ..... porque no se aprende a escribir tan bien sin mucha práctica metódica y sistemática.

24. La presidenta es una mujer ..... a la que nadie puede achacarle un acto de corrupción.

25. Es lamentable que unos jóvenes hayan faltado al respeto a esas ..... señoras apreciadas por toda la comunidad.

27. El discurso fue muy largo pues el doctor leyó el texto e incluyó muchos comentarios .....

28. Siente ..... de conciencia desde el día que hizo trampa y copió varias respuestas del examen.

29. A pesar de las dificultades, Luis mantuvo el ..... y la confianza porque sabía que lo lograría.

33. Estás tan delgada que pareces un .....

34. La administración de la empresa es parcialmente ..... ya que solo necesita la aprobación del gobierno central para algunos asuntos.

35. La familia celebró con mucho ..... la llegada del hijo que terminó sus estudios en Europa.

HORIZONTALES:

3. Los cactus son plantas propias de terrenos ..... porque sobreviven largo tiempo sin agua.

7. Según algunos estudios, quienes viven en ..... y alejados de toda ansiedad, mueren de viejos.

8. Su rostro luce tan ..... que da la impresión de ser una mujer incapaz de sentir intensamente.

10. Adriano es muy ..... y uno nunca sabe cuándo está elogiándonos o burlándose de nosotros.

11. La despedida de un ser querido suele producir un estado de ..... que se va disipando con el tiempo.

13. Si el ..... del río en aquel sector no es muy profundo, el barco no podrá llegar hasta allí.

16. El jabón elimina los ..... que se esconden en la suciedad de las manos.

17. Para muchas personas, la práctica del aborto no debe ser nunca ..... porque la consideran inmoral.

19. Escribir correctamente es un ..... de buena educación.

20. Me llama la atención que una persona de su edad tenga actitudes tan .....

22. Después de varias semanas de negociaciones, los dueños de la empresa y el sindicato de trabajadores firmaron un ..... que puso fin a la huelga.

26. El mago convenció a los niños de que poseía poderes ....., de que era capaz de realizar cosas imposibles.

30. Es una ..... decir que los que menos ganan son los que más gastan.

31. La empresa ha tomado una decisión ..... : no se renovarán los contratos de quienes no tengan sus documentos al día.

32. La materia del capítulo es tan ..... que hay que leerla varias veces para poder entenderla.

36. Entre esos hombres de baja estatura y apariencia descuidada, Darío se destacaba por ser .....

37. No puedo subir por esa escalera tan alta porque al hacerlo siento un ..... terrible.

38. La biblioteca adquirió un manuscrito ..... de San Agustín que tiene un valor inapreciable.

39. Sus chistes ..... nos hacían reír a todos, o a casi todos.

DIGRESIÓN SINTÁCTICA

Los **pronombres**, al igual que los **nombres** o **sustantivos** a los que sustituyen, desempeñan diferentes funciones sintácticas en la oración: sujeto, objeto directo, objeto indirecto, circunstancial, agente. Sin embargo, a diferencia de los sustantivos, los pronombres varían de forma dependiendo de la función que desempeñen. Por ejemplo, si el pronombre de primera persona singular es sujeto, aparecerá bajo la forma **yo**: **"<u>Yo</u> quiero a mi novia"**. Pero si ese pronombre es objeto, no se dirá **"Mi novia quiere a yo"**, sino **"Mi novia <u>me</u> quiere"**. Cuando **yo** debe actuar como circunstancial de compañía, adopta la forma **conmigo**, y si va precedido de preposición (**a, ante, contra, de, en, entre, para, por, sin, sobre**) se presenta con la forma tónica **mí**: **a mí, contra mí, para mí, sin mí**. Variaciones similares ocurren con los demás pronombres: **tú, él, ella, nosotros, ellos**.

Tales cambios de forma según la función sintáctica recuerdan las declinaciones propias de lenguas como el latín: nominativo: **dominus**; genitivo: **domini**; dativo: **domino**; acusativo: **dominum**; vocativo: **domine**; ablativo: **domino**.

De todas las formas pronominales en español, revisten especial interés las de objeto directo e indirecto **me, te, nos, os, le, la, lo, les, las, los, se,** llamadas **clíticos** o formas átonas que, porque carecen de acento, se pronuncian apoyadas o adheridas al verbo al que acompañan. Así, **me quiere, te dije, se lo llevas**, se pronuncian como si fueran una sola palabra: **mequiere, tedije, selollevas**. En estos casos se denominan **proclíticos** por estar situados delante del verbo. Pero esos mismos pronombres pueden aparecer pospuestos al verbo y entonces no solo se pronuncian juntos sino que también se escriben como una sola palabra: **quiéreme, llévaselo**. Se designan entonces con el nombre de **enclíticos**.

La **enclisis** o posposición del pronombre al verbo es obligatoria con el imperativo, el infinitivo y el gerundio: **tráeme, conocerlo, saludándote**. No se dice nunca * **lo conocer**, ni * **te saludando**. Con otras formas verbales los enclíticos no se utilizan en la lengua oral e incluso en literatura son poco frecuentes.

Cuando el verbo aparece acompañado por dos de estas variantes pronominales, ya sean proclíticas o enclíticas, la correspondiente a la segunda persona va delante de la de primera, y cualquiera de ellas antes de la de tercera: **te me fuiste, me lo dijo, mándamela**. Sin embargo, la forma **se** aparece delante de todas las demás: **se me olvidó, se te cayó, guárdaselo**.

UNIDAD # 13

PRESENTACIÓN

1. **desafiar**:

   A. *Invitar o incitar una persona a otra a que luche o compita con ella en cualquier forma.
   *Afrontar el enfado o la ira de una persona no sometiéndose a ella o no dejándose intimidar por ella.

   B. "Te **desafío** a jugar un partido de tenis."
   "El motorista, **desafiando** la orden del policía, continuó a toda velocidad."

   C. [desafío, desafiador, desafiante; fiar, afianzar, confiar, confianza, desconfiar, confidente, confidencial]

   D. Conjugación irregular, como **desviar**: desafío, desafías, desafiamos, desafiaba, desafié, desafiaste, desafíe.

2. **rugir**:

   A. *Bramar el león.
   *(fig.) Bramar o gritar una persona enojada.
   *Crujir o rechinar, y hacer ruido fuerte.

   B. "Cuando la fiera **rugió**, salté espantado."
   "Escuchaba cómo la vecina **rugía** cuando regañaba a sus sobrinos."

   C. [rugido, rugidor, rugiente; ruido, ruidoso, rumor]

   D. Conjugación regular, como **partir**. No es una irregularidad el cambio de la **g** por **j** delante de las vocales **-a** y **-o** para mantener la adecuada representación del sonido: ruge, ru**j**a.

3. **reemplazar**:

   A. *Sustituir una cosa por otra, poner en lugar de una cosa otra que haga sus veces.
   *Suceder a uno en el empleo, cargo o comisión que tenía o hacer accidentalmente sus veces.

   B. "Una foto de la familia **reemplazará** el cuadro que estaba en esa pared."
   "Buscan a alguien que **reemplace** a la actriz que sufrió el accidente."

   C. [reemplazable, reemplazamiento, reemplazante; plaza, aplazar, desplazar, emplazar]

D. Conjugación regular, como **amar**.

4. **anidar**:

A. *Hacer nido las aves o vivir en él.
*(fig.) Existir cierto sentimiento en una persona.

B. "El ruiseñor **anidó** en la rama de la palmera."
"A pesar de lo sucedido, en él no **ha anidado** el deseo de venganza."

C. [nido, nidal]

D. Conjugación regular, como **amar**.

5. **suicidarse**:

A. *Quitarse voluntariamente la vida.

B. "Dicen que la muchacha **se suicidó** por motivos sentimentales."
"Resultaron inútiles todos los esfuerzos que se hicieron tratando de evitar que aquel desconocido **se suicidara** lanzándose desde la azotea."

C. [suicida, suicidio; genocidio, homicidio, infanticidio, parricidio]

D. Conjugación regular.

6. **patrocinar**:

A. *Sufragar o ayudar una persona o una empresa a alguien o algo, como los gastos de un programa de radio, de televisión, de una competición deportiva, de un concurso.

B. "La compañía **patrocinará** la celebración del evento."
"Debemos conseguir que una empresa nos **patrocine** el festival."

C. [patrocinio, patrocinador, patrocinante; padre, padrino, patrón, compadre, apadrinar, patrimonial, patriarca, patronímico]

D. Conjugación regular, como **amar**.

7. **oficiar**:

A. *Celebrar el sacerdote los oficios religiosos, particularmente la misa.
*Comunicar una cosa oficialmente y por escrito.

B. "La misa del domingo **será oficiada** a las diez de la mañana por el Obispo."
"El Administrador **ofició** la cancelación del empleado."

C. [oficio, oficiante, oficial, oficioso, oficina]

D. Conjugación regular, como **cambiar**.

8. **afanar**:

A. *Trabajar o hacer diligencias con empeño.

B. "El Dr. Alcántara **afana** tanto en su oficina que termina el día agotado."
"Pedro **afanó** hasta que logró conseguir la visa para ir a Nueva York."

C. [afán, afanador, afanoso]

D. Conjugación regular, como **amar**.

9. **abrigar**:

A. *Defender, resguardar del frío, del viento.
*(fig.) Tratándose de ideas, deseos o afectos, tenerlos.

B. "Su madre lo **abriga** cada noche con muchas mantas y le imparte la bendición."
"Los latinoamericanos **abrigamos** la esperanza de un futuro más próspero."

C. [abrigadero, abrigador, abrigo, desabrigar]

D. Conjugación regular, como **amar**.

10. **atentar**:

A. *Emprender o ejecutar alguna cosa ilegal o ilícita.
*Intentar, especialmente hablando de un delito.
*Cometer agresión contra el Estado o contra la integridad física o moral de una persona.

B. "Es lamentable que alguien **atentara** contra la vida del Papa."
"El Presidente de la República aseguró que los ciudadanos que **atentaron** contra la seguridad del Estado serán castigados severamente."

C. [atentado, atentatorio; tentar, tentación, tentador, tentativa]

D. Conjugación regular, como **amar**, para autores como María Moliner (véase su Diccionario de Uso).

Sin embargo, otros, como el Diccionario VOX, lo consideran irregular, como **acertar**.

11. **enmendar**:

A. *Corregir, quitar defectos.
*Resarcir, subsanar los daños.
*(Der.) Rectificar un tribunal superior la sentencia dada por él mismo.

B. "Después de un largo tiempo, el anciano **enmendó** su falta."
"La Compañía de Seguros **enmendará** las pérdidas ocasionadas por el incendio."

C. [enmendación, enmienda, enmendable, enmendador; remendar, remiendo, mendaz]

D. Conjugación irregular, como **acertar**. La última **e** de la raíz diptonga en **ie** cuando de halla en sílaba acentuada: enm**ie**ndo, enm**ie**ndas, enm**e**ndamos, enm**e**ndabas, enm**ie**nde.

12. **inducir**:

A. *Hacer, con consejos, promesas, amenazas, etc., que alguien realice cierta acción.
*Razonar de modo que de la observación o conocimiento de los casos particulares se asciende lógicamente a la formación de la idea general o a la formulación de la ley.

B. "El desempleo **induce** a muchos latinoamericanos a emigrar a Nueva York."
"De lo que me dices **induzco** que los empleados tienen poca identificación con su empresa."

C. [inducción, inducimiento, inductivo, inductor; aducir, conducir, deducir, introducir, producir, reducir, seducir, traducir]

D. Conjugación irregular, como **conducir**: indu**zc**o, induces, inducimos, indu**j**e, indu**j**iste, indu**j**imos, indu**j**eron, inducía, indu**zc**a.

13. **afrontar**:

A. *Hacer frente a un enemigo, peligro, problema o situación comprometida.
*Poner una cosa enfrente de otra.

B. "Los periodistas **afrontaron** decididamente los disturbios callejeros en busca de información."
"Les pedí que **afrontaran** las sillas del aula para la sesión de expresión oral."

C. [afrontación, afrontamiento, afrontador; frente, frontal, frontera, afrentar, confrontar, enfrentar, enfrontar]

D. Conjugación regular, como **amar**.

14. **absorber**:

A. *Ejercer atracción una sustancia sólida sobre un fluido con el que está en contacto de modo que las moléculas de éste penetren en ella.
*(fig.) Consumir enteramente, embeber.
*(fig.) Atraer a sí, cautivar.

B. "Las plantas **absorben** el oxígeno del aire."
"La música moderna **absorbe** a muchos jóvenes de forma impresionante."

C. [absorbencia, absorbible, absorbimiento, absorbente, absorción, absorto; sorber]

D. Conjugación regular, como **temer**. Tiene participio regular **absorbido** e irregular **absorto**.

15. **exaltar**:

A. *Elevar a una persona o cosa a mayor auge o dignidad.
*(Fig.) Realzar el mérito o circunstancias de uno con demasiado encarecimiento.
*(-se) Dejarse arrebatar de una pasión, perdiendo la moderación y la calma.

B. "Al futbolista lo **exaltarán** al Salón de la Fama."
"El orador **se exaltó** porque un grupo de asistentes comenzó a vociferar consignas en contra del gobierno."

C. [exaltación, exaltamiento, exaltador; alto, altanero, altar, altivo, altura, enaltecer]

D. Conjugación regular, como **amar**.

16. **segar**:

A. *Cortar mieses o hierba con la hoz o cualquiera máquina a propósito.
*Cortar de cualquier manera, y especialmente lo que sobresale o está más alto.
*(fig.) Cortar, impedir desconsiderada y bruscamente el desarrollo de cosas inmateriales.

B. "El agricultor **segaba** incansablemente en el campo cuando lo llamaron para comunicarle la mala noticia."
"El accidente **segó** todas sus esperanzas de llegar a ser un destacado atleta."

C. [segadera, segador, siega, segueta; sección, seccionar, disecar, disección, insecto, intersección, segmento]

D. Conjugación irregular, como **acertar**. La vocal **e** de la raíz diptonga en **ie** cuando se halla en sílaba tónica: **sie**ga, segamos, segaré, **sie**gue.

17. **privar**:

A. *Despojar a uno de una cosa que poseía.
*(-se) Prescindir o desprenderse voluntariamente de cierta cosa.

B. "Ciertos regímenes políticos **privan** a los ciudadanos de su libertad."
"Lo **privó** de merienda durante una semana como castigo por su mal comportamiento."

C. [privación, privativo, privanza, privado, privacidad, privatizar]

D. Conjugación regular, como **amar**.

18. **calar**:

A. *Penetrar un líquido en un cuerpo permeable.
*Atravesar un instrumento, como espada, barrena, etc., a otro cuerpo de una parte a otra.
*(fig.) Penetrar, comprender el motivo, razón o secreto de una cosa.

B. "La lluvia **caló** completamente su vestido y tuvo que regresar a la casa."
"A pesar de todo el tiempo durante el cual han vivido juntos, no ha podido **calar** sus verdaderas intenciones."

C. [cala, calamento, calado, calada, calador, caladura, encalar, recalar]

D. Conjugación regular, como **amar**.

19. **basar**:

A. *Asentar algo sobre una base.
*(fig. [-se]) Fundarse, apoyarse.

B. "Después del desastre provocado por el terremoto, los ingenieros **basarán** mejor las edificaciones que construyan."
"El abogado, para defender al acusado, **se basó** en argumentos muy convincentes."

C. [basamento, base, básico]

D. Conjugación regular, como **amar**.

20. **añorar**:

A. *Recordar con pena la ausencia, privación o pérdida de persona o cosa muy querida.

B. "Quien continuamente **añora** el pasado, no disfruta a plenitud el presente." "Durante el viaje se pasó todo el tiempo **añorando** a sus familiares."

C. [añoranza, añorante; ignorar]

D. Conjugación regular, como **amar**.

EJERCITACIÓN

Palabras presentadas en esta unidad:

1. desafiar, 2. rugir, 3. reemplazar, 4. anidar, 5. suicidarse, 6. patrocinar, 7. oficiar, 8. afanar, 9. abrigar, 10. atentar, 11. enmendar, 12. inducir, 13. afrontar, 14. absorber, 15. exaltar, 16. segar, 17. privar, 18. calar, 19. basar, 20. añorar.

I. Copie en orden alfabético y lea en voz alta cada una de las palabras de la lista anterior:

1.____________, 2.____________, 3.____________, 4.____________,

5.____________, 6.____________, 7.____________, 8.____________,

9.____________, 10.____________, 11.____________, 12.____________,

13.____________, 14.____________, 15.____________, 16.____________,

17.____________, 18.____________, 19.____________, 20.____________.

II. En cada caso escriba el verbo de la lista anterior cuyo sentido coincida o se relacione estrechamente con el de las palabras dadas:

1. substituir, relevar, representar, suplantar, suplir, cambiar: ____________
2. evocar, recordar, rememorar: ____________
3. quitar, despojar, desposeer, prohibir, expropiar: ____________
4. enjugar, embeber, tragar, chupar, impregnar; gastar, consumir: ____________
5. retar, provocar, enfrentarse, rivalizar, competir, bravuconear: ____________
6. corregir, mejorar, remediar, revisar, rectificar, perfeccionar: ____________
7. faltar, pecar, cometer, transgredir; amenazar: ____________
8. resistir, enfrentar, oponerse, dar el pecho, arrostrar: ____________
9. favorecer, auspiciar, apoyar, apadrinar, respaldar, fomentar: ____________

10. alabar, elogiar, ensalzar, enaltecer; excitarse, acalorarse: ________________

11. tapar, cubrir, arropar; amparar, cobijar: ________________

12. habitar, morar, hallarse, residir: ________________

13. penetrar, perforar, agujerear, horadar, taladrar: ________________

14. cortar, tumbar; frustrar, tronchar: ________________

15. gritar, vocear, sonar, bramar, crujir: ________________

16. fundar, asentar, fundamentar, apoyar, cimentar: ________________

17. persuadir, convencer, engañar, mover, incitar: ________________

18. trabajar, esforzarse, empeñarse: ________________

19. efectuar, realizar, verificar; celebrar: ________________

20. matarse, asesinarse, inmolarse: ________________

III. Llene cada espacio en blanco con la forma adecuada del verbo de la lista anterior que mejor convenga:

1. A pesar de que en el extranjero disfrutaba de mejores condiciones económicas que antes, siempre __________________ su país.

2. Nuestras esperanzas aumentaron después que el juez __________________ su sentencia.

3. Toda persona _______________ en su interior sentimientos que son difíciles de expresar con palabras.

4. Tenía tantas presiones económicas que decidió ____________________.

5. Su falta de concentración me ___________________ tanto que le grité, olvidándome de que estaba en el salón de clase.

6. La publicidad comercial ______________ a muchas personas a gastar todo su dinero en mercancías innecesarias.

7. Tuvo que buscar una sustituta que la ____________________ durante sus vacaciones.

8. Pocos se atreven a ________________________ sus rígidas órdenes.

9. Aquella tarde, el viento _____________________ fuertemente anunciando una tormenta.

10. El día de la Independencia el Cardenal _____________________ un solemne "Te Deum" en la Catedral.

11. La universidad _____________________ todos los años campeonatos de béisbol, fútbol, softball, volibol y baloncesto.

12. Aquella disposición fue revocada porque ___________________ contra la libertad de los ciudadanos.

13. La maestra lo ___________________ del recreo porque se pasó la clase hablando con un compañero.

14. Se pasa todo el día _________________ en la cocina y no le queda tiempo para otra cosa.

15. Las conclusiones deben ______________________ en los datos para tener validez.

16. Tenía una fiebre muy alta y su madre lo ________________________.

17. El mercado nacional no ______________ toda la producción azucarera del país y por eso se exporta una parte importante a otras naciones.

18. El hombre cayó muerto cuando el cuchillo ________________ en lo más profundo de su vientre.

19. Las drogas _______________________ la prometedora carrera profesional de ese joven.

20. El Presidente __________________ con decisión y ecuanimidad las dificultades del país.

IV. Redacte una oración original, diferente de las que aparecen en esta unidad, con cada una de las palabras estudiadas:

1. desafiar: ____

2. rugir: ____

3. reemplazar: ____

4. anidar: ____

5. suicidarse: ____

6. patrocinar: ____

7. oficiar: ____

8. afanar: ____

9. abrigar: ____

10. atentar: ____

11. enmendar: ____

12. inducir: ____

13. afrontar: ____

14. absorber: ____

15. exaltar: ____

16. segar: ____

17. privar: ____

18. calar: ____

19. basar: ____

20. añorar: ____

UNIDAD # 14

PRESENTACIÓN

1. **tolerar**:

   A. *Sufrir, llevar con paciencia.
   *Permitir algo que no se tiene por lícito, sin aprobarlo expresamente.
   *Resistir, soportar, especialmente alimentos, medicinas.

   B. "No **tolero** que nadie me insulte."
   "El maestro les **toleraba** a los alumnos tanta indisciplina que el aula parecía un salón de juegos."

   C. [tolerabilidad, tolerable, tolerancia, tolerante, tolerantismo, intolerable, intolerante]

   D. Conjugación regular, como **amar**.

2. **transferir**: (trasferir)

   A. *Pasar o llevar una cosa desde un lugar a otro.
   *Retardar, diferir o suspender la ejecución de una cosa.
   *Remitir fondos bancarios de una cuenta a otra.

   B. "Nos pareció conveniente **transferir** las sillas al salón contiguo."
   "La celebración del congreso **fue transferida** al año siguiente."

   C. [transferencia, transferible, transferidor, intransferible; traslado, trasladar, traslación, traslaticio]

   D. Conjugación irregular, como **hervir**. La **e** diptonga en **ie** cuando recibe el acento y se convierte en **i** en determinadas formas del indicativo, subjuntivo, imperativo y en gerundio: transf**ie**ro, transf**ie**res, transf**e**rimos; transf**e**rí, transf**e**riste, transf**i**rió; transf**ie**ra, transf**i**ramos, transf**i**riera; transf**i**riendo.

3. **abundar**:

   A. *Haber gran cantidad de una cosa.
   *Tener en abundancia, en gran cantidad.
   *Hablando de una idea u opinión, estar adherido a ella, persistir en ella.

   B. "En el suelo dominicano **abundan** minerales que aún no han sido explotados."
   "El charlista **abundó** en el tema para que todos lo entendieran."

   C. [abundamiento, abundancia, abundancial, abundante, sobreabundar; onda, ondular, ondulación, inundar, inundación, redundar, redundancia]

D. Conjugación regular, como **amar**.

4. **alternar**:

A. *Sucederse, en el espacio o en el tiempo, dos o más cosas, repitiéndose una después de otra.
*Tener comunicación amistosa unas personas con otras.

B. "Es preciso que **alternes** el ejercicio físico o corporal con el ejercicio mental o intelectual."
"Le gusta **alternar** en todos los ambientes con todo tipo de personas."

C. [alternación, alternancia, alternativo, alternativa, alterno, alternador, alternante, subalterno; otro, alterar]

D. Conjugación regular, como **amar**.

5. **concurrir**:

A. *Reunirse varias cosas en un sitio.
*Asistir a un espectáculo, fiesta u otro sitio a donde van otros.

B. "En la rotonda donde se encuentra el monumento a los héroes de la independencia **concurren** cinco calles."
"Todos los socios **han concurrido** a la asamblea."

C. [concurrencia, concurrente, concurrido, concurso; correr, discurrir, escurrir, incurrir, ocurrir, recorrer, recurrir, socorrer, transcurrir]

D. Conjugación regular, como **partir**.

6. **concernir**:

A. *Corresponder a alguien cierta función.
*Tener una cosa interés para alguien determinado o referirse a él o a su caso.

B. "A María le **conciernen** todos los trabajos relacionados con la inscripción de los nuevos estudiantes."
"A ti no te **concierne** ese asunto."

C. [concernencia, concerniente]

D. Es un verbo **defectivo** que solo se emplea en las terceras personas, en gerundio y en el participio activo. La **e** diptonga en **ie** cuando recibe el acento: conc**ie**rne, conc**e**rnía, conc**ie**rnan, conc**e**rniendo, conc**e**rniente.

7. **coincidir**:

A. *Encontrarse dos o más personas accidentalmente en un mismo lugar.
*Suceder al mismo tiempo.
*Ser iguales o conducir al mismo resultado cosas tales como una información,una investigación o un cálculo.

B. "**Coincidimos** frecuentemente por las mañanas en la biblioteca."
"Tu llegada **coincidió** con mi salida."

C. [coincidencia, coincidente; incidir, incidencia, incidental, incidente, reincidir, reincidente]

D. Conjugación regular, como **partir**.

8. **exceder**:

A. *Ser una persona o cosa más grande o aventajada que otra con la que se compara en alguna línea.
*(-se) Propasarse, ir más allá de lo lícito o razonable.

B. "La calidad de este trabajo **excede** la de los demás."
"Nunca **te excedas** en el consumo de bebidas alcohólicas."

C. [excedencia, excesivo, excedente, exceso; ceder, acceder, anteceder, conceder, proceder, retroceder, suceder]

D. Conjugación regular, como **temer**.

9. **residir**:

A. *Vivir habitualmente en un sitio.
*(fig.) Estar o radicar en un punto o en una cosa el quid de aquello de que se trata.
*(fig.) Estar en una persona cualquier cosa inmaterial como derechos, facultades, etc.

B. "El gran educador Eugenio María de Hostos **residió** en Tamboril por breve tiempo."
"La principal atracción de nuestro país **reside** en la hospitalidad de su gente."

C. [residencia, residencial, residente; residuo, residual]

D. Conjugación regular, como **partir**.

10. **resonar**:

A. *Hacer sonido por repercusión.
*Sonar mucho.

B. "Cuando **resuenan** los truenos es señal de que se acerca la lluvia."
"Los rumores de que había estallado la revolución **resonaron** por toda la ciudad."

C. [resonación, resonador, resonancia, resonante; sonar, sonido, sonoro, asonancia, consonante, disonar, disonante, supersónico]

D. Conjugación irregular, como **sonar**. La **o** diptonga en **ue** cuando recibe el acento: res**ue**na, res**o**naba, res**ue**nen, res**o**narán.

11. **implicar**:

A. *Envolver, comprometer a alguien en cierto asunto.
*(fig.) Contener, llevar en sí, significar.

B. "La Policía **implica** en el crimen al novio de la víctima."
"La amistad **implica** solidaridad."

C. [implicación, implicante, implicatorio, implícito; plegar, desplegar, replegar, aplicar, complicar, duplicar, explicar, multiplicar, replicar, suplicar]

D. Conjugación regular, como **amar**.

12. **persistir**:

A. *Mantenerse firme o constante en una opinión o actitud.
*Durar o existir todavía.

B. "**Persisto** cuando creo que tengo la razón."
"La huelga continúa porque el gobierno **persiste** en su posición de no bajar el precio de la gasolina."

C. [persistencia, persistente; existir, coexistir, asistir, consistir, desistir, insistir, resistir, subsistir]

D. Conjugación regular, como **partir**.

13. **inferir**:

A. *Sacar consecuencia o deducir una cosa de otra.
*Causar a alguien ofensas, heridas, daños, etc.

B. “Por tu comportamiento pude **inferir** que no te sentías bien de salud.”
“Durante la pelea le **infirió** varias heridas en una mano.”

C. [inferencia, inferidor; conferir, diferir, proferir, referir, transferir]

D. Conjugación irregular, como **hervir**. La **e** diptongo en **ie** cuando recibe el acento y se transforma en **i** en algunas formas de indicativo, subjuntivo, imperativo y en gerundio: inf**ie**ro, inf**e**rimos, inf**ie**ren, inf**i**rió, inf**i**rieron, inf**ie**ra, inf**i**ramos, inf**i**riendo.

14. **sugerir**:

A. *Hacer entrar en el ánimo de alguno una idea insinuándosela, inspirándosela o haciéndole caer en ella.

B. “Te agradezco que me **hayas sugerido** esa buena idea.”
“Le **sugirió** que viajara con su hermana Adelaida.”

C. [sugerencia, sugerente, sugeridor; sugestión, sugestionar, sugestivo]

D. Conjugación irregular, como **hervir**: sug**ie**ro, sug**e**rimos, sug**i**rió, sug**ie**ra, sug**i**ramos, sug**ie**ran, sug**i**riendo.

15. **preceder**:

A. *Ir una cosa delante de otra en tiempo, orden o lugar.

B. “La tormenta **precedió** a la calma.”
“La variante pronominal de tercera persona “se” **precede** a las de primera o segunda “me” o “te” cuando aparecen juntas delante del verbo.”

C. [precedencia, precedente; ceder, anteceder, conceder, retroceder]

D. Conjugación regular, como **temer**.

16. **prescindir**:

A. *Renunciar a una cosa o decidir no tenerla, por no poder, por no necesitarla, o por desprecio.

B. “**Prescindiremos** de las salidas nocturnas para ahorrar dinero.”
“Sería muy difícil la ejecución de esa obra si se **prescindiera** de su ayuda.”

C. [prescindencia, prescindible, imprescindible; escindir, rescindir]

D. Conjugación regular, como **partir**.

17. **provenir**:

A. *Tener algo su origen, material o no material, en la cosa que se expresa.

B. "Ese ruido **proviene** de los vendedores que anuncian sus productos en la calle."
"La sabiduría de Aristóteles **provenía** de su inquietud por todo aquello que le rodeaba."

C. [proveniencia, proveniente; venir, avenir, contravenir, convenir, devenir, prevenir, sobrevenir]

D. Conjugación irregular, como **venir**: proven**g**o, porv**ie**nies, prov**e**nía, prov**e**nd**r**án, proven**g**a.

18. **suplir**:

A. *Cumplir o integrar lo que falta en una cosa, o remediar la carencia de ella.
*Ponerse en lugar de uno para hacer sus veces.

B. "En tiempos de crisis **suplían** la falta de alimentos con frutas silvestres."
"La secretaria **suple** al Director cuando éste se ausenta."

C. [suplencia, suplidor, suplente, suplementar, suplemento, suplementario, supletorio]

D. Conjugación regular, como **partir**.

19. **maquinar**:

A. *Urdir, tramar algo oculta y artificiosamente.
*En metalurgia, trabajar una pieza por medio de una máquina.

B. "Los ladrones **maquinaron** durante un mes el asalto al banco."
"Resultó muy difícil **maquinar** el tornillo con ese equipo tan obsoleto."

C. [maquinación, maquinador, maquinal; máquina, maquinaria, maquinilla, maquinista, maquinización, maquinizar, mecánico, mecanismo]

D. Conjugación regular, como **amar**.

20. **alardear**:

A. *Hacer gala de grandeza, de lucimiento.

B. “Algunos jóvenes **alardean** de lo que poseen buscando ser admirados.”
“Las personas verdaderamente valiosas no necesitan **alardear**.”

C. [alarde, alardeo, alardeante, alardoso]

D. Conjugación regular, como **amar**.

EJERCITACIÓN

Palabras presentadas en esta unidad:

1. tolerar, 2. transferir, 3. abundar, 4. alternar, 5. concurrir, 6. concernir, 7. coincidir, 8. exceder, 9. residir, 10. resonar, 11. implicar, 12. persistir, 13. inferir, 14. sugerir, 15. preceder, 16. prescindir, 17. provenir, 18. suplir, 19. maquinar, 20. alardear.

I. Copie en orden alfabético y lea en voz alta cada uno de los 20 verbos de la lista anterior:

1.______________, 2.______________, 3.______________, 4.______________,

5.______________, 6.______________, 7.______________, 8.______________,

9.______________, 10.______________, 11.______________, 12.______________,

13.______________, 14.______________, 15.______________, 16.______________,

17.______________, 18.______________, 19.______________, 20.______________.

II. En cada caso escriba el verbo de la lista anterior cuyo sentido coincida o se relacione estrechamente con el de las palabras dadas:

1. tocar, corresponder, interesar, incumbir, atañer, afectar: ____________________

2. habitar, vivir, morar, radicar, hallarse: ____________________

3. suponer, entrañar, englobar, contener, envolver, llevar consigo: ____________________

4. continuar, durar, permanecer, seguir, perdurar, perseverar: ____________________

5. repercutir, retumbar, zumbar, retronar: ____________________

6. sufrir, soportar, aguantar, resistir, permitir: ____________________

7. asistir, reunirse, juntarse; converger, confluir: ____________________

8. concordar, corresponder, convenir, ajustarse, sincronizar: ____________________

9. excluir, omitir, dejar; abstenerse, desechar: ________________

10. pasar, traspasar, trasladar; dilatar, aplazar: ________________

11. conspirar, intrigar, tramar; forjar, maniobrar: ________________

12. extralimitar, rebasar, aventajar, sobrepasar, superar: ________________

13. rebosar, pulular, bastar, colmar: ________________

14. turnar, cambiar, relevarse; tratarse, comunicarse: ________________

15. presumir, alabarse, vanagloriarse, jactarse: ________________

16. inducir, derivar, colegir, deducir: ________________

17. insinuar, inspirar, aconsejar, indicar, proponer: ________________

18. relevar, sustituir, reemplazar; reponer, compensar: ________________

19. anteceder, superar, prevalecer: ________________

20. proceder, derivar, emanar, salir, descender: ________________

III. Llene cada espacio en blanco con la forma adecuada del verbo de la lista anterior que mejor convenga:

1. Todos los niños que ________________ la fiesta recibirán un premio.

2. Tener mucho dinero no ________________ ser feliz.

3. En la vida de todo ser humano ________________ los éxitos con los fracasos.

4. Antes de actuar, los asaltantes ________________ cuidadosamente su plan.

5. Unas personas ________________ con mayor facilidad que otras las ideas contenidas en los libros.

6. Anteriormente su almacén ________________ la mayor parte de los productos que vendíamos en la tienda.

7. Admito que la dificultad de esa ecuación ________________ mi capacidad matemática.

8. Las campanas ____________________ con tanta intensidad que todos los moradores del pueblo se despertaron.

9. La nueva ley sobre los impuestos nos ______________________ a todos, pero de manera especial a los empleados del sector privado.

10. El ministro ha ignorado las disposiciones adoptadas por quienes lo __________________ en el cargo.

11. Para funcionar eficientemente, ninguna empresa o institución puede __________________ de los servicios de las secretarias.

12. Muchas instituciones bancarias ___________________automáticamente el dinero de las cuentas de ahorro a las cuentas corrientes.

13. A pesar de la atención médica recibida, la gravedad del paciente__________________.

14. El agua más pura ___________________________ de los manantiales.

15. Cuando era más joven ______________________ de poseer algunas habilidades artísticas.

16. Tus resultados no ________________________ con la solución que ofrece el libro.

17. El enfermo no __________________________ más antibióticos.

18. La profesora motivó a sus alumnos para que ellos mismos __________________ la forma como querían celebrar la fiesta de fin de curso.

19. En muchos países subdesarrollados ________________ al mismo tiempo el desempleo y el oportunismo.

20. Muchos ciudadanos de un país ____________________ en otro por motivos económicos, políticos o de diversos tipos.

IV. Redacte una oración original, diferente de las que aparecen en esta unidad, con cada uno de los verbos estudiados:

1. tolerar: ______________________________

2. transferir: ______________________________

3. abundar: ______________________________

4. alternar: ______________________________

5. concurrir: ______________________________

6. concernir: ______________________________

7. coincidir: ______________________________

8. exceder: ______________________________

9. residir: ______________________________

10. resonar: ______________________________

11. implicar: ______________________________

12. persistir: ______________________________

13. inferir: ______________________________

14. sugerir: ______________________________

15. preceder: ______________________________

16. prescindir: ______________________________

17. provenir: ______________________________

18. suplir: ______________________________

19. maquinar: ______________________________

20. alardear: ______________________________

REVISIÓN DE UNIDADES 13 y 14

Junto a cada una de las 30 descripciones o definiciones dadas, escriba el número (entre 1 y 40) correspondiente a la palabra adecuada. Luego, encuentre en la **sopa de letras**, y encierre entre líneas, las 30 palabras seleccionadas. Esas palabras pueden aparecer horizontal, vertical o diagonalmente, en un sentido o en el inverso.

___ contrario de "escasear"
___ sinónimo de "retumbar", "atronar"
___ sinónimo de "turnar", "permutar"
___ contrario de "seguir" o de "ir después"
___ sinónimo de "suponer", "llevar consigo"
___ sentir nostalgia, recordar
___ contrario de "evadir", "esquivar"
___ sinónimo de "quitar", "abstenerse"
___ sinónimo de "chupar", "inhalar"; "atraer"
___ sinónimo de "sobrepasar", "rebasar"
___ sinónimo de "penetrar", "atravesar"
___ sinónimo de "corregir", "arreglar"
___ sinónimo de "apadrinar", "favorecer", "auspiciar"
___ contrario de "humillarse" o "avergonzarse"
___ sinónimo de "vivir", "habitar"
___ sinónimo de "cobijar", "arropar", "tapar"
___ contrario de "desacreditar", "denigrar"
___ sinónimo de "provocar", "retar"
___ contrario de "discrepar" o de "no estar de acuerdo"
___ quitarse la vida, inmolarse
___ sinónimo de "aceptar", "aguantar"
___ sinónimo de "excluir", "descartar"
___ contrario de "renunciar", "dejar", "desistir"
___ sinónimo de "proceder", "derivar"
___ sinónimo de "aconsejar", "indicar", "advertir"
___ contrario de "faltar", "no asistir"
___ sinónimo de "trasladar"; "retrasar"
___ contrario de "vaguear", "holgar"
___ sinónimo de "corresponder", "interesar"
___ sinónimo de "estimular", "incitar"

1. desafiar, 2. rugir, 3. reemplazar, 4. anidar, 5. suicidarse, 6. patrocinar, 7. oficiar, 8. afanar, 9. abrigar, 10. atentar, 11. enmendar, 12. inducir, 13. afrontar, 14. absorber, 15. exaltar, 16. segar, 17. privar, 18. calar, 19. basar, 20. añorar, 21. tolerar, 22. transferir, 23. abundar, 24. alternar, 25. concurrir, 26. concernir, 27. coincidir, 28. exceder, 29. residir, 30. resonar, 31. implicar, 32. persistir, 33. inferir, 34. sugerir, 35. preceder, 36. prescindir, 37. provenir, 38. suplir, 39. maquinar, 40. alardear.

SOPA DE LETRAS 7

Y	V	F	F	N	P	R	E	S	C	I	N	D	I	R	L	A	N	U	G
A	B	R	I	G	A	R	X	S	U	I	C	I	D	A	R	S	E	Y	Y
R	E	D	E	C	X	E	K	Y	S	L	A	R	B	D	B	D	F	C	D
J	C	R	I	T	S	I	S	R	E	P	H	A	I	N	D	U	C	I	R
P	O	I	P	R	A	B	S	O	R	B	E	R	T	E	E	C	F	A	A
R	I	R	R	U	C	N	O	C	S	D	B	E	D	M	O	R	T	R	N
E	N	E	E	Q	V	W	P	F	S	T	R	L	X	N	V	N	I	R	R
C	C	F	Y	V	R	I	N	R	E	C	N	O	C	E	O	N	E	I	E
E	I	S	S	U	G	E	R	I	R	A	R	T	H	R	E	S	R	D	T
D	D	N	P	U	X	A	A	E	V	F	V	G	F	V	O	W	T	I	L
E	I	A	R	A	E	D	R	A	L	A	C	A	O	N	D	Q	G	S	A
R	R	R	P	A	T	R	O	C	I	N	A	R	A	I	F	A	S	E	D
R	A	T	L	A	X	E	N	C	W	A	P	R	I	V	A	R	J	R	C
P	R	A	D	N	U	B	A	O	U	R	R	A	C	I	L	P	M	I	S

CRUCIGRAMA 7

Este **crucigrama** contiene, en diferentes formas flexionales, las 40 palabras de las unidades 13 y 14. Complete cada una de las oraciones dadas con la forma de la palabra que mejor convenga al contexto y de esa manera encontrará la solución del crucigrama.

1. desafiar, 2. rugir, 3. reemplazar, 4. anidar, 5. suicidarse, 6. patrocinar, 7. oficiar, 8. afanar, 9. abrigar, 10. atentar, 11. enmendar, 12. inducir, 13. afrontar, 14. absorber, 15. exaltar, 16. segar, 17. privar, 18. calar, 19. basar, 20. añorar, 21. tolerar, 22. transferir, 23. abundar, 24. alternar, 25. concurrir, 26. concernir, 27. coincidir, 28. exceder, 29. residir, 30. resonar, 31. implicar, 32. persistir, 33. inferir, 34. sugerir, 35. preceder, 36. prescindir, 37. provenir, 38. suplir, 39. maquinar, 40. alardear.

HORIZONTALES:

1. No ..... que nadie fume dentro de mi oficina.

6. Todo acto de comunicación ..... la participación de un emisor y de un receptor.

8. Los padres de Antonio y Teresa se han pasado la vida ..... día tras día por el bienestar de sus hijos.

10. En ciudades como Nueva York, Los Angeles y Miami ..... los hispanos.

12. Nuestros tíos ..... en España desde hace más de veinte años.

14. Preferí callarme porque no le quería ..... una ofensa verbal y mucho menos un golpe.

15. Cuando conduzcas por la autopista, nunca ..... el límite de velocidad para que la policía no te detenga.

17. Al corregir la prueba fue fácil ..... que el joven no había estudiado nada.

21. Tan pronto como lo supieron, los vecinos ..... los daños causados por sus hijos.

22. Los hombres casi nunca logran ..... los deseos ni los pensamientos de las mujeres.

24. No ..... en pedirme eso que no te lo puedo conceder.

25. Se supone que es al Presidente a quien más le ..... las relaciones internacionales.

27. Si varias compañías ..... nuestras actividades, tendremos mayores posibilidades de éxito.

35. Es necesario que nosotros ..... el problema antes de que sea demasiado tarde.

36. Muchos niños ..... el sueño de llegar a ser famosos deportistas.

37. Antes de sembrar las semillas, el labrador ..... las hierbas que han crecido en el campo.

38. Quienes solo buscan su propio beneficio, ... contra el bienestar de los demás.

39. El niño ..... tanto a su perrito desaparecido, que su papá le compró otro para consolarlo.

VERTICALES:

2. En la actualidad, mucha gente ..... a los artistas y a los deportistas como si fueran dioses.

3. El padre Sánchez siempre ..... la misa del mediodía.

4. En el abecedario la letra **g** sigue a la **f**, y la **l** ..... a la **m**.

5. ¿Qué me ..... usted, que acepte el trabajo o que continúe los estudios?

7. Se espera que a la reunión de mañana ..... todos los profesores.

9. Por lo general, las personas que ..... mucho se ganan la antipatía de los demás.

11. Para resolver eso solo tienes que ..... cien dólares de tu cuenta a la suya.

12. Piensan ..... la estatua que está en esa esquina por una fuente.

13. Durante su rigurosa dieta ..... la falta de alimentación natural con pastillas de vitamina.

16. Si uno de los dos tiene razón, el otro debe estar equivocado porque nuestras respuestas no .....

18. Por razones presupuestarias, la empresa ..... de los servicios de más de cien empleados.

19. El fugitivo prefirió ..... antes que ser capturado por la policía.

20. Durante meses me he estado ..... de comer dulces porque me interesa bajar de peso.

23. Para no cansarse ni aburrirse haciendo lo mismo, decidió ..... sus actividades.

26. El grupo ..... su plan subversivo cuando la policía los sorprendió.

28. La música de la discoteca ..... con mucha intensidad y se oía por todo el barrio.

29. Las raíces de las plantas ..... agua de la tierra.

30. La palabra española "soltero" ..... de la latina "solitariu".

31. El joven ..... la autoridad de sus padres y se fue sin permiso.

32. El león ..... con fuerza para mostrar su furia por la presencia de un enemigo.

33. ¿En qué teoría ..... tus observaciones?

34. Las águilas ..... encima de árboles gigantescos.

DIGRESIÓN FONÉTICA

Toda palabra de dos o más sílabas pronunciada de manera aislada presenta una sílaba tónica o acentuada, que se destaca entre las demás porque recibe un incremento del tono, de la intensidad y de la duración: o-**bre**-ro, es-tu-**diar**, ins-tru-**men**-to, **sí**-la-ba, cua-**der**-no, **lá**-piz.

Existen lenguas en las que la sílaba acentuada ocupa siempre un mismo lugar dentro de la palabra. En francés y en turco, por ejemplo, ese lugar es la última sílaba. En otras lenguas, como el checo y el finés, el acento recae sobre la primera sílaba de la palabra. Se trata de lenguas de **acento fijo**.

En cambio, lenguas como el inglés, el alemán, el italiano o el español, admiten el acento en distintas posiciones dentro de la palabra. En estos casos se habla de lenguas de **acento libre**. Esa diferente colocación de la sílaba acentuada puede tener un valor funcional, es decir, puede producir un cambio de significado. Obsérvense los siguientes ejemplos en español:

ira - i**rá**, **can**to - can**tó**, **tér**mino - ter**mi**no - termi**nó**.

Hay que advertir, sin embargo, que esta libertad de ubicación del acento en español es limitada. El acento español solo puede variar de posición dentro de una **zona acentuable** que se circunscribe a las tres últimas sílabas de la palabra. Cuando una palabra simple contiene más de tres sílabas, las anteriores a la antepenúltima son forzosamente inacentuadas. Una prueba de ello es que palabras como **régimen** y **espécimen**, al pasar al plural desplazan su acento un lugar hacia el final: **regímenes** y **especímenes**. De no ser así, el acento caería fuera de la **zona acentuable** de esas palabras.

Según esto, en sentido estricto, el español solo conoce tres tipos de palabras de acuerdo con la posición del acento: **agudas**, **llanas** y **esdrújulas**. Las llamadas **sobreesdrújulas** únicamente son posibles dentro de la categoría de las palabras **compuestas** que, por lo demás, contienen regularmente dos sílabas tónicas: **fácilmen**te, tran**quilamen**te.

De los tres tipos de palabras según la posición del acento, las **llanas** (acento en la penúltima sílaba) son mucho más abundantes que las demás, representando aproximadamente un 80% del total de palabras españolas.

UNIDAD # 15

PRESENTACIÓN

1. **anécdota**:

    A. *Relato breve de un suceso curioso o interesante o de un rasgo de alguien.

    B. "Nos reunimos ayer para oír las **anécdotas** del viaje de Juan a Australia."
    "La **anécdota** que contó ese hombre en el bar era tan divertida que todos, hasta quienes no lo conocíamos, terminamos riéndonos."

    C. [anecdotario, anecdótico]

2. **pesquisa**:

    A. *Gestión o diligencia hecha para averiguar una cosa.

    B. "Desgraciadamente, la **pesquisa** policial no logró descubrir al asesino."
    "Habrá que hacer una **pesquisa** para saber dónde están los documentos del caso."

    C. [pesquisar, pesquisidor, pesquiridor, perquisición, pesquisición]

3. **perfil**:

    A. *Contorno aparente de una persona o cosa vista de lado.
    *Adorno delicado, particularmente el que se pone en el borde de una cosa.
    *Conjunto de rasgos caracterizadores de alguien o de algo.

    B. "De **perfil** se veía muy bien pero mirada de frente era un horror."
    "En su introducción, el orador presentó un detallado **perfil** de la trayectoria académica y política del Senador."

    C. [perfilar, perfiladura; hilo, hilar; enfilar; desfilar, desfiladero, desfile]

4. **sucesión**:

    A. *Circunstancia de estar una cosa después de otra en el tiempo o el espacio.
    *Conjunto de cosas en que una sigue a otra.
    *Hecho de suceder una persona a otra en la posesión de sus bienes.

    B. "Después del potente terremoto, se produjo una **sucesión** de pequeños temblores de tierra."
    "Cuando murió el rey, hubo una gran disputa por el derecho a la **sucesión** del trono, porque no tenía hijos."

C. [suceder, sucesible, sucesivo, suceso, sucesor, sucesorio, sucedáneo]

5. **símbolo**:

A. *Cosa que representa convencionalmente a otra.

B. "La suástica era el **símbolo** de los nazis durante la Segunda Guerra Mundial."
"El laurel es el **símbolo** de la victoria."

C. [simbólico, simbolismo, simbolista, simbolizar]

6. **ritmo**:

A. *Adaptación de las divisiones de que es susceptible un movimiento, una acción, una sucesión de sonidos, etc., a intervalos regulares de tiempo.
*En una acción cualquiera, marcha, velocidad: mayor o menor rapidez con que se produce.

B. "Mientras la banda tocaba, todo el público llevaba el **ritmo** con las manos."
"Si sigues corriendo a ese **ritmo**, no llegarás nunca a la meta."

C. [ritmar, rítmico, rítmica; rimar, rima]

7. **magnitud**:

A. *Cualquier aspecto de las cosas que puede expresarse cuantitativamente; como la longitud, el peso, la velocidad o la luminosidad. Aspecto de las cosas por el cual son más grandes o más pequeñas, en sentido espacial o no espacial.

B. "La **magnitud** del terremoto fue de 8.0 en la escala de Richter."
"La **magnitud** de las olas era tal que había prohibición total de bañarse en esa playa."

C. [magno, magnífico, magnificador, magnificar, magníficat, magnificencia]

8. **ámbito**:

A. *Conjunto de los límites que encierran un espacio.
*Espacio comprendido dentro de ciertos límites, o lugar que se determina de algún modo.
*Conjunto de cosas y personas entre las que alguien vive o se desenvuelve.

B. "El niño se sentía incómodo en nuestra casa pues era la primera vez que se alejaba totalmente de su **ámbito**."

"Cuando al animal lo sacaban de su **ámbito** su ánimo cambiaba y se ponía muy violento."

C. [ambiente; ambición, ambicioso, ambicionar]

9. **elocuencia**:

A. *Facultad de hablar bien: con fluidez, propiedad y claridad, y, sobre todo, de manera convincente. Por extensión, poder expresivo de otras cosas.

B. "Gracias a su **elocuencia** era capaz de convencer a la gente de las cosas más increíbles."
"El político demostró una gran **elocuencia** ganando el debate por televisión."

C. [elocuente, elocución; locuaz, locuacidad, locución, locutorio, alocución; circunlocución, circunloquio; coloquio; interlocutor]

10. **audiencia**:

A. *Acto de recibir un soberano, jefe de estado o persona importante a alguien, y escuchar lo que le dice.
*Sesión ante un tribunal en que los litigantes exponen sus argumentos.

B. "El ministro desea conseguir una **audiencia** con el Presidente para exponerle la magnitud del problema que se ha presentado."
"Debemos reunirnos para planear el discurso que presentaremos en la **audiencia** ante el juez."

C. [auditor, auditoría, auditorio; oír, oído, oyente; audible, audición, auditivo, inaudito]

11. **pormenor**:

A. *Detalle o conjunto de detalles.
*Circunstancia de poca importancia en un asunto.

B. "Le pedí que me contara hasta los **pormenores** del viaje para poder imaginármelo todo."
"El periodista trató de obtener los **pormenores** de la vida del entrevistado."

C. [pormenorizar; menos; aminorar, minoría; minúsculo; mínimo, minimizar; menoscabar; menospreciar, menosprecio]

12. **armonía**:

A. *Proporción y correspondencia de las partes de un todo.

*Arte de formar y enlazar los acordes musicales.
*Relación amistosa entre personas.

B. “Ambas tribus han compartido la tierra y han vivido en **armonía** por más de tres siglos.”
“La **armonía** de su música nos llenaba de paz.”

C. [armónico, armonioso, armonio, armonizar, armonización, inarmónico]

13. **protagonista**:

A. *Personaje principal de una obra literaria o de cualquier ficción.
*(fig.) Por extensión, el que desempeña el principal papel en un hecho cualquiera.

B. “Fue una película no tradicional, porque al final el **protagonista** muere.”
“Los **protagonistas** del partido fueron entrevistados al final por los periodistas.”

C. [protagónico, protagonismo, protagonizar; agonía, agónico; agonizar; antagonista, antagonismo, antagónico]

14. **resorte**:

A. *Objeto elástico, generalmente de metal, que se aplica de modo que puede aprovecharse el movimiento que hace al recobrar su forma primitiva después de separado de ella.
*(fig.) Medio, particularmente influencia, de que se dispone, para conseguir algo.

B. “El juego consiste en subirse sobre una plataforma montada sobre un gran **resorte** y saltar lo más alto posible.”
“El **resorte** de este sofá está tan viejo que rechina cada vez que alguien se sienta en él.”

C. [surtir, surtidor; resurtir]

15. **martirio**:

A. *Muerte o padecimientos sufridos por mantener los ideales religiosos o de otra clase. Por extensión, cualquier padecimiento largo y muy intenso.

B. “Para los cristianos el **martirio** de Cristo salvó a la humanidad.”
“La larga enfermedad que sufrió la abuela fue un **martirio** para ella y para toda la familia.”

C. [mártir, martirizar, martirizador, martirologio]

16. **privilegio**:

A. *Gracia o liberación de una obligación que se concede a uno.
*(fig.) Don natural.

B. "La aristocracia en este país goza de injustos **privilegios**."
"Ha sido un **privilegio** conocerlo, señor Presidente."

C. [privilegiar, privilegiado; privar]

17. **cúpula**:

A. *Cubierta de un edificio en forma de semiesfera o sector de esfera.
*(fig.) Grupo u órgano superior de decisión o mando en cualquier institución.

B. "La **cúpula** de la catedral tiene características góticas."
"La **cúpula** del partido se reunirá para fijar su posición frente a la huelga."

C. [cupulino]

18. **mendigo**:

A. *Persona que vive habitualmente pidiendo limosna.

B. "El **mendigo** de la plaza me pidió un poco de dinero para poder comer."
"Todos los domingos los **mendigos** se agolpaban frente a la capilla para pedir limosna."

C. [mendicante, mendicidad, mendigante, mendigar, mendiguez]

19. **fase**:

A. *Cada uno de los estados que se van sucediendo en una cosa que evoluciona o se desarrolla.
*(astronomía) Cada uno de los aspectos sucesivos con que se muestran en su revolución los planetas, especialmente, cada uno de los cuatro con que se ve la Luna desde la Tierra.

B. "La primera **fase** del tratamiento consiste en tomar este jarabe."
"El cuarto menguante es una de las **fases** lunares."

C. [bifásico, polifásico, trifásico]

20. **aptitud**:

A. *Cualidad de hábil o capaz de servir para determinada cosa.

B. "Ayer tomé el examen de **aptitud** matemática y saqué una buena nota."
"Gracias a sus múltiples **aptitudes** como administradora le otorgaron un ascenso."

C. [apto; adaptar, adaptable, adaptación; inepto, inepcia, ineptitud]

EJERCITACIÓN

Palabras presentadas en esta unidad:

1. anécdota, 2. pesquisa, 3. perfil, 4. sucesión, 5. símbolo, 6. ritmo, 7. magnitud, 8. ámbito, 9. elocuencia, 10. audiencia, 11. pormenor, 12. armonía, 13. protagonista, 14. resorte, 15. martirio, 16. privilegio, 17. cúpula, 18. mendigo, 19. fase, 20. aptitud.

I. Copie en orden alfabético y lea en voz alta cada una de las palabras de la lista anterior:

1.____________, 2.____________, 3.____________, 4.____________,

5.____________, 6.____________, 7.____________, 8.____________,

9.____________, 10.____________, 11.____________, 12.____________,

13.____________, 14.____________, 15.____________, 16.____________,

17.____________, 18.____________, 19.____________, 20.____________.

II. En cada caso escriba el sustantivo de la lista anterior cuyo sentido coincida o se relacione estrechamente con el de las palabras dadas:

1. línea, silueta, rasgo; aspecto, apariencia: ____________
2. tamaño, dimensión, extensión, volumen; grandeza, importancia: ____________
3. detalle, circunstancia, pequeñez, menudencia, particularidad: ____________
4. averiguación, indagación, investigación, búsqueda: ____________
5. bóveda, torrecilla, domo: ____________
6. suficiencia, competencia, capacidad, habilidad, idoneidad: ____________
7. personaje, héroe, estrella, actor: ____________
8. tormento, tortura, sufrimiento, sacrificio; aflicción, molestia: ____________
9. continuación, decurso; herencia; descendencia, prole: ____________

10. conformidad, unión, acuerdo, concordia, paz, amistad: ________________

11. prerrogativa, gracia, preferencia, favoritismo, ventaja, derecho: ________________

12. contorno, perímetro; espacio, campo, superficie: ________________

13. pordiosero, menesteroso, mísero, necesitado, pobre, indigente: ________________

14. tribunal, sala; admisión, recepción, recibimiento: ________________

15. estado, período, faceta, forma, apariencia, etapa, ciclo, lapso: ________________

16. muelle, espiral, cuerda; influencia, medio, trampolín: ________________

17. simetría, compás, cadencia, proporción, medida: ________________

18. oratoria, facundia, palabra, persuasión: ________________

19. imagen, emblema, signo, representación, figura, alegoría: ________________

20. historieta, cuento, relato, suceso, acontecimiento: ________________

III. Llene cada espacio en blanco con la forma adecuada del sustantivo de la lista anterior que mejor convenga:

1. Desde hace muchos años el ________________ de la paz ha sido una paloma.

2. Solo algunos tuvieron el ________________ de conocer personalmente al afamado artista.

3. El ______________________ social en el que creció ese niño era demasiado violento.

4. Los ________________ del partido de fútbol fueron difundidos por el canal deportivo.

5. Carlitos tiene una gran _______________ musical: debería estudiar piano desde niño.

6. El prófugo se disfrazaba de _______________ para despistar a sus perseguidores.

7. Durante varias horas nos mantuvo entretenidos escuchando sus __________________ y sus chistes.

8. Ese matrimonio ha vivido más de veinte años en ____________________, disfrutando de una excelente relación.

9. El suicida se arrojó desde la ________________________ del edificio hacia la calle.

10. Ya el asiento no es tan cómodo como antes porque los ________________________ han perdido gran parte de su tensión.

11. La ______________ del veterano político era admirable y todos se interesaban en oírlo.

12. Muchos de los cuadros de ese pintor presentan a mujeres de __________________en los que se destacan muy bien aspectos como la nariz y las orejas.

13. La primera ________________ del proceso electoral es la selección de los candidatos.

14. El ____________________ que sufrió Juana de Arco fue el motivo principal por el que fue canonizada.

15. El rey le concedió una ________________ a los ciudadanos descontentos para terminar con las disputas.

16. La __________________ del choque fue tan grande que murieron más de la mitad de los pasajeros.

17. La ______________ de la película francesa ganó un Oscar como mejor actriz extranjera.

18. La ________________ de desgracias sufridas por esa familia la hacen digna de lástima.

19. La única forma de saber quién se robó los libros es hacer una _______________ entre los estudiantes.

20. Los soldados marchaban al ________________ de los tambores.

IV. Redacte una oración original, diferente de las que aparecen en esta unidad, con cada una de las palabras estudiadas:

1. anécdota:____________________
2. pesquisa:____________________
3. perfil:____________________
4. sucesión:____________________
5. símbolo:____________________
6. ritmo:____________________
7. magnitud:____________________
8. ámbito:____________________
9. elocuencia:____________________
10. audiencia:____________________
11. pormenor:____________________
12. armonía:____________________
13. protagonista:____________________
14. resorte:____________________
15. martirio:____________________
16. privilegio:____________________
17. cúpula:____________________
18. mendigo:____________________
19. fase:____________________
20. aptitud:____________________

UNIDAD # 16

PRESENTACIÓN

1. **bárbaro**:

A. *Designa a los pueblos germánicos que invadieron el imperio romano.
*Se dice del que utiliza la fuerza y no la inteligencia.
*Descortés, irrespetuoso o desconsiderado con otras personas.
*(fam.) Neologismo usado con el significado de tremendo, muy bueno o grande.

B. "Las invasiones **bárbaras** fueron una de las causas de la caída de los romanos."
"¡Qué **bárbaro** es ese boxeador: derribó a su oponente con el primer puñetazo!"

C. [barbárico, barbaridad, barbarie, barbarismo, barbarizar]

2. **místico**:

A. *Se aplica a la persona que se dedica a la vida espiritual, a la contemplación de Dios.
*Que se refiere a los misterios cristianos y a las realidades invisibles.

B. "La literatura **mística** me sirve de inspiración."
"San Juan de la Cruz es uno de los escritores **místicos** más importantes en español."

C. [mística, misticismo, mistificar, mistificación; misterio, misterioso]

3. **laborioso**:

A. *(Aplicado a personas) Se dice del que, por inclinación natural, realiza con interés y asiduidad el trabajo que le es propio.
*(Aplicado a cosas) Se dice de lo que cuesta mucho trabajo por ser o resultar difícil.

B. "Los empleados **laboriosos** ayudan a que una compañía tenga éxito."
"Limpiar la casa es para mí una actividad muy **laboriosa**."

C. [labor, laborar, laborable, laboreo, laboriosidad; labrar, labrador, labranza, labriego; laboratorio; colaborar, colaboración, colaborador; elaborar, elaboración]

4. **urbano**:

A. *Relativo a la ciudad.
*De buena educación, cortés.

B. “El transporte **urbano** en muchos países de América constituye una pesadilla.”
“El crimen en los centros **urbanos** ha aumentado en los últimos años.”

C. [urbanidad, urbanismo, urbanístico, urbanización, urbanizar; urbe; suburbio, suburbano]

5. **fabuloso**:

A. *De pura invención, falso.
*(fig.) Muy grande en cantidad o número, fuera de lo corriente.

B. “En un país **fabuloso** ocurrió la historia que les voy a contar.”
“Mi padre tiene una memoria **fabulosa**.”

C. [fábula, fabulación, fabulador, fabular, fabulario, fabulesco, fabulista; hablar, habladuría, hablante; confabular, confabulación]

6. **soberbio**:

A. *(Aplicado a personas) Que tiene orgullo o se deja llevar de él.
*(Aplicado a cosas) Magnífico, muy grande.

B. “Es difícil convivir con un hombre tan **soberbio** como él.”
“Compró una **soberbia** mansión cerca de la playa.”

C. [soberbia, soberbioso, ensoberbecer]

7. **caprichoso**:

A. *Propenso a tener caprichos, a actuar sin motivación aparente; inconstante en sus gustos o deseos. Injustificado o arbitrario.

B. “Mi novia es tan **caprichosa** que nunca sé qué comprarle como regalo.”
“Esa fue una decisión **caprichosa**: no tiene ningún tipo de fundamento.”

C. [capricho, caprichudo; encapricharse]

8. **tierno**:

A. *Blando, que se deforma fácilmente por la presión y es fácil de cortar o partir.
*Reciente, joven, de poco tiempo y, por ello, delicado.
*Cariñoso, dulce, que prodiga a otros cariño con atenciones y cuidado.

B. “Me gusta el cordero asado solamente cuando está bien **tierno**.”
“Con un **tierno** beso, Pedro despidió a su hijo antes de salir para Europa.”

C. [terneza, ternura; enternecer, enternecimiento; ternera, ternero]

9. **fervoroso**:

A. *Que tiene celo ardiente o devoción intensa, especialmente en cosas de piedad.
*(fig.) Que hace las cosas con entusiasmo y eficacia.

B. "Miguel es un partidario **fervoroso** de las ideas liberales."
"Era una trabajadora **fervorosa** que no descansaba hasta que todo estuviera limpio y ordenado."

C. [férvido, ferviente, fervor, enfervorizar; hervir, hervidero, hervor; efervescencia, efervescente; fermento, fermentación]

10. **viril**:

A. *Propio de hombre o demostrativo de virtudes propias de hombre.

B. "Los prisioneros, con **viril** valentía, soportaron el castigo."
"Es un hombre talentoso pero algunos lo rechazan porque no es muy **viril**."

C. [virilidad, virilismo, virilizarse; verijas; virtud, virtuoso, virtual, virtualidad, desvirtuado, desvirtuar]

11. **discreto**:

A. *Dotado de tacto para hacer o decir lo que es conveniente y no causar molestia o disgusto a otros.
*No exagerado o extraordinario en ningún sentido.
*Se aplica a las cantidades o conjuntos discontinuos o formados por individuos o unidades contables.

B. "Angela es una chica muy **discreta** a la que puedes confiar cualquier secreto."
"Le daremos un plazo **discreto** para pagar la cuenta."

C. [discreción, discrecional, discrecionalidad; cerner; discernir, discernimiento; discriminación, discriminar]

12. **robusto**:

A. *Fuerte por ser grueso.
*(Aplicado a personas) Regularmente gordo, fuerte y con buena salud.

B. "En la competencia de lucha libre ganó el joven más **robusto** del equipo."
"Los viejos laureles eran árboles muy **robustos**."

C. [robustecer, robustez, robustecimiento; roble, robledo; corroborar, corroboración]

13. **inusitado**:

A. *Se dice de lo que no es habitual ni frecuente.

B. "Ayer recibimos la visita **inusitada** de unos amigos que residen en Argentina."
"El hecho fue un acontecimiento **inusitado** para su época."

C. [inusual, usar, uso, usual, usuario; usura, usurero; desusado, desuso; abuso, abusar, abusivo; utensilio; útil, utilidad, utilitario, utilizar, inútil, inutilizar]

14. **penetrante**:

A. *Que penetra mucho, profundo.
*(fig.) Agudo, profundo.

B. "Le tuvieron que poner varios puntos en la herida **penetrante** que tenía."
"Al responder las preguntas, el conferencista demostró una inteligencia verdaderamente **penetrante**."

C. [penetrar, penetrable, penetración, penetrativo; compenetrarse, compenetración]

15. **hábil**:

A. *Con aptitud para hacer bien las cosas o para una cosa determinada.
*Adecuado o útil para la cosa que se expresa.

B. "Pelé fue uno de los más **hábiles** jugadores de fútbol a través de la historia."
"Solo nos quedan tres días **hábiles** para hacer el trabajo, porque saldremos de viaje el sábado."

C. [habilidad, habilidoso, habilitar; haber; habitable, habitación, habitante, habitar, hábito, habitual, habituar]

16. **lírico**:

A. *Relativo a la poesía en que el poeta expresa sus emociones y sentimientos.
*(fig.) Que manifiesta o está lleno de emoción, entusiasmo o exaltación.

B. "¿Prefieres leer poesía **lírica** o novelas de contenido social?."
"El discurso **lírico** del personaje nos emocionó hasta las lágrimas."

C. [liricidad, lirismo; lira]

17. **galante**:

A. *Amable y fino, especialmente con las mujeres.
*(Aplicado a "anécdota", "historia", etc.) De asunto amoroso con algo de picardía.

B. "La esposa de Javier se queja de que él es muy **galante** con sus amigas."
"Raúl siempre nos divierte con sus anécdotas **galantes**."

C. [galantear, galanteo, galantería; gala, galán, galano; engalanar]

18. **afortunado**:

A. *Persona que tiene buena suerte o que tiene lo que desea.
*Que va acompañado de felicidad o sucede con suerte o felicidad.

B. "Adriana es una mujer **afortunada** tanto en lo económico como en lo familiar."
"El hecho de que su primer hijo haya sido varón fue un acontecimiento **afortunado** para ellos."

C. [fortuna, infortunio, infortunado; fortuito]

19. **septentrional**:

A. *Que queda al norte.

B. "Los bárbaros que invadieron el imperio romano procedían de los países **septentrionales**."
"En las zonas **septentrionales** del Canadá hay paisajes hermosísimos."

C. [septentrión; siete, septiembre, séptimo, semana]

20. **abrumado**:

A. *Se dice del que lleva una carga penosa o que se siente insignificante o impotente.

B. "¿Por qué tienes cara de hombre **abrumado**?"
"**Abrumado** por el remordimiento, Andrés confesó la verdad acerca del crimen."

C. [abrumar, abrumador; bruma]

EJERCITACIÓN

Palabras presentadas en esta unidad:

1. bárbaro, 2. místico, 3. laborioso, 4. urbano, 5. fabuloso, 6. soberbio, 7. caprichoso, 8. tierno, 9. fervoroso, 10. viril, 11. discreto, 12. robusto, 13. inusitado, 14. penetrante, 15. hábil, 16. lírico, 17. galante, 18. afortunado, 19. septentrional, 20. abrumado.

I. Copie en orden alfabético y lea en voz alta cada una de las palabras de la lista anterior:

1.____________, 2.____________, 3.____________, 4.____________,

5.____________, 6.____________, 7.____________, 8.____________,

9.____________, 10.____________, 11.____________, 12.____________,

13.____________, 14.____________, 15.____________, 16.____________,

17.____________, 18.____________, 19.____________, 20.____________.

II. En cada caso escriba el adjetivo de la lista anterior cuyo sentido coincida o se relacione estrechamente con el de las palabras dadas:

1. orgulloso, presumido, inmodesto; magnífico, estupendo: ____________
2. contemplativo, piadoso, espiritual, religioso; misterioso: ____________
3. inteligente, ingenioso, competente, capaz; apto, útil, idóneo: ____________
4. suave, delicado, blando, flexible; afectuoso, cariñoso: ____________
5. apasionado, ferviente, efusivo, entusiasta, fogoso, ardiente: ____________
6. inusual, insólito, desacostumbrado, inhabitual, raro, extraño: ____________
7. poético, sensible, emotivo; utópico, irrealizable: ____________
8. nórdico, norteño, ártico, boreal, glacial: ____________
9. venturoso, feliz, dichoso, fausto, suertero: ____________

10. agotado, cansado, atareado; agobiado, triste: _______________

11. prudente, sensato, juicioso, moderado, reservado, recatado: _______________

12. atento, amable, cortés, cortesano; amoroso, erótico: _______________

13. enérgico, vigoroso, resistente, sólido, fornido, pujante: _______________

14. ciudadano, civil, cívico; cortesano, comedido: _______________

15. imaginario, ficticio, inventado, falso; increíble, inverosímil: _______________

16. trabajador, diligente, aplicado, estudioso; trabajoso, difícil: _______________

17. varonil, masculino; firme, valiente: _______________

18. antojadizo, arbitrario, injustificado, veleidoso, voluble: _______________

19. cruel, inhumano, feroz; salvaje, inculto, grosero; imprudente: _______________

20. agudo; hondo, profundo; afilado, aguzado; perspicaz, inteligente: _______________

III. Llene cada espacio en blanco con la forma adecuada del adjetivo de la lista anterior que mejor convenga:

1. La poesía ___________________ de Santa Teresa de Jesús es impresionante.

2. Los jugadores de fútbol americano tienen una contextura física muy ________________.

3. Se puede decir que ha sido muy _______________________ en la vida porque ha tenido éxito en todas sus empresas.

4. Para un estudiante como él, la calificación de "aprobado" fue _____________________, ya que nos tiene acostumbrados a "sobresaliente".

5. La planificación ________________________ es uno de los problemas principales de los países subdesarrollados.

6. Durante mis estudios secundarios, memoricé algunos poemas _______________________ de Gustavo A. Bécquer.

7. Ella es muy __________________ para las matemáticas pero su ortografía es terrible.

8. Ella es muy ____________________ y cuando su madre le niega el permiso para ir sola a algún sitio, se encierra en su habitación y no quiere comer.

9. Las regiones ____________________ tienen climas más fríos que las meridionales.

10. Desde pequeño, Antonio ha sido _____________________ y simpático con sus amigas.

11. Tu actitud es muy __________________: no tienes ninguna razón para actuar así.

12. No ha podido estudiar bien porque se siente ____________________ por sus problemas familiares.

13. Nunca le gustaron los perfumes muy _________________, sino los suaves y discretos.

14. Mi abuela era una mujer tan ____________________ que se pasaba horas orando en su habitación.

15. Los romanos llamaban ____________________ a los extranjeros.

16. Manuela es muy ______________: ni su mejor amiga se ha enterado de los problemas que tiene con su esposo.

17. Para mí, el de hoy ha sido uno de los días más ______________ del año, en el que no he tenido tiempo ni de comer.

18. Algunos conquistadores esperaban encontrar tesoros _________________ en las nuevas tierras americanas.

19. La tormenta destruyó las _______________ plantaciones de maíz recién florecido.

20. Sus compañeros lo tildaban de afeminado porque tenía ademanes poco _____________.

IV. Redacte una oración original, diferente de las que aparecen en esta unidad, con cada una de las palabras estudiadas:

1. bárbaro:______________________________

2. místico:______________________________

3. laborioso:______________________________

4. urbano:______________________________

5. fabuloso:______________________________

6. soberbio:______________________________

7. caprichoso:______________________________

8. tierno:______________________________

9. fervoroso:______________________________

10. viril:______________________________

11. discreto:______________________________

12. robusto:______________________________

13. inusitado:______________________________

14. penetrante:______________________________

15. hábil:______________________________

16. lírico:______________________________

17. galante:______________________________

18. afortunado:______________________________

19. septentrional:______________________________

20. abrumado:______________________________

REVISIÓN DE UNIDADES 15 y 16

Junto a cada una de las 30 descripciones o definiciones dadas, escriba el número (entre 1 y 40) correspondiente a la palabra adecuada. Luego, encuentre en la sopa de letras, y encierre entre líneas, las 30 palabras seleccionadas. Esas palabras pueden aparecer horizontal, vertical o diagonalmente, en un sentido o en el inverso.

___ sinónimo de “sacrificio”, “suplicio”
___ sinónimo de “dimensión”, “tamaño”
___ facilidad oratoria, facultad persuasiva
___ “averiguación”, “búsqueda”
___ personaje principal en una obra
___ sinónimo de “antojadizo”, “variable”
___ sinónimo de “imaginario”, “fantástico”
___ “compás”, “proporción”, “equilibrio”
___ etapa sucedida por otras en un proceso evolutivo
___ contrario de “indiferente”, “apático”, “frío”
___ representación convencional de otra cosa
___ contrario de “rígido”, “duro”, “maduro”
___ dotado de talento para llevar a cabo determinada actividad
___ contrario de “ineptitud”, “insuficiencia”
___ sinónimo de “herencia”, “descendencia”
___ que se dedica a la vida espiritual
___ relativo a la ciudad
___ sinónimo de “ventaja”, “favoritismo”
___ “inusual”, “insólito”
___ “pordiosero”, “mendicante”
___ sinónimo de “silueta”, “contorno”
___ que trabaja mucho
___ contrario de “descortés”, “desatento”
___ “vigoroso”, “enérgico”, “forzudo”
___ sinónimo de “historia”, “cuento”, “ relación”
___ sinónimo de “detalle”, “menudencia”
___ sinónimo de “reservado”, “recatado”
___ poético, emotivo
___ contrario de “femenino”, “delicado”
___ contrario de “disonancia”, “discordia”

1. magnitud, 2. robusto, 3. soberbio, 4. anécdota, 5. inusitado, 6. lírico, 7. laborioso, 8. protagonista, 9. pesquisa, 10. ritmo, 11. discreto, 12. mendigo, 13. abrumado, 14. místico, 15. caprichoso, 16. perfil, 17. fabuloso, 18. ámbito, 19. urbano, 20. armonía, 21. elocuencia, 22. penetrante, 23. símbolo, 24. martirio, 25. pormenor, 26. fervoroso, 27. audiencia, 28. resorte, 29. viril, 30. privilegio, 31. aptitud, 32. hábil, 33. fase, 34. sucesión, 35. afortunado, 36. septentrional, 37. cúpula, 38. tierno, 39. bárbaro, 40. galante.

SOPA DE LETRAS 8

G	T	J	B	H	U	F	A	B	U	L	O	S	O	U	M	B	S	R	B
A	M	X	O	D	A	T	I	S	U	N	I	N	T	I	E	R	N	O	F
L	A	O	C	I	T	S	I	M	B	O	L	O	O	G	I	D	N	E	M
A	G	Y	V	C	A	P	R	I	C	H	O	S	O	S	V	S	R	O	A
N	N	O	C	I	O	S	O	I	R	O	B	A	L	U	O	O	H	I	M
T	I	C	D	Q	P	F	E	R	V	O	R	O	S	O	N	A	B	R	U
E	T	I	A	S	I	U	Q	S	E	P	C	O	T	E	B	W	C	I	F
O	U	R	O	B	U	S	T	O	J	S	F	E	M	I	D	M	D	T	S
P	D	I	W	M	W	R	L	W	U	B	R	R	L	T	F	C	U	R	L
V	M	L	J	A	I	C	N	E	U	C	O	L	E	A	I	J	T	A	I
Q	C	N	O	I	S	E	C	U	S	P	R	F	S	U	W	R	I	M	R
T	L	I	F	R	E	P	R	I	V	I	L	E	G	I	O	U	T	R	I
O	B	E	A	N	E	C	D	O	T	A	I	U	E	R	O	X	P	P	V
P	R	O	T	A	G	O	N	I	S	T	A	I	N	O	M	R	A	D	H

CRUCIGRAMA 8

Este **crucigrama** contiene, en diferentes formas flexionales, las 40 palabras de las unidades 15 y 16. Complete cada una de las oraciones dadas con la forma de la palabra que mejor convenga al contexto y de esa manera encontrará la solución del crucigrama.

1. magnitud, 2. robusto, 3. soberbio, 4. anécdota, 5. inusitado, 6. lírico, 7. laborioso, 8. protagonista, 9. pesquisa, 10. ritmo, 11. discreto, 12. mendigo, 13. abrumado, 14. místico, 15. caprichoso, 16. perfil, 17. fabuloso, 18. ámbito, 19. urbano, 20. armonía, 21. elocuencia, 22. penetrante, 23. símbolo, 24. martirio, 25. pormenor, 26. fervoroso, 27. audiencia, 28. resorte, 29. viril, 30. privilegio, 31. aptitud, 32. hábil, 33. fase, 34. sucesión, 35. afortunado, 36. septentrional, 37. cúpula, 38. tierno, 39. bárbaro, 40. galante.

VERTICALES:

1. La bandera es el ..... de un país o nación.

2. Su comportamiento ..... hace que las mujeres se enamoren fácilmente de él.

4. A Julia le gustan más los hombres ..... y altos que los delgados y bajos.

5. Para ser ....., un hombre no tiene que dejar de ser educado, amable y fino.

6. El ..... que el día pasado nos causó tanta lástima en el parque era, en realidad, un espía.

7. En su charla, el profesor formuló un comentario muy ..... sobre las verdaderas causas de la revolución.

8. En la poesía épica, el autor expresa lo objetivo, pero en la ..... manifiesta lo subjetivo.

10. Canadá y los Estados Unidos ocupan la zona ..... del Nuevo Mundo.

11. El señor Gómez es un carpintero ....., capaz de realizar los trabajos más difíciles.

12. Las pinturas que adornan la ..... de la capilla Sixtina fueron hechas por Miguel Angel.

13. La decisión fue tomada de forma ....., sin tener en cuenta la conveniencia del grupo.

20. La ..... policial dio los resultados esperados y ya se sabe quién cometió la fechoría.

21. Llevar durante dos meses un yeso en la pierna, fue para mí un verdadero .....

22. La velocidad máxima permitida a los vehículos de motor en la zona ..... es mucho menor que la que se autoriza en carretera.

25. Cumplir los 80 años de edad disfrutando de buena salud es un ..... que todos deseamos tener.

26. Los moradores de este hermoso pueblito de la sierra tienen la dicha de convivir en paz y .....

27. Al salir de la ..... que le concedió el Presidente, el Embajador se notaba nervioso y preocupado.

28. Es una chica muy ..... que siempre está estudiando o trabajando en algo.

31. Patricia está tan ..... por los exámenes finales que lleva tres días casi sin dormir.

HORIZONTALES:

3. Esos jóvenes son seguidores ..... del equipo de baloncesto de la ciudad.

7. ¿Sabes por qué para ciertos documentos se exige una fotografía de .....?

9. Los números 9, 8, 7, 6, 5, 4, 3, 2, 1 están organizados en ..... regresiva.

10. Por ser tan ..... la mayoría de la gente lo rechaza y evita su compañía.

14. Las hermanas Carmelitas dedican la mayor parte del día a la vida ..... en medio del silencio y la reflexión.

15. Los ..... de la obra maestra de Cervantes son Don Quijote y Sancho Panza.

16. Unas personas tienen mayor ..... que otras para la música o la literatura.

17. Da gusto oír los discursos de ese orador político de tanta .....

18. Puedes contarme lo que quieras con confianza, que te prometo que seré muy ..... y no se lo diré a nadie.

19. Esos niños son todavía muy ..... para dejarlos solos en la casa.

23. La película tuvo un éxito ..... si se piensa en lo mediocre que es.

24. Es natural que le molestara tu curiosidad por saber hasta los ..... de su vida privada.

29. El viejo millonario ha acumulado una fortuna ..... que alcanzaría para pagar la deuda externa de cualquier país subdesarrollado.

30. Todos la consideran ..... porque se casó con un hombre rico, honesto, educado y guapo.

32. Se necesita un ..... con más fuerza para esa puerta de vaivén.

33. En todo el ..... de la universidad no encontramos a una sola persona que hablara quechua.

34. La ..... del problema resultó mucho mayor de lo que pensábamos al principio.

35. Hoy estudiaremos las diferentes ..... de la fotosíntesis.

36. Una persona no civilizada, inculta, grosera y cruel, como el personaje de la novela de Rómulo Gallegos, se puede llamar .....

37. Nos contó la ..... de lo que le pasó camino al trabajo y nos hizo reír muchísimo.

38. El ..... monótono de la música hizo que nos quedáramos dormidos.

DIGRESIÓN ORTOGRÁFICA

Las reglas generales de acentuación ortográfica en español son muy simples. La tilde o acento ortográfico se marca en la sílaba tónica de:

1. las palabras **agudas** (última sílaba acentuada) de dos o más sílabas terminadas en letra vocal, en **n** o en **s**:

   Ejemplos: capit**á**n, pap**á**, caf**é**, jam**á**s [en cambio, no se acentúan, de acuerdo con lo que prescribe la regla anterior: fue, ti, papel, amar]

2. las palabras **graves** o **llanas** (penúltima sílaba acentuada) terminadas en consonante distinta de **n** o de **s**:

   Ejemplos: **á**rbol, l**á**piz, car**á**cter [pero no se acentúan: casa, piso, lunes, cantaron]

3. todas las palabras **esdrújulas** (antepenúltima sílaba acentuada):

   Ejemplos: r**á**pido, mi**é**rcoles, s**í**laba, s**á**bado.

Hay que tener en cuenta, sin embargo, que las reglas anteriores no se aplican a todos los casos o palabras. Existen reglas especiales para diferentes fenómenos. Uno de esos fenómenos es el de las vocales concurrentes o consecutivas.

Cuando en una palabra aparece una **vocal tónica cerrada** (**i**, **u**), seguida o precedida por una **vocal no cerrada o abierta** (**a**, **e**, **o**), **hay que marcar la tilde sobre la vocal cerrada**, se cumplan o no se cumplan los requisitos enunciados para las reglas generales.

Ejemplos: t**í**o, o**í**do, ba**ú**l, ca**í**da, re**ú**ne, d**í**a, acent**ú**a.

Si las dos vocales que concurren no cumplen las condiciones anteriores, es decir, que una sea **cerrada tónica** y la otra **abierta**, la tilde se colocará según lo establecido por las reglas generales de las palabras agudas, graves y esdrújulas.

Ejemplos:

a. **dos vocales abiertas**: poeta, caoba, po**é**tico, a**é**reo.

b. **dos vocales cerradas**: concluido, conclu**í**, lingü**í**stico.

c. **vocal cerrada átona** acompañada por una **abierta**: piano, di**á**logo, oir**é**.

UNIDAD # 17

PRESENTACIÓN

1. **acceder**:

   A. *Consentir en lo que otro solicita o quiere.
   *Ceder uno en su parecer, conviniendo con una idea de otro.
   *Tener acceso, paso o entrada a un lugar.

   B. "Los obreros **accedieron** a cancelar el llamado a huelga."
   "Sin un permiso especial no podremos **acceder** a los archivos donde se encuentran esos documentos."

   C. [accedente, acceso, accesible, accesión, accesorio; ceder, anteceder, conceder, preceder, proceder, suceder]

   D. Conjugación regular, como **temer**.

2. **declinar**:

   A. *Disminuir una cosa o una cualidad en fuerza, valor o intensidad.
   *Rechazar o no aceptar un honor, un nombramiento, una responsabilidad.
   *En las lenguas con flexión casual, como el latín, enunciar las formas que presenta una palabra para desempeñar las funciones correspondientes a cada caso.

   B. "La lucidez de ese escritor **ha declinado** mucho en los últimos tiempos."
   "Pocas personas **declinarían** el otorgamiento de un doctorado "Honoris Causa" de una universidad prestigiosa."

   C. [declinación, declinable, declinante, declinatoria; inclinar, reclinar]

   D. Conjugación regular, como **amar**.

3. **exhibir**:

   A. *Manifestar, mostrar en público.

   B. "Dicen que lo que no se **exhibe** no se vende."
   "El pintor **exhibirá** una muestra de sus últimos cuadros en la Galería de Arte."

   C. [exhibición, exhibicionista, exhibicionismo; cohibir, inhibir, prohibir]

   D. Conjugación regular, como **partir**.

4. **atribuir**:

A. *Aplicar, a veces sin conocimiento seguro, hechos o cualidades a alguna persona o cosa.
*Señalar o asignar una cosa a alguno como de su competencia.
*(fig.) Achacar, imputar.

B. "Los críticos le **atribuyen** numerosos valores literarios a esa novela."
"El jefe de la Policía **atribuyó** el robo al apresado."

C. [atribución, atribuyente, atributo, atributivo; contribuir, distribuir, retribuir, tributo, tributar]

D. Conjugación irregular, como **huir**. Delante de las terminaciones **-a, -e, -o**, la **-i** (vocal temática) átona se consonantiza, pasa a ser **y**: atribu**y**o, atribu**y**es, atribu**y**ó, pero atribu**i**mos, atribu**í**a.

5. **alterar**:

A. *Cambiar la esencia o la forma de una cosa.
*Perturbar, trastornar, inquietar.

B. "Las sustancias narcóticas **alteran** el funcionamiento del organismo provocando así consecuencias funestas en el sistema nervioso."
"La música estridente **altera** el ánimo del que la escucha."

C. [alterabilidad, alterable, alteración, alteradizo, alterador; otro, alternar, alterno, alternativa, subalterno]

D. Conjugación regular, como **amar**.

6. **concertar**:

A. *Colocar o relacionar cosas de modo que cooperen todas convenientemente a un resultado o al buen efecto del conjunto.
*Decidir varias personas juntas algo que satisface a todas.
*Concordar en los accidentes gramaticales dos o más palabras.

B. "La decoradora logró **concertar** los diferentes elementos del salón de tal forma que el ambiente lucía elegante y acogedor."
"El error de esta oración consiste en que el verbo no **concierta** con el sujeto."

C. [concertación, concertador, concierto, desconcertar, desconcertante, desconcierto]

D. Conjugación irregular, como **acertar**. La **e** diptonga en **ie** cuando recibe el acento: conc**ie**rto, conc**ie**rtas, conc**e**rtamos, conc**e**rtó, conc**ie**rte.

7. **conformar**:

A. *Dar forma a algo.
*Ajustar, concordar una cosa con otra.
*(-se) Quedar alguien contento o tranquilo con cierta cosa que se le da en compensación.

B. "La herencia y la experiencia **conforman** el carácter de la persona."
"Los niños modernos no **se conforman** con caramelos."

C. [conformación, conformidad, conforme, conformador, conformismo, conformista, forma, formar, formular, deformar, informar, reformar, transformar, uniformar]

D. Conjugación regular, como **amar**.

8. **contradecir**:

A. *Decir uno lo contrario de lo que otro afirma, o negar lo que da por cierto.

B. "No me **contradigas** cuando te doy una orden."
"La lluvia de hoy **contradice** el pronóstico de día soleado anunciado anoche."

C. [contradicción, contradictor, contradictorio; decir, bendecir, desdecir, maldecir, predecir]

D. Se conjuga como **decir**: contradi**go**, contradi**c**es, contradecimos, contradecía, contrad**ije**, contrad**ij**imos, contrad**ir**é, contrad**ir**án, contradi**g**a.

9. **divulgar**:

A. *Publicar, extender, hacer que llegue al conocimiento del público una cosa.

B. "Como era de esperarse, los periódicos **divulgaron** la noticia inmediatamente."
"El uso de la imprenta ha hecho que se **divulguen** los escritos rápidamente y a un bajo costo."

C. [divulgable, divulgador, divulgación; vulgo, vulgar, vulgaridad, vulgarismo, vulgarizar]

D. Conjugación regular, como **amar**.

10. **dispensar**:

A. *Dar, distribuir o suministrar algo.
*Perdonar, no tener en cuenta una falta o delito cometidos por alguien o renunciar a castigarlos.

B. "Por solidaridad muchas naciones **dispensan** ayuda cuando en algún país ocurre una catástrofe."
"**Dispénseme**, no sabía que usted me esperaba."

C. [dispensa, dispensario, dispensable, dispensación, dispensador, indispensable]

D. Conjugación regular, como **amar**.

11. **gemir**:

A. *Expresar el dolor con sonido y voz lastimera.
*(fig.) Aullar algunos animales, o sonar algunas cosas inanimadas, con semejanza al gemido del hombre.

B. "El bebé **gimió** durante un rato pero luego se calmó."
"Las ramas de esos árboles **gimen** cuando son batidas por el viento."

C. [gemido, gemidor, gimotear, gimoteador, gimoteo]

D. Conjugación irregular, como **servir**: gimo, gimes, gemimos, gemía, gimió, gima, gimiera, gimiendo.

12. **alertar**:

A. *Avisar o poner en guardia a alguien de cierto peligro o amenaza.

B. "La Oficina de Meteorología **alertó** a la población sobre el peligro que representa el huracán que se aproxima."
"Tanto los padres como los profesores **han alertado** a los estudiantes del colegio con respecto a las graves consecuencias del consumo de drogas."

C. [alerta, alerto]

D. Conjugación regular, como **amar**.

13. **abordar**:

A. *Atracar una nave a un desembarcadero o muelle.
*(fig.) Acercarse a alguno para proponerle o tratar con él un asunto.

B. “Cada día es mayor el número de barcos turísticos que **abordan** en los puertos nacionales.”
“Aprovechó la primera oportunidad, lo **abordó** y le planteó toda la situación.”

C. [abordaje, abordable, abordador; borde, borda, bordear, desbordar, transbordar, trasbordo]

D. Conjugación regular, como **amar**.

14. **clamar**:

A. *Quejarse, dar voces lastimosas, pidiendo favor o ayuda.
*(fig.) Se dice algunas veces de las cosas inanimadas que manifiestan tener necesidad de algo.

B. “Yo soy la voz que **clama** en el desierto.”
“En aquellos tiempos de sequía la tierra **clamaba** por agua.”

C. [clamor, clamoroso, clamoreada, clamorear, clamoreo; llamar, aclamar, declamar, exclamar, proclamar, reclamar]

D. Conjugación regular, como **amar**.

15. **debatir**:

A. *Hablar sosteniendo opiniones distintas sobre cierto asunto.

B. “Los congresistas **debatieron** acaloradamente el proyecto de ley que prohíbe la reelección presidencial.”
“Los estudiantes **debatirán** en una mesa redonda los temas de la última novela de Gabriel García Márquez.”

C. [debate; batir, abatir, combatir, embate, rebatir]

D. Conjugación regular, como **partir**.

16. **transitar**:

A. *Ir o pasar de un punto a otro por vías o parajes públicos.

B. “Prometo no volver a **transitar** por aquel inhóspito lugar.”
“Por la carretera que conduce a la capital **transitan** día tras día miles de vehículos.”

C. [tránsito, transitable, transitoriedad, transitivo, transitorio, transeúnte, transición]

D. Conjugación regular, como **amar**.

17. **proliferar**:

A. *Reproducirse en formas similares.
*Multiplicarse abundantemente.

B. "En tiempos de calor **proliferan** las moscas."
"Últimamente **han proliferado** alarmantemente los crímenes en el país."

C. [proliferación, proliferante, prolífico, prolífero; prole, proletario]

D. Conjugación regular, como **amar**.

18. **reconciliar**:

A. *Volver a las amistades, o restablecer la concordia los que estaban desunidos.
*Restituir al gremio de la Iglesia a uno que se había separado de sus doctrinas.
*(-se) Confesarse de algunas culpas ligeras u olvidadas en otra confesión reciente.

B. "El consejero logró **reconciliar** a los esposos."
"**Se reconcilió** el mismo día de su cumpleaños aprovechando una breve visita del sacerdote."

C. [reconciliación, reconciliable, reconciliador; concejo, conciliar, conciliación, concilio]

D. Conjugación regular, como **cambiar**.

19. **reproducir**:

A. *Volver a producir, crear.
*(-se) En los seres vivos, propagarse o conservarse las especies.
*Sacar copias de una obra de arte, objeto arqueológico, texto, etc. mediante diversos procedimientos.

B. "El huracán arrasó con el platanal de mi hermano pero él tratará de **reproducirlo** tan pronto como las condiciones lo permitan."
"El abogado me recomendó que **reprodujera** el documento y guardara una copia."

C. [reproducción, reproductivo, reproducibilidad, reproducible, reproductor; aducir, conducir, deducir, inducir, introducir, producir, reducir, seducir, traducir]

D. Conjugación irregular, como **conducir**: reprodu**zc**o, reproduces, reprodu**j**e, reproducía, reprodu**zc**a, reprodu**j**era.

20. **reservar**:

A. *Guardar algo para el futuro.
*Destinar un lugar o una cosa, de un modo exclusivo, para uso o persona determinados.
*Separar o apartar uno algo de lo que se distribuye, reteniéndolo para sí o para entregarlo a otro.

B. "Los campesinos **reservan** parte de sus cosechas para los tiempos de sequía."
"En la época de la dictadura, el tirano **reservaba** cárceles enteras para los opositores de su régimen."

C. [reserva, reservable, reservación, reservado, reservista; conservar, observar, preservar]

D. Conjugación regular, como **amar**.

EJERCITACIÓN

Palabras presentadas en esta unidad:

1. acceder, 2. declinar, 3. exhibir, 4. atribuir, 5. alterar, 6. concertar, 7. conformar, 8. contradecir, 9. divulgar, 10. dispensar, 11. gemir, 12. alertar, 13. abordar, 14. clamar, 15. debatir, 16. transitar, 17. proliferar, 18. reconciliar, 19. reproducir, 20. reservar.

I. Copie en orden alfabético y lea en voz alta cada uno de los 20 verbos de la lista anterior:

1.____________, 2.____________, 3.____________, 4.____________,

5.____________, 6.____________, 7.____________, 8.____________,

9.____________, 10.____________, 11.____________, 12.____________,

13.____________, 14.____________, 15.____________, 16.____________,

17.____________, 18.____________, 19.____________, 20.____________.

II. En cada caso escriba el verbo de la lista anterior cuyo sentido coincida o se relacione estrechamente con el de las palabras dadas:

1. cambiar, variar, transformar; agitar, turbar: ________________
2. excusar, perdonar, disculpar, exonerar; conceder, otorgar: ________________
3. andar, circular, pasar, caminar, viajar, cruzar: ________________
4. manifestar, mostrar, exponer, ostentar, enarbolar: ________________
5. ajustar, adaptar, acomodar, adecuar; resignarse: ________________
6. cuestionar, ventilar, argüir, argumentar, discutir, altercar: ________________
7. aproximar, reunir, amistar: ________________
8. quejarse, lamentarse, llorar, lloriquear: ________________

9. pactar, convenir, acordar, armonizar, negociar: ________________

10. desmentir, refutar, rebatir, objetar, replicar, oponer, contrariar: ________________

11. consentir, permitir, convenir, aceptar, transigir: ________________

12. apartar, ahorrar, retener, guardar; silenciar, ocultar, callar: ________________

13. rechazar, rehusar, renunciar; decaer, menguar: ________________

14. afrontar, acometer, aproximarse, interpelar; atracar: ________________

15. multiplicarse, abundar: ________________

16. difundir, propagar, propalar, pregonar, revelar: ________________

17. engendrar; copiar, imitar, calcar: ________________

18. asignar, aplicar; imputar, achacar: ________________

19. avisar, advertir, poner en guardia: ________________

20. pedir, demandar, exhortar, suplicar, implorar: ________________

III. Llene cada espacio en blanco con la forma adecuada del verbo de la lista anterior que mejor convenga:

1. Los huelguistas ____________________ el orden y fueron apresados.

2. El Ayuntamiento ____________________ a los vendedores ambulantes sobre su deber de someterse al plan de limpieza de la ciudad.

3. Nunca ________________ solo por el camino que conduce a ese paraje localizado junto al río porque es muy peligroso.

4. El juez no ______________ a la petición de libertad bajo fianza realizada por el abogado.

5. Los asistentes esperaban que el artista ______________ sus mejores galas aquella noche.

6. Fui a consolarlo porque todavía _________________ por la salida de su madre.

7. A menudo las noticias se __________________ de forma tergiversada.

8. Desde las cárceles muchos presos políticos ________________ justicia.

9. ____________________ una cita con su médico para las tres de la tarde.

10. En muchos países de América ____________________ las universidades privadas.

11. El gobierno ________________ a varias instituciones del pago de algunos impuestos.

12. Después de horas de espera, los simpatizantes lograron ________________ al cantante para pedirle autógrafos.

13. Tenía doce años de edad cuando aprendió a _______________ la palabra latina "ros**a**", "ros**ae**", "ros**am**".

14. La empresa adoptó medidas austeras para _______________ los egresos a los ingresos.

15. Al funcionario se le _______________ la responsabilidad de velar por la conservación de nuestros recursos naturales.

16. Recientemente, los medios de comunicación ________________ intensamente el tema de la corrupción administrativa.

17. Afortunadamente _________________ después de varios años de separación.

18. La acusada estaba muy nerviosa y se ____________________ varias veces cuando hizo la declaración.

19. Un cliente pidió que le ___________________ dos camisas de las más costosas.

20. El discurso del Rector _________________ en todos los periódicos de circulación nacional.

IV. Redacte una oración original, diferente de las que aparecen en esta unidad, con cada uno de los siguientes verbos:

1. acceder: ______________________________

2. declinar: ______________________________

3. exhibir: ______________________________

4. atribuir: ______________________________

5. alterar: ______________________________

6. concertar: ______________________________

7. conformar: ______________________________

8. contradecir: ______________________________

9. divulgar: ______________________________

10. dispensar: ______________________________

11. gemir: ______________________________

12. alertar: ______________________________

13. abordar: ______________________________

14. clamar: ______________________________

15. debatir: ______________________________

16. transitar: ______________________________

17. proliferar: ______________________________

18. reconciliar: ______________________________

19. reproducir: ______________________________

20. reservar: ______________________________

UNIDAD # 18

PRESENTACIÓN

1. **recuperar**:

   A. *Volver a tomar o adquirir lo que antes se tenía.
   *(-se) Volver en sí, reponerse después de una enfermedad.

   B. "Con un poco de descanso **recuperarás** las fuerzas perdidas."
   "A causa del accidente estuvo en cama durante dos meses pero ya **se recuperó** totalmente."

   C. [recuperación, recuperable, recuperador, recuperativo; recobrar, cobrar]

   D. Conjugación regular, como **amar**.

2. **insertar**:

   A. *Introducir, meter una cosa en otra.
   *Dar cabida a un escrito en un periódico.

   B. "Antes de que llegaran los niños, **insertó** el cuchillo en la vaina y lo escondió."
   "En la nueva edición de su obra **insertará** un capítulo adicional."

   C. [inserción, inserto; injerir]

   D. Conjugación regular, como **amar**. Tiene participio regular **insertado** e irregular **inserto**.

3. **inscribir**:

   A. *Grabar letreros en metal, piedra u otra materia.
   *Apuntar el nombre de una persona entre los de otras para un objeto determinado.

   B. "El artista **inscribió** el poema sobre la lápida."
   "Los padres **inscriben** a sus hijos en el colegio que más les conviene."

   C. [inscripción, inscrito; escribir, adscribir, circunscribir, describir, prescribir, suscribir, transcribir]

   D. Se conjuga como **escribir**. Participio irregular **inscrito**.

4. **interponer**:

   A. *Poner algo entre dos cosas o personas para separarlas o incomunicarlas.

*Seguido de las palabras "mediación", "relaciones" u otras semejantes, emplear alguien su influencia para conseguir algo que interesa a otro.

B. "No llegaron a pelear porque un vecino **se interpuso**."
"El solicitante **interpone** sus buenas relaciones con el Gerente para lograr la aprobación del préstamo."

C. [interposición, interpuesto; poner, anteponer, componer, contraponer, deponer, disponer, exponer, imponer, oponer, posponer, proponer, reponer, sobreponer, suponer, trasponer]

D. Conjugación irregular, como **poner**: interpon**g**o, interpones; interp**use**, interp**us**iste; interpon**dr**é, interpon**dr**án; interpon**g**as.

5. **invocar**:

A. *Pedir ayuda o auxilio a alguien, particularmente a Dios o a los santos.
*Acogerse a una ley, costumbre o razón; exponerla, alegarla.

B. "Muchas personas **invocan** al Espíritu Santo solo cuando están en situaciones difíciles."
"El acusado **invocó** su derecho a ser oído."

C. [invocación, invocador, invocatorio; voz, convocar, evocar, provocar, revocar]

D. Conjugación regular, como **amar**.

6. **imitar**:

A. *Ejecutar una cosa a ejemplo o semejanza de otra.

B. "Los niños suelen **imitar** la conducta de los mayores."
"En ese taller **imitan** muy bien las joyas antiguas."

C. [imitación, imitador, imitable, imitativo, inimitable; imagen]

D. Conjugación regular, como **amar**.

7. **ilustrar**:

A. *Dar luz al entendimiento.
*Aclarar un punto o materia con palabras, imágenes o de otro modo.
*Adornar un impreso con láminas o grabados alusivos al texto.

B. “Salud Pública debe **ilustrar** a las madres de familia sobre la alimentación, higiene y cuidado del niño.”
“El comentario del profesor me **ilustró** bien sobre el contenido de la última novela de García Márquez.”

C. [ilustración, ilustrado, ilustrador, ilustrativo, ilustre; lustrar, lustre]

D. Conjugación regular, como **amar**.

8. **improvisar**:

A. *Hacer una cosa de pronto, sin estudio ni preparación alguna o inventándola mientras se va haciendo.

B. “**Improvisó** una fiesta para celebrar el nacimiento de su primer hijo.”
“El orador principal no asistió a la ceremonia y el director tuvo que **improvisar** unas palabras.”

C. [improvisación, improviso, improvisador, improvisado; ver, visión, prever, previsor]

D. Conjugación regular, como **amar**.

9. **implantar**:

A. *Establecer y poner en ejecución doctrinas nuevas, instituciones, prácticas o costumbres.
*Colocar en el cuerpo algún aparato o sustituto de órgano que ayuda a su funcionamiento.

B. “Para controlar la inflación, el gobierno **implantará** severas medidas económicas.”
“En las instituciones educativas se **implantaron** nuevos métodos de enseñanza para aumentar el rendimiento académico de los estudiantes.”

C. [implantación, implantador, implante; planta, plantar, desplantar, replantar, suplantar, trasplantar]

D. Conjugación regular, como **amar**.

10. **generar**:

A. *Producir, causar algunas cosas.

B. “Su voluntad y su esfuerzo lo ayudarán a **generar** nuevas ideas.”
“Este motor **genera** una fuerza diez veces mayor que la de aquel.”

C. [generación, generador, generatriz, generativo; engendrar, genético, genital, congénito, degenerar, regenerar]

D. Conjugación regular, como **amar**.

11. **promulgar**:

A. *Publicar oficialmente algo de interés general, como una ley, para que sea conocido por todos.
*(fig.) Divulgar una cosa entre la gente.

B. "El jefe del Estado **promulgó** una ley que prohíbe las importaciones de artículos de lujo."
"Los periodistas **promulgaron** la noticia rápidamente."

C. [promulgación, promulgador]

D. Conjugación regular, como **amar**.

12. **promover**:

A. *Iniciar o adelantar una cosa, procurando su logro.
*Ascender a una persona a cierto cargo o categoría.

B. "Varias firmas comerciales **promueven** actividades sociales y deportivas dentro de nuestra comunidad."
"Lo **promovieron** de asistente de ventas a director de su departamento."

C. [promoción, promotor; mover, conmover, remover, movedizo, movimiento, inamovible]

D. Conjugación irregular, como **mover**. La última **o** de la raíz diptonga en **ue** cuando recibe el acento: prom**ue**vo, prom**ue**ves, prom**o**vemos, prom**o**verán.

13. **plasmar**:

A. *Formar o modelar una cosa.
*(fig.) Dar forma concreta o sensible a una cosa inmaterial.

B. "El alfarero **plasmó** los vasos según se lo habíamos solicitado."
"Le pedimos al pintor que **plasmara** en el cuadro una escena del ambiente campesino."

C. [plasmación, plasmador, plasmante; plasma, plástico, plasticidad]

D. Conjugación regular, como **amar**.

14. **ostentar**:

A. *Mostrar o llevar a la vista cierta cosa, aunque sea involuntariamente.
*Poseer cierta cosa que da mérito, honor o un derecho.
*Hacer gala de grandeza y lucimiento.

B. "La joven **ostentaba** un lunar en la mejilla izquierda."
"El solicitante **ostenta** un currículum muy amplio que lo hace merecedor del cargo."

C. [ostentación, ostensible, ostensivo, ostentador, ostentativo, ostentoso; tender, atender, extender, pretender]

D. Conjugación regular, como **amar**.

15. **ratificar**:

A. *Aprobar o confirmar actos, palabras o escritos dándolos por valederos y ciertos.

B. "El cajero **ratificó** las cuentas en la libreta bancaria de su cliente."
"Se espera que la Junta de Directores **ratifique** la decisión del Rector."

C. [ratificación, ratificador, ratificatorio; razón, razonar, raciocinio]

D. Conjugación regular, como **amar**.

16. **desertar**:

A. *Abandonar el soldado su puesto.
*Abandonar alguien una obligación o una comunidad a la que está adherido.

B. "Cuando asumió su cargo el nuevo gobernante, algunos militares **desertaron**."
"La clase fue tan interesante que ningún estudiante **desertó**."

C. [deserción, desertor; desierto, desértico]

D. Conjugación regular, como **amar**.

17. **consignar**:

A. *Hacer constar por escrito un dato, una declaración, una opinión, un voto o cosa semejante.
*Señalar en un presupuesto una partida para atender a determinados gastos.

B. “La secretaria **consignó** en el acta todas las conclusiones acordadas durante la reunión.”
“Se **ha consignado** una importante suma en el presupuesto de la biblioteca para la adquisición de nuevos libros.”

C. [consigna, consignación, consignador, consignatario; asignar, designar, persignar, resignar; seña, señalar, diseñar, insigne, insignia]

D. Conjugación regular, como **amar**.

18. **precipitar**:

A. *Despeñar, arrojar o derribar de un lugar alto.
*(fig. [-se]) Arrojarse inconsideradamente y sin prudencia a ejecutar o decir una cosa.

B. “El caballo **se precipitó** por ese barranco.”
“Un jugador de béisbol no debe **precipitarse** al realizar las jugadas para no lanzar la pelota desviada.”

C. [precipitación, precipicio, precipitado, precipitadero]

D. Conjugación regular, como **amar**.

19. **presumir**:

A. *Sospechar, juzgar o conjeturar una cosa por tener indicios o señales para ello.
*Vanagloriarse, tener alto concepto de sí mismo, mostrarse orgulloso.

B. “La buena acogida que ha tenido el producto por parte de los consumidores permite **presumir** que será un éxito comercial.”
“Con frecuencia, cuando se **presume** de una gracia o una virtud, es porque no se posee.”

C. [presunción, presumible, presumido, presuntivo, presunto, presuntuoso; sumir, asumir, resumir]

D. Conjugación regular, como **partir**.

20. **remediar**:

A. *Poner cura al daño, repararlo; corregir o enmendar una cosa.
*Socorrer una necesidad o urgencia.
*Evitar que suceda algo de que pueda derivarse algún daño o molestia.

B. “Una actitud positiva te ayudará a **remediar** tu error.”
“Los familiares **remediaban** sus necesidades en la medida de sus posibilidades.”

C. [remedio, remediable, remediador, irremediable]

D. Conjugación regular, como **cambiar**.

EJERCITACIÓN

Palabras presentadas en esta unidad:

1. recuperar, 2. insertar, 3. inscribir, 4. interponer, 5. invocar, 6. imitar, 7. ilustrar, 8. improvisar, 9. implantar, 10. generar, 11. promulgar, 12. promover, 13. plasmar, 14. ostentar, 15. ratificar, 16. desertar, 17. consignar, 18. precipitar, 19. presumir, 20. remediar.

I. Copie en orden alfabético y lea en voz alta cada uno de los 20 verbos de la lista anterior:

1.____________, 2.____________, 3.____________, 4.____________,

5.____________, 6.____________, 7.____________, 8.____________,

9.____________, 10.____________, 11.____________, 12.____________,

13.____________, 14.____________, 15.____________, 16.____________,

17.____________, 18.____________, 19.____________, 20.____________.

II. En cada caso escriba el verbo de la lista anterior cuyo sentido coincida o se relacione estrechamente con el de las palabras dadas a continuación:

1. meter, incluir, añadir, introducir: ______________
2. copiar, plagiar, reproducir, emular, remedar: ______________
3. apuntar, anotar, asentar, enrolar, matricular, registrar: ______________
4. recobrar, reivindicar, rescatar, restaurar, restablecerse: ______________
5. orar, clamar, llamar, pedir: ______________
6. intervenir, mediar; intercalar: ______________
7. confirmar, reafirmar, corroborar, certificar, apoyar: ______________
8. instruir, enseñar, adiestrar, documentar, iluminar: ______________
9. corregir, reparar, aliviar, subsanar, enmendar: ______________

10. publicar, propagar, divulgar, anunciar, pregonar: ________________

11. repentizar, apresurar: ________________

12. exhibir, mostrar, enarbolar, desplegar; hacer gala: ________________

13. impulsar, suscitar; mejorar, ascender, escalar: ________________

14. fundar, instituir, crear, organizar, erigir: ________________

15. abandonar, dejar, dimitir, renunciar, huir: ________________

16. consagrar, señalar; expedir, destinar: ________________

17. suponer; jactarse, engreírse, alardear: ________________

18. reproducir, fecundar, engendrar, procrear: ________________

19. empujar, lanzar; derribar; acelerar, atropellar, festinar: ________________

20. formar, moldear, estructurar, concretar: ________________

III. Llene cada espacio en blanco con la forma adecuada del verbo de la lista anterior que mejor convenga:

1. El decano ________________ su influencia ante el Rector para que no lo reemplazara.
2. Muchos periódicos ________________ cartas de sus lectores en una sección especial.
3. Esa situación no debe mantenerse porque ________________ nuevos problemas.
4. El paciente ________________ si sigue las prescripciones médicas.
5. Los editores ________________ cuidadosamente con paisajes de vistosos colores los textos infantiles.
6. Los católicos ________________ la protección de la Virgen María.
7. Esa muchacha cae mal en las reuniones porque ______________ de bonita e inteligente.
8. En menos de una hora, su esposa ________________ una cena para veinte personas.

9. Si el atleta causa buena impresión en los entrenamientos, lo ______________ en la lista de jugadores del equipo.

10. En aquella película, el director ______________ magistralmente el ambiente medieval.

11. La celebración de las fiestas patronales ______________ desde hace cientos de años en América por los españoles.

12. No pudo ________________ los efectos negativos del accidente que sufrió cuando era joven.

13. Los médicos ________________ el diagnóstico de la enfermedad que había recibido en España el paciente.

14. Los niños comienzan a hablar ______________ lo que oyen de sus padres, hermanos y demás personas con quienes tienen relación.

15. El Secretario de Educación ______________ una ordenanza que regulará la selección de los libros de texto.

16. El jefe ________________ a aquellos empleados que se distingan en el cumplimiento de sus labores.

17. No pierde una ocasión para ________________ su amistad con personas importantes.

18. No te ____________________ al responder las preguntas para que puedas obtener una calificación sobresaliente.

19. Los miembros que __________________ del partido fundaron una nueva organización política.

20. Temo que no ________________ en el presupuesto el dinero solicitado para cubrir los gastos de la nueva computadora.

IV. Redacte una oración original, diferente de las que aparecen en esta unidad, con cada una de las palabras estudiadas:

1. recuperar: ______________________________

2. insertar: ______________________________

3. inscribir: ______________________________

4. interponer: ______________________________

5. invocar: ______________________________

6. imitar: ______________________________

7. ilustrar: ______________________________

8. improvisar: ______________________________

9. implantar: ______________________________

10. generar: ______________________________

11. promulgar: ______________________________

12. promover: ______________________________

13. plasmar: ______________________________

14. ostentar: ______________________________

15. ratificar: ______________________________

16. desertar: ______________________________

17. consignar: ______________________________

18. precipitar: ______________________________

19. presumir: ______________________________

20. remediar: ______________________________

REVISIÓN DE UNIDADES 17 y 18

Junto a cada una de las 30 descripciones o definiciones dadas, escriba el número (entre 1 y 40) correspondiente a la palabra adecuada. Luego, encuentre en la **sopa de letras**, y encierre entre líneas, las 30 palabras seleccionadas. Esas palabras pueden aparecer horizontal, vertical o diagonalmente, en un sentido o en el inverso.

___ sinónimo de "exponer", "enseñar", "mostrar"
___ contrario de "reír"
___ sinónimo de "cambiar", "variar"
___ subsanar, curar, corregir
___ contrario de "retardar" o de "contener"
___ sinónimo de "avisar"
___ sinónimo de "excusar", "perdonar"
___ discutir, tratar un tema o asunto
___ rogar, suplicar
___ vanagloriarse, alabarse; sospechar
___ hacer una cosa de pronto y sin preparación
___ sinónimo de "impulsar", "suscitar"
___ acercarse a uno para hablarle
___ retener con anticipación
___ gritar, dar voces
___ contrario de "perder"
___ sinónimo de "huir", "abandonar"
___ sinónimo de "refutar", "objetar"
___ contrario de "oponerse", "negarse"
___ hacer lo mismo que otro
___ sinónimo de "andar", "circular"
___ sinónimo de "meter"; "intercalar"
___ contrario de "aumentar", "subir", "elevarse"
___ hacer pública una ley
___ acordar, pactar, armonizar
___ contrario de "rectificar"
___ adornar con grabados o dibujos
___ poner una cosa entre otras
___ sinónimo de "establecer", "fundar", "instaurar"
___ volver a producir

1. acceder, 2. declinar, 3. exhibir, 4. atribuir, 5. alterar, 6. concertar, 7. conformar, 8. contradecir, 9. divulgar, 10. dispensar, 11. gemir, 12. alertar, 13. abordar, 14. clamar, 15. debatir, 16. transitar, 17. proliferar, 18. reconciliar, 19. reproducir, 20. reservar. 21. recuperar, 22. insertar, 23. inscribir, 24. interponer, 25. invocar, 26. imitar, 27. ilustrar, 28. improvisar, 29. implantar, 30. generar, 31. promulgar, 32. promover, 33. plasmar, 34. ostentar, 35. ratificar, 36. desertar, 37. consignar, 38. precipitar, 39. presumir, 40. remediar.

SOPA DE LETRAS 9

I	M	P	R	O	V	I	S	A	R	G	R	A	I	D	E	M	E	R	J
I	P	R	I	W	R	D	U	F	R	A	L	T	E	R	A	R	R	E	J
A	L	E	R	T	A	R	E	Q	U	P	I	S	Y	B	J	A	R	S	B
D	Q	C	R	Q	T	D	L	B	R	R	E	L	P	F	T	M	A	E	A
I	R	I	I	I	N	V	O	C	A	R	A	B	I	R	G	A	T	R	R
S	I	P	B	J	A	R	X	G	T	T	Y	B	E	C	I	L	I	V	E
P	C	I	I	Q	L	T	L	A	I	O	I	S	O	G	N	C	F	A	V
E	U	T	H	I	P	U	R	N	S	Q	N	R	E	R	R	O	I	R	O
N	D	A	X	A	M	V	C	P	N	I	A	M	V	I	D	H	C	B	M
S	O	R	E	O	I	S	A	R	A	N	I	L	C	E	D	A	A	E	O
A	R	A	R	E	P	U	C	E	R	R	A	C	C	E	D	E	R	O	R
R	P	P	C	U	I	L	U	S	T	R	A	R	I	M	U	S	E	R	P
B	E	U	V	R	E	N	O	P	R	E	T	N	I	M	I	T	A	R	M
L	R	L	J	V	A	R	I	C	E	D	A	R	T	N	O	C	G	B	Y

CRUCIGRAMA 9

Este **crucigrama** contiene, en diferentes formas flexionales, las 40 palabras de las unidades 17 y 18. Complete cada una de las oraciones dadas con la forma de la palabra que mejor convenga al contexto y de esa manera encontrará la solución del crucigrama.

1. acceder, 2. declinar, 3. exhibir, 4. atribuir, 5. alterar, 6. concertar, 7. conformar, 8. contradecir, 9. divulgar, 10. dispensar, 11. gemir, 12. alertar, 13. abordar, 14. clamar, 15. debatir, 16. transitar, 17. proliferar, 18. reconciliar, 19. reproducir, 20. reservar. 21. recuperar, 22. insertar, 23. inscribir, 24. interponer, 25. invocar, 26. imitar, 27. ilustrar, 28. improvisar, 29. implantar, 30. generar, 31. promulgar, 32. promover, 33. plasmar, 34. ostentar, 35. ratificar, 36. desertar, 37. consignar, 38. precipitar, 39. presumir, 40. remediar.

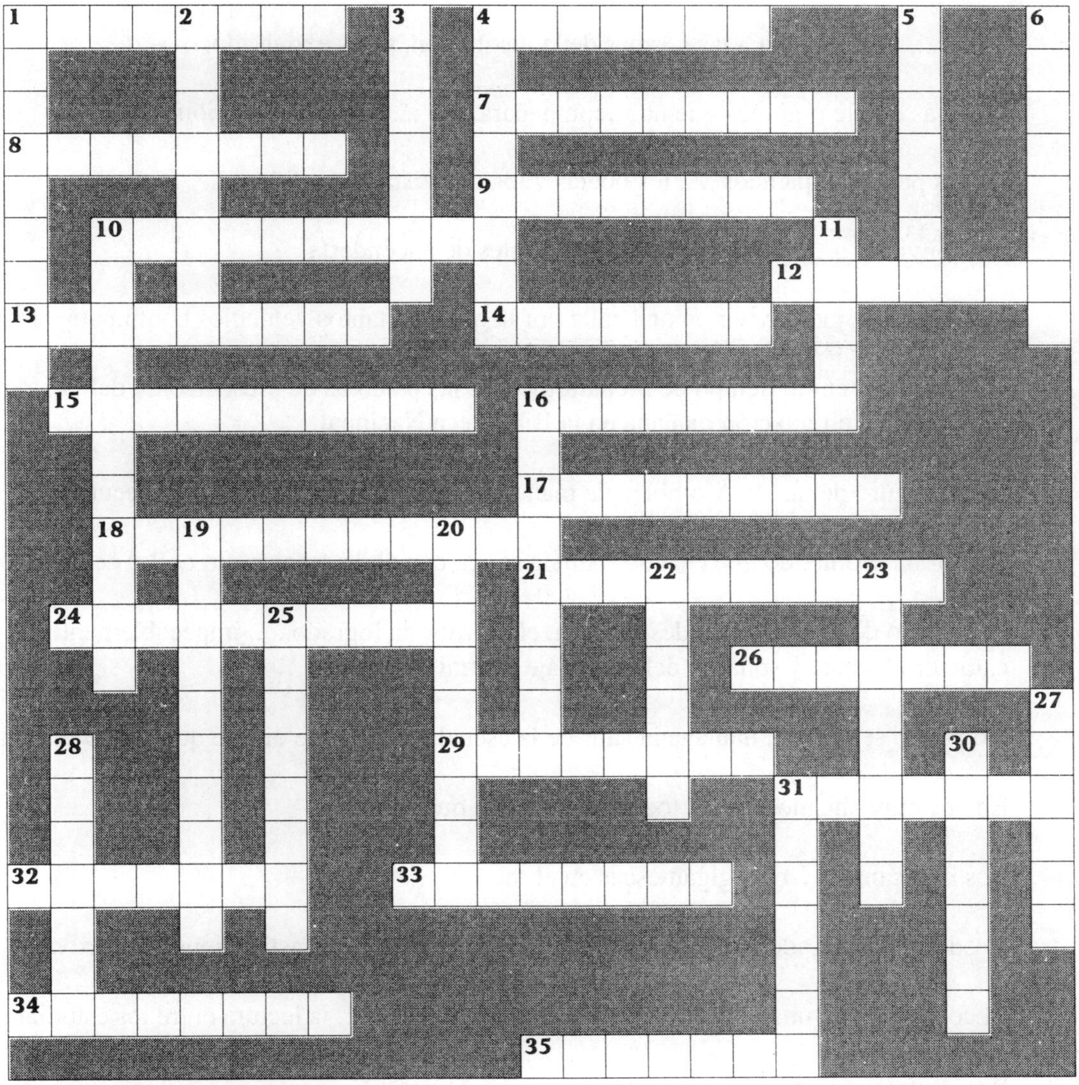

HORIZONTALES:

1. Más vale que ..... el daño ahora para que no tengas que lamentarte después.

4. Después de agotar todos los recursos disponibles, solo nos queda ..... la ayuda de Dios.

7. Quien se ..... al hacer las cosas corre el riesgo de hacerlas mal.

8. Al fin la policía ..... la bicicleta que se encontraba desaparecida desde el mes pasado.

9. Yo ..... el éxito que he tenido al ejemplo de rectitud y trabajo que recibí de mis padres.

10. Se espera que en la reunión de mañana ambos grupos ..... un acuerdo de colaboración.

12. En vez de hacer frías exposiciones en clase, el profesor pone a los estudiantes a ..... entre ellos mismos los temas del curso.

13. Si no ..... tu conducta a las normas de la institución, serás expulsado.

14. Por más que le rogamos que nos acompañara, no ..... a nuestra petición.

15. En los países hispánicos ..... los poetas y los cuentistas de calidad.

16. No conviene ..... el disco en la máquina antes de encenderla.

17. Debe ser incómodo vivir en una calle por la que ..... tantos vehículos continuamente.

18. Como no he tenido tiempo de prepararme, ... las palabras de presentación del libro que se pondrá en circulación mañana en la Biblioteca Nacional.

21. Estoy seguro de que la Asamblea de mañana ..... la decisión del Comité Ejecutivo.

24. Héctor ha prometido que cuando Pamela se ..... con él, le regalará un collar de perlas.

26. Por medio de una brillante descripción, el escritor ha logrado ..... impecablemente el carácter idealista y soñador del personaje central de su obra.

29. No puedo seguir así: mañana al salir de la escuela la ..... y le diré lo que siento por ella.

31. Ella es muy chismosa y ..... todos los secretos que sabe.

32. Los huracanes ..... olas gigantescas en el mar.

33. Desde el año pasado me ..... en el club para aprovechar sus instalaciones deportivas.

34. El colegio lanzó una intensa campaña publicitaria que ..... la lectura entre los estudiantes.

35. Por lo que me dices, ... que ella no te quiere de verdad.

VERTICALES:

1. La máquina fotocopiadora ..... 50 páginas por minuto.

2. No me quejo de mi cuñada: me ..... una atención muy fina mientras estuve en su casa.

3. "Todo el que ..... será considerado traidor", declaró el Capitán.

4. El médico dice que si no me ..... una barra de metal en el hueso de la pierna, la ruptura nunca quedará bien.

5. De todos los candidatos al nuevo puesto, el que ..... las mejores calificaciones es Juan.

6. El diseñador de modas ..... sus nuevas creaciones el próximo 10 de abril en París.

10. Si los testigos ..... la versión policial, es probable que el acusado sea liberado.

11. Parece que le duele mucho la muela porque no ha dejado de ..... durante toda la noche.

16. El funcionario ..... su influencia para que admitieran a su hijo en la universidad.

19. El candidato electo a la presidencia declaró que la primera medida que ..... al asumir el poder será la de abolir varios cargos burocráticos en el gobierno.

20. A pesar de que los médicos lo ..... a tiempo sobre el peligro de fumar, él no les hizo caso y siguió haciéndolo.

22. Los monos casi siempre ..... lo que ven.

23. Son tan desinteresados que ..... lo mejor de su cosecha para dárselo a los pobres.

25. El periódico ..... en su editorial de hoy unos comentarios que cuestionan la moralidad de varios ministros del gobierno.

27. Desde la habitación se oyen los gritos de unos niños abandonados que ..... ayuda.

28. Eres muy elegante y no necesitas ..... la apariencia de tu cara con una cirugía plástica.

30. Una hermosa fotografía ..... la portada del libro de geografía.

31. La joven ..... la beca que le ofrecían en Miami porque prefiere estudiar en Madrid.

DIGRESIÓN ETIMOLÓGICA

El cultismo **lustro** (período de cinco años), deriva del latín **"lustrum"** (purificación, sacrificio expiatorio), la misma raíz etimológica de **"lustrare"** (iluminar, purificar), de donde vienen **lustre, lustrar, ilustrar.** El sentido actual de **lustro** se explica porque las purificaciones rituales se cumplían cada cinco años.

Por otra parte, el verbo **insertar** está íntimamente relacionado con **injertar**. Ambos tienen como primer punto de origen el mismo verbo latino **"inserere"** (introducir, intercalar). De esta forma léxica procede en el latín tardío **"insertare"**, de donde el español derivó **insertar**. **Injertar**, a su vez, proviene de **injerto**, antiguo participio de **injerir**, que también tiene su origen en **"inserere"**.

UNIDAD # 19

PRESENTACIÓN

1. **célebre**:

   A. *Se aplica a personas o cosas de las que se habla mucho y son conocidas en muchas partes.
   *(Informal) Gracioso, ocurrente.

   B. "Elizabeth Taylor es una de las actrices más **célebres** de esta época."
   "Todos quieren estar en compañía de Benjamín porque es muy **célebre** y anima las reuniones con sus chistes y ocurrencias."

   C. [celebrar, celebración, celebrante, celebridad, celebérrimo]

2. **ingenioso**:

   A. *Que tiene habilidad para inventar cosas o para resolver dificultades y discurrir con prontitud y facilidad.
   *Que ha sido hecho o dicho con esa habilidad.

   B. "Thomas Edison fue un hombre **ingenioso**, conocido por sus grandes inventos."
   "Las computadoras son máquinas **ingeniosas** que pueden hacer cosas casi inimaginables."

   C. [ingeniar, ingeniería, ingenio, ingeniosidad; genio, genial, genialidad; congeniar]

3. **implacable**:

   A. *Imposible de aplacar, de amanzar, de suavizar.

   B. "Es mejor no desafiar el odio **implacable** de esa mujer."
   "El invierno se hacía sentir de modo **implacable** en las montañas."

   C. [implacabilidad; aplacar, aplacable]

4. **peculiar**:

   A. *Propio y característico de la cosa de que se trata.

   B. "Todos tenemos nuestras manías **peculiares** que nos identifican y distinguen de los demás."
   "Algunas de las características más **peculiares** de la obra de Picasso son sus formas geométricas."

C. [peculiaridad, peculiarismo; pecuario; peculio, peculado; pecunia, pecuniario]

5. **inverosímil**:

A. *Poco creíble; que no tiene apariencia de verdad.

B. "Mi abuelo siempre nos contaba historias muy divertidas que ahora sé que son **inverosímiles**."
"Le dio una excusa **inverosímil** al profesor y este, lógicamente, no la aceptó."

C. [verosímil, verosimilitud; verdad, verdadero, veracidad; averiguar, averiguación; verificar, verificación; verídico; veredicto]

6. **virtuoso**:

A. *Dotado de virtudes y libre de vicios.
*Persona que sobresale en la técnica de su arte.

B. "En un ambiente de vicios es difícil llevar una vida **virtuosa**."
"Mozart fue un músico **virtuoso**."

C. [virtud, virtuosismo, virtual, virtualidad, desvirtuado, desvirtuar; viril, virilidad; verijas]

7. **cabal**:

A. *Honrado, trabajador y estimable en cualquier aspecto.
*Se aplica a lo que se expresa exactamente y no solo con aproximación.

B. "Don Pedro es un hombre de una conducta **cabal**, intachable."
"Nadie sabe la historia **cabal** de los motivos que lo llevaron a cometer el crimen."

C. [cabo; acabar; recabar, menoscabar, menoscabo]

8. **exótico**:

A. *Se aplica a lo que procede de un país extranjero. También, a lo que resulta extraño y tiene aspecto extranjero.

B. "A mucha gente adinerada le gusta llenar la casa de decoraciones **exóticas**."
"La mayoría de los cuadros de ese pintor incluyen paisajes **exóticos**."

C. [exotiquez, exotismo, exotista]

9. **espléndido**:

A. *Impresionante por lo bueno, bello o rico.
*Resplandeciente.
*Se dice del que da abundantemente su dinero o lo gasta en obsequiar a otros.

B. "Cuando hace un sol **espléndido** como el de hoy, hay que salir a disfrutarlo."
"Nos sirvieron una comida **espléndida** cuando fuimos a visitarlo en Madrid."

C. [esplendidez; esplender; esplendor, esplendoroso; resplandecer, resplandeciente, resplandor]

10. **indispensable**:

A. *No dispensable (excusable).
*Se aplica a aquello de lo que no se puede prescindir.

B. "En la actualidad parece **indispensable** saber de computadoras para conseguir un buen empleo."
"El pasaporte es un documento **indispensable** para los turistas."

C. [indispensabilidad; dispensar, dispensable, dispensario, dispensa]

11. **paralelo**:

A. *Se aplica a líneas, planos, etc., que son equidistantes entre sí y que por más que se prolonguen no pueden encontrarse.
*(fig.) Se dice de cosas o hechos que se desarrollan de manera correlativa, correspondiente o semejante.

B. "La avenida Independencia es **paralela** a la de Hidalgo."
"El cuadrado es una figura que consta de dos pares de líneas **paralelas**."

C. [paralela, paralelismo, paralelepípedo, paralelogramo]

12. **apacible**:

A. *Suave, sin brusquedad o violencia, agradable.
*(Aplicado a personas) No alterado por pasiones o deseos violentos o por accesos de enfado.
*(Aplicado a la vida de las personas) No alterada por preocupaciones o disgustos.

B. "Mi madre era una persona de un carácter **apacible**, tranquilo."
"En tanto unas personas tienen la mirada **apacible**, otras la tienen agresiva."

C. [placer, placentero; complacer, complaciente, complacencia; desapacible; displicente, displicencia; placidez, plácido]

13. **colonial**:

A. *Relativo a la colonia.

B. "La literatura del período **colonial** incluye las obras de Sor Juana Inés de la Cruz."
"Quiero comprar una casa de estilo **colonial**."

C. [colonia, colonialismo, colonialista, colonización, colonizador, colonizar]

14. **hispanoamericano**:

A. *De Hispanoamérica.
*(De la R. A.) Dícese más comúnmente de los países de América en que se habla el español, y de los individuos de habla española nacidos o naturalizados en ellos.

B. "Entre los países **hispanoamericanos** ha habido mucha discordia política."
"La música **hispanoamericana** muestra influencias de muchas diferentes culturas."

C. [Hispanoamérica, hispanoamericanismo, hispanoamericanista]

15. **serrano**:

A. *Que vive en la sierra o nacido en ella.
*Relativo a la sierra o a sus moradores.

B. "El jamón **serrano** es una delicia."
"Se va a casar con una chica **serrana**."

C. [sierra, serrana, serranilla, serranía; serrucho, aserruchar; aserrar, aserradero]

16. **espontáneo**:

A. *Hecho por propia voluntad, sin coacción, orden o indicación de otro.
*Que crece o se produce sin cultivo, sin necesidad de cuidado.

B. "Cuando la gente habla de manera **espontánea**, utiliza palabras diferentes que las que emplea cuando está delante de desconocidos."
"La alegría **espontánea** de Isabel no pudo ser disimulada."

C. [espontaneidad, espontanearse]

17. **contemporáneo**:

A. *Coetáneo, de la misma época que una persona, un suceso, etc. que se menciona.
*De la época actual.

B. "El cubismo es un movimiento artístico **contemporáneo**."
"Dalí es **contemporáneo** de Picasso."

C. [contemporaneidad, contemporización, contemporizador, contemporizar; extemporáneo; tiempo, temprano, tempestad, temporal, temporalidad, temporario]

18. **generoso**:

A. *Magnánimo: de alma noble, de sentimientos elevados; inclinado a las ideas y sentimientos altruistas; dispuesto a sacrificarse por el bien de los demás.
*Desinteresado, inclinado a dar a los demás de lo que él tiene.

B. "El profesor Gutiérrez es muy **generoso** con su tiempo y siempre encuentra el minuto para escuchar a sus alumnos."
"Mi jefe es un hombre muy **generoso** con sus empleados."

C. [generosidad; género, general, generalizar, genérico; degenerar, degeneración]

19. **heroico**:

A. *Propio de héroe, que requiere valor.
*(Aplicado a "medida", "resolución") Que se toma en un caso extremo.
*(Aplicado a "literatura", "poesía") Que narra o canta hechos grandes y memorables.

B. "La profesión de bombero es muy **heroica**."
"Los rusos fueron soldados muy **heroicos** durante la Segunda Guerra Mundial."

C. [héroe, heroicidad, heroína, heroísmo]

20. **ingenuo**:

A. *Se aplica a la persona que no tiene malicia o picardía: que supone siempre buena intención en los otros, y cree lo que dicen y, a su vez, habla y obra de buena fe y sin reservas.

B. "Los niños son seres muy **ingenuos**."
"Sus respuestas fueron cándidas, **ingenuas**."

C. [ingenuidad]

EJERCITACIÓN

Palabras presentadas en esta unidad:

1. célebre, 2. ingenioso, 3. implacable, 4. peculiar, 5. inverosímil, 6. virtuoso, 7. cabal, 8. exótico, 9. espléndido, 10. indispensable, 11. paralelo, 12. apacible, 13. colonial, 14. hispanoamericano, 15. serrano, 16. espontáneo, 17. contemporáneo, 18. generoso, 19. heroico, 20. ingenuo.

I. Copie en orden alfabético y lea en voz alta cada uno de los 20 adjetivos de la lista anterior:

1.______________, 2.______________, 3.______________, 4.______________,

5.______________, 6.______________, 7.______________, 8.______________,

9.______________, 10.______________, 11.______________, 12.______________,

13.______________, 14.______________, 15.______________, 16.______________,

17.______________, 18.______________, 19.______________, 20.______________.

II. En cada caso escriba el adjetivo de la lista anterior cuyo sentido coincida o se relacione estrechamente con el de las palabras dadas a continuación:

1. coetáneo, simultáneo, sincrónico, coexistente; actual: ________________
2. particular, singular, característico, raro, distinto, propio: ________________
3. esforzado, hazañoso, intrépido, valiente, atrevido, audaz: ________________
4. semejante, comparable, equivalente; equidistante: ________________
5. honesto, honrado, justo, probo, ejemplar, impecable: ________________
6. agradable, sosegado, tranquilo, manso, pacífico, reposado: ________________
7. famoso, ilustre, renombrado, reputado, insigne, distinguido: ________________
8. imprescindible, esencial, necesario, obligatorio, fundamental: ________________
9. completo, íntegro, entero, exacto, acabado; recto: ________________

10. inflexible, intolerante, duro, despiadado, inhumano, severo: ________________

11. noble, magnánimo, dadivoso, desinteresado, desprendido: ________________

12. diestro, hábil, habilidoso, inventivo, sagaz, talentoso, listo: ________________

13. cándido, inocente, puro, franco, sencillo, sincero, crédulo: ________________

14. montés, rústico, rural, campestre, campesino: ________________

15. ultramarino, emigratorio: ________________

16. extraño, inusual, extravagante; lejano, extranjero, forastero: ________________

17. automático, inconsciente; natural, llano, franco: ________________

18. increíble, imposible, inconcebible, inimaginable: ________________

19. latinoamericano: ________________

20. magnífico, maravilloso; abundante, copioso: ________________

III. Llene cada espacio en blanco con la forma adecuada del adjetivo de la lista anterior que mejor convenga:

1. El orégano tiene un sabor tan ________________ que resulta muy fácil reconocerlo.

2. El comportamiento del bombero fue ________________ al rescatar a esa familia de las llamas.

3. Durante el período ________________ se cometieron injusticias contra los indígenas del nuevo continente.

4. Carmen siempre deja unas propinas ________________ y los mozos la adoran.

5. La guerra que tiene lugar en la ex-república de Yugoeslavia es una de las peores tragedias ________________.

6. Dos líneas ________________ nunca llegan a juntarse.

7. María es bastante ________________ porque aún no se da cuenta de la relación de su marido con una compañera de trabajo.

8. La cultura ____________________ no solo cuenta con el legado de la Madre Patria, sino con el de todos los pueblos que vivían en América antes de la llegada de los españoles.

9. El concepto de generación ____________________ se refiere a aquellos organismos que son capaces de reproducirse por sí mismos.

10. La obra más ____________________ de la literatura española es **El ingenioso hidalgo don Quijote de la Mancha**.

11. Si quieres recuperarte pronto de esa gripe, es ________________ que pases unos días en cama.

12. El hombre ____________________ es, por lo general, muy rústico, pero muy trabajador.

13. Los testimonios de ciertas personas sobre visiones de seres de otros planetas me parecen totalmente ______________________.

14. La Islas Vírgenes se publicitan como un lugar ____________________ para atraer a los turistas.

15. Para ser un pianista destacado es necesario ser un ____________________ de la música.

16. Cuando tenemos un problema con algún equipo electrónico, siempre llamamos a Federico porque él es muy ______________________.

17. Para que la campaña de recaudación de fondos sea exitosa, necesitamos la donación ________________________ de muchas personas.

18. En las ciudades pequeñas, la vida suele ser muy ________________________.

19. Nos costó más de una semana hacer el inventario, pero al fin sabemos cuáles fueron los beneficios ________________________ de nuestro negocio.

20. Como sabíamos que la ira del abuelo era _________________, teníamos mucho cuidado de no enfadarlo.

IV. Redacte una oración original, diferente de las que aparecen en esta unidad, con cada una de las palabras estudiadas:

1. célebre:____

2. ingenioso: _______________________________________

3. implacable:______________________________________

4. peculiar:____

5. inverosímil:______________________________________

6. virtuoso:____

7. cabal:____

8. exótico:____

9. espléndido:______________________________________

10. indispensable:____________________________________

11. paralelo:____

12. apacible:____

13. colonial:____

14. hispanoamericano:__________________________________

15. serrano:____

16. espontáneo:______________________________________

17. contemporáneo:____________________________________

18. generoso:_______________________________________

19. heroico:____

20. ingenuo:____

UNIDAD # 20

PRESENTACIÓN

1. **afición**:

   A. *Inclinación, simpatía o afecto hacia las personas o las cosas.
   *Conjunto de los aficionados a un deporte, a un arte, etc.

   B. "Su **afición** a la bebida lo convirtió en un alcohólico sin remedio."
   "Después del partido de fútbol, la **afición** recorrió las calles de la ciudad celebrando la victoria de su equipo."

   C. [aficionar, aficionado; afecto, afección, afectar, afectación, afectivo, afectuoso]

2. **matiz**:

   A. *Cada una de las gradaciones o modalidades que puede tener un mismo color.
   *(fig.) Aspecto, rasgo no muy perceptible que distingue dos cosas parecidas.

   B. "Los cuadros de Picasso se caracterizan por sus **matices** azules."
   "La conversación tomó un **matiz** más denso cuando se habló de religión."

   C. [matizar]

3. **nostalgia**:

   A. *Tristeza por estar ausente de la patria o del hogar, o lejos de los seres queridos.
   *Pena por el recuerdo de algún bien perdido.

   B. "Cada vez que veo esas fotografías antiguas siento una gran **nostalgia** de aquellos tiempos."
   "Vivir en el extranjero tiene grandes desventajas pero la mayor de todas es la **nostalgia** de la patria lejana."

   C. [nostálgico]

4. **diagnóstico**:

   A. *Determinación de la enfermedad hecha por el médico en vista de los síntomas.

   B. "Solo después de un examen exhaustivo podré darle un **diagnóstico** claro sobre su dolencia."
   "El médico emitió su **diagnóstico** por escrito: cáncer."

   C. [diagnosis, diagnosticable, diagnosticar]

5. **caudal**:

A. *Conjunto del dinero y las cosas convertibles en dinero que alguien posee.
*Cantidad de agua de una corriente, un manantial u otra cosa semejante.
*(fig.) Abundancia de cierta cosa.

B. "El barquito de papel fue arrastrado por el **caudal** del río."
"El abuelo dejó todo su **caudal** de riquezas a su único nieto."

C. [caudaloso; acaudalar, acaudalado]

6. **alcázar**:

A. *Recinto fortificado.
*Residencia de un rey o soberano de un país.

B. "Una de las atracciones turísticas de España son los varios **alcázares** de la época de la reconquista."
"El **alcázar** del monarca se caracteriza por la gran altura que alcanzan sus torres."

C. [no tiene "parientes" léxicos]

7. **fatiga**:

A. *Agitación, cansancio o sensación de falta de fuerzas que se experimenta después de un esfuerzo intenso, físico, intelectual o moral.
*(fig.) Trabajo o suceso penoso.
*Molestia causada por la respiración frecuente o difícil.

B. "Después de aquel pesado día de trabajo, la **fatiga** era tan grande que tuvo que acostarse."
"La **fatiga** le provocó un desmayo."

C. [fatigador, fatigante, fatigar, fatigoso]

8. **prejuicio**:

A. *Juicio que se tiene formado sobre una cosa antes de conocerla.
*Actitud discriminatoria hacia personas de otra clase social o de otra raza.

B. "Los **prejuicios** raciales existen debido a la ignorancia y a la falta de comunicación entre las culturas."
"Los **prejuicios** tienden a ser el reflejo de la inseguridad de una persona."

C. [prejuzgar; juez; juzgar; juicio, juicioso, enjuiciar; judicial; judicatura; adjudicar, adjudicación; perjuicio, perjudicial, perjudicar]

9. **lesión**:

A. *Cualquier daño producido en el cuerpo por una causa externa o una enfermedad.
*(fig.) Cualquier daño o perjuicio.

B. "Debido a la **lesión** que le produjo el accidente, perdió la movilidad de su mano."
"Existen **lesiones** físicas y **lesiones** emocionales."

C. [lesionar, lesivo, leso, ileso; lisiar; elidir, elisión]

10. **rastro**:

A. *Señal que deja alguien o algo al pasar por un sitio por la cual puede ser seguido o perseguido.
*Instrumento para recoger hierba o extender piedras, etc.

B. "El animal se perdió porque no pudo hallar el **rastro** de su manada."
"Será muy difícil apresar al criminal porque huyó sin dejar **rastro**."

C. [rastrear, rastreador, rastreo; rastrero; rastrillo, rastrillar; arrastrar, arrastre]

11. **recelo**:

A. *Actitud de temor ante cierta cosa de la que se sospecha que puede ocultar algún peligro o inconveniente o hacia cierta persona de la que se teme que pueda abrigar malas intenciones.

B. "Si sientes tanto **recelo** hacia esa persona, no es conveniente que hagas negocios con ella."
"No confía en nadie: siente un gran **recelo** hacia todo el mundo."

C. [recelamiento, recelar, receloso; celo, celar, celador, celoso, celosía]

12. **huésped**:

A. *Persona alojada en casa ajena.
*Persona alojada en un hotel.

B. "Nuestro **huésped** se sintió muy a gusto con nuestra atención."
"Los **huéspedes** abandonaron el hotel a primera hora."

C. [hospedar, hospedaje; hostería; hotel, hotelero; hospital, hospitalario, hospitalidad, hospitalizar; hospicio; inhóspito, inhospitalario]

13. **fascismo**:

A. *Partido político italiano, nacionalista y totalitario, fundado por Mussolini.
*Doctrina de este partido y de los semejantes de otros países.

B. "El **fascismo** es una doctrina que promueve el odio entre los hombres."
"El **fascismo** fue un movimiento político de derecha creado en Italia."

C. [fascista; haz; hacinar, hacinamiento; fascículo]

14. **frenesí**:

A. *Exaltación violenta de una pasión, que se manifiesta con movimientos descompuestos, gritos, etc.
*Locura furiosa.

B. "El público aplaudía con **frenesí** a su equipo."
"Con gran **frenesí** y júbilo María abrazó a Jorge."

C. [frenético, frenetismo, frenetizar]

15. **trinchera**:

A. *Zanja o defensa hecha de tierra en la cual o tras la cual quedan los soldados a cubierto.
*Corte hecho en el terreno para el paso de una vía o línea de comunicación, particularmente una línea férrea, con taludes a ambos lados.

B. "Los soldados, temerosos, se arrinconaban en la **trinchera**."
"La Primera Guerra Mundial es conocida como la Guerra de las **trincheras**."

C. [atrincherar, atrincheramiento; trincha; trance]

16. **hazaña**:

A. *Acción que ha requerido mucho valor o esfuerzo.

B. "La llegada del hombre a la luna fue la mayor **hazaña** de este siglo."
"El descubrimiento de América fue una **hazaña** muy importante del siglo XV."

C. [hazañero, hazañoso]

17. **gratitud**:

A. *Sentimiento que nos obliga a agradecer el favor recibido y corresponder a él.

B. "La **gratitud** de la mujer se reflejaba en cada palabra dirigida a su jefe."
"En medio de grandes muestras de **gratitud** el presidente abandonó la sala."

C. [grato, gratuito, ingrato, ingratitud; agradar, agrado, agradable, agradecer, agradecimiento, desagrado; congratular]

18. **decadencia**:

A. *Declinación, principio de la debilidad o de la ruina, de la degradación.

B. "La **decadencia** del Imperio Romano comenzó con el nacimiento del Cristianismo."
"Este país pasa por el peor período de su historia: la **decadencia** llega a puntos inimaginables."

C. [decadente, decaer; caer, caída, decaimiento, recaer, recaída]

19. **hipótesis**:

A. *Suposición, sin pruebas suficientes, que se admite provisionalmente para sacar de ella ciertas conclusiones que están de acuerdo con los hechos reales.

B. "Una vez comprobadas, las **hipótesis** de Einstein cambiaron la historia científica de la humanidad."
"Antes de hacer el estudio debemos plantear una **hipótesis** que nos sirva de pauta."

C. [hipotético; tesis, antítesis, epéntesis, metátesis, paréntesis, prótesis, síntesis]

20. **egoísmo**:

A. *Excesivo amor de sí mismo; carácter del que subordina el interés ajeno al suyo propio.

B. "Era un terrible avaro, conocido por su **egoísmo**."
"Si no fuera por tu **egoísmo** tendrías amigos para hacerte compañía."

C. [egoísta, egolatría, ególatra, egocentrismo, egocéntrico; **yo**]

EJERCITACIÓN

Palabras presentadas en esta unidad:

1. afición, 2. matiz, 3. nostalgia, 4. diagnóstico, 5. caudal, 6. alcázar, 7. fatiga, 8. prejuicio, 9. lesión, 10. rastro, 11. recelo, 12. huésped, 13. fascismo, 14. frenesí, 15. trinchera, 16. hazaña, 17. gratitud, 18. decadencia, 19. hipótesis, 20. egoísmo.

I. Copie en orden alfabético y lea en voz alta cada uno de los 20 sustantivos de la lista anterior:

1.______________, 2.______________, 3.______________, 4.______________,

5.______________, 6.______________, 7.______________, 8.______________,

9.______________, 10.______________, 11.______________, 12.______________,

13.______________, 14.______________, 15.______________, 16.______________,

17.______________, 18.______________, 19.______________, 20.______________.

II. En cada caso escriba el sustantivo de la lista anterior cuyo sentido coincida o se relacione estrechamente con el de las palabras dadas a continuación:

1. añoranza, melancolía, tristeza, pesar, pena, soledad: ________________
2. convidado, invitado, alojado, comensal: ________________
3. herida, contusión, golpe, mutilación; daño, perjuicio: ________________
4. inclinación, simpatía, cariño, gusto, apego; empeño, afán: ________________
5. agitación, sofocación, cansancio, agotamiento, agobio: ________________
6. suspicacia, desconfianza, sospecha, temor, miedo, resquemor: ________________
7. proeza, gesta, hecho, acción, empresa, valentía: ________________
8. dinero, hacienda, bienes, fortuna; cantidad, abundancia: ________________
9. decaimiento, ocaso, declinación, descenso, deterioro: ________________

10. aprensión, obsesión, manía; prevención, parcialidad: ________________

11. zanja, parapeto, foso, abrigo: ________________

12. egolatría, personalismo, individualismo: ________________

13. tono, gradación; apariencia, aspecto, carácter, semblante: ________________

14. delirio, furor, arrebato, pasión, exaltación, excitación: ________________

15. suposición, conjetura, presunción, sospecha, creencia: ________________

16. dictamen, juicio, opinión, determinación: ________________

17. reconocimiento, agradecimiento, correspondencia, obligación: ________________

18. fortaleza, castillo, fortificación; palacio, mansión: ________________

19. autoritarismo, dictadura, totalitarismo, absolutismo: ________________

20. vestigio, huella, indicio, señal, pista, pisada; rastrillo: ________________

III. Llene cada espacio en blanco con la forma adecuada del sustantivo de la lista anterior que mejor convenga:

1. Si sigues bien el ________________________ de sus pisadas, llegarás al río.

2. Su ___________________ era inconmensurable: lo único que le importaba era su propio beneficio.

3. Estuvimos de ________________________ en casa de mi tío hasta que nos entregaron el apartamento.

4. A causa de las lluvias torrenciales, las ____________________ se llenaron de lodo y los soldados tuvieron que salir de ellas.

5. Ese balneario ya no es un lugar popular como antes y está en total _____________.

6. Es un país rico en recursos naturales: tiene ________________ de plata, oro y petróleo.

7. Escalar el monte Everest es una ____________________ que pocos hombres han podido lograr.

8. Su rostro tenía un ____________________ pálido que reflejaba cierto nerviosismo.

9. José tiene una gran _________________________ por los objetos raros; su casa parece un museo de cosas exóticas.

10. El público aplaudió con ____________________ a los actores al terminar la función.

11. Lucía siente una profunda _________________ hacia su tía, ya que fue ella quien la crió.

12. Los ___________________ sociales tienden a crear la división entre los seres humanos.

13. La ________________ que tiene la policía es que el hombre mató a su esposa por celos.

14. Uno de los lugares de la zona colonial de Santo Domingo más visitados por los turistas

    es el __________________ de Diego Colón.

15. El ______________________ fue una doctrina política que aplicaron en América Latina algunos gobiernos dictatoriales.

16. Desconfía y siente mucho __________________ de él, desde el día en que la engañó por primera vez.

17. Después de una ardua jornada de trabajo, la __________________ lo había consumido.

18. La ___________________ de su pierna izquierda se la causó una patada de caballo.

19. El doctor García nos dio el ____________________ tras estudiar las radiografías: había evidencia de artritis.

20. A pesar de que muchos inmigrantes se adaptan bien a sus nuevos países, siempre guardan

    ________________ de su tierra natal.

IV. Redacte una oración original, diferente de las que aparecen en esta unidad, con cada una de las palabras estudiadas:

1. afición:______________________________

2. matiz:______________________________

3. nostalgia:______________________________

4. diagnóstico:______________________________

5. caudal:______________________________

6. alcázar:______________________________

7. fatiga:______________________________

8. prejuicio:______________________________

9. lesión:______________________________

10. rastro:______________________________

11. recelo:______________________________

12. huésped:______________________________

13. fascismo:______________________________

14. frenesí:______________________________

15. trinchera:______________________________

16. hazaña:______________________________

17. gratitud:______________________________

18. decadencia:______________________________

19. hipótesis:______________________________

20. egoísmo:______________________________

REVISIÓN DE UNIDADES 19 y 20

Junto a cada una de las 30 descripciones o definiciones dadas, escriba el número (entre 1 y 40) correspondiente a la palabra adecuada. Luego, encuentre en la **sopa de letras**, y encierre entre líneas, las 30 palabras seleccionadas. Esas palabras pueden aparecer horizontal, vertical o diagonalmente, en un sentido o en el inverso.

__ sinónimo de "herida", "contusión"
__ sinónimo de "tono", "gradación"
__ contrario de "confianza", "seguridad"
__ sinónimo de "equidistante", "equivalente"
__ contrario de "desahogo", "descanso"
__ contrario de "forzado", "antinatural"
__ sinónimo de "listo", "diestro", "habilidoso"
__ violenta exaltación del ánimo
__ huella, señal que queda de una cosa
__ sinónimo de "añoranza", "pesar"
__ contrario de "revoltoso", "intranquilo"
__ contrario de "auge", "ascenso"
__ "fortaleza", "palacio"
__ contrario de "altruismo", "desinterés"
__ contrario de "clemente", "compasivo"
__ contrario de "desapego", "indiferencia"
__ sinónimo de "increíble", "inimaginable"
__ sinónimo de "actual", "sincrónico"
__ sinónimo de "fortuna", "abundancia"
__ "convidado", "invitado", "comensal"
__ de aspecto extranjero, que resulta extraño o lejano
__ contrario de "astuto", "artero"
__ de las colonias
__ dictamen sobre una enfermedad tras estudiar los síntomas
__ "singular", "distintivo"
__ contrario de "desconocido", "oscuro", "ignoto"
__ sinónimo de "proeza", "gesta"
__ que viene de las sierras o los montes
__ sinónimo de "reconocimiento", "agradecimiento"
__ de lo cual no se puede prescindir

1. decadencia, 2. peculiar, 3. fatiga, 4. frenesí, 5. diagnóstico, 6. espontáneo, 7. colonial, 8. apacible, 9. gratitud, 10. nostalgia, 11. espléndido, 12. fascismo, 13. alcázar, 14. implacable, 15. serrano, 16. hazaña, 17. caudal, 18. exótico, 19. virtuoso, 20. egoísmo, 21. huésped, 22. matiz, 23. indispensable, 24. prejuicio, 25. lesión, 26. ingenuo, 27. afición, 28. célebre, 29. hispanoamericano, 30. paralelo, 31. trinchera, 32. cabal, 33. contemporáneo, 34. heroico, 35. hipótesis, 36. ingenioso, 37. rastro, 38. inverosímil, 39. generoso, 40. recelo.

SOPA DE LETRAS 10

O	W	E	X	O	T	I	C	O	N	T	E	M	P	O	R	A	N	E	O
J	R	L	H	A	Z	A	N	A	G	R	A	T	I	T	U	D	O	Y	P
X	N	T	U	I	N	D	I	S	P	E	N	S	A	B	L	E	U	I	K
H	V	I	S	O	G	O	P	R	D	E	Y	E	N	F	R	K	N	E	N
O	C	E	Y	A	S	A	C	C	A	U	D	A	L	O	X	O	E	O	E
E	I	N	V	E	R	O	S	I	M	I	L	O	M	S	I	O	G	E	L
N	R	E	Y	A	D	E	I	E	T	C	C	H	U	S	O	C	N	Q	B
A	U	B	L	B	E	M	C	N	R	S	O	N	E	F	A	T	I	G	A
T	X	E	E	L	P	W	A	E	E	R	O	L	E	I	O	N	C	F	C
N	L	U	F	L	S	S	N	T	L	G	A	N	O	D	P	U	B	C	A
O	I	S	E	N	E	R	F	Q	I	O	N	N	G	N	A	Y	E	O	L
P	R	A	I	L	U	C	E	P	X	Z	W	I	O	A	I	C	E	J	P
S	A	J	W	D	H	O	N	N	O	S	T	A	L	G	I	A	E	W	M
E	R	R	A	Z	A	C	L	A	P	A	C	I	B	L	E	D	L	D	I

CRUCIGRAMA 10

Este **crucigrama** contiene, en diferentes formas flexionales, las 40 palabras de las unidades 19 y 20. Complete cada una de las oraciones dadas con la forma de la palabra que mejor convenga al contexto y de esa manera encontrará la solución del crucigrama.

1. decadencia, 2. peculiar, 3. fatiga, 4. frenesí, 5. diagnóstico, 6. espontáneo, 7. colonial, 8. apacible, 9. gratitud, 10. nostalgia, 11. espléndido, 12. fascismo, 13. alcázar, 14. implacable, 15. serrano, 16. hazaña, 17. caudal, 18. exótico, 19. virtuoso, 20. egoísmo, 21. huésped, 22. matiz, 23. indispensable, 24. prejuicio, 25. lesión, 26. ingenuo, 27. afición, 28. célebre, 29. hispanoamericano, 30. paralelo, 31. trinchera, 32. cabal, 33. contemporáneo, 34. heroico, 35. hipótesis, 36. ingenioso, 37. rastro, 38. inverosímil, 39. generoso, 40. recelo.

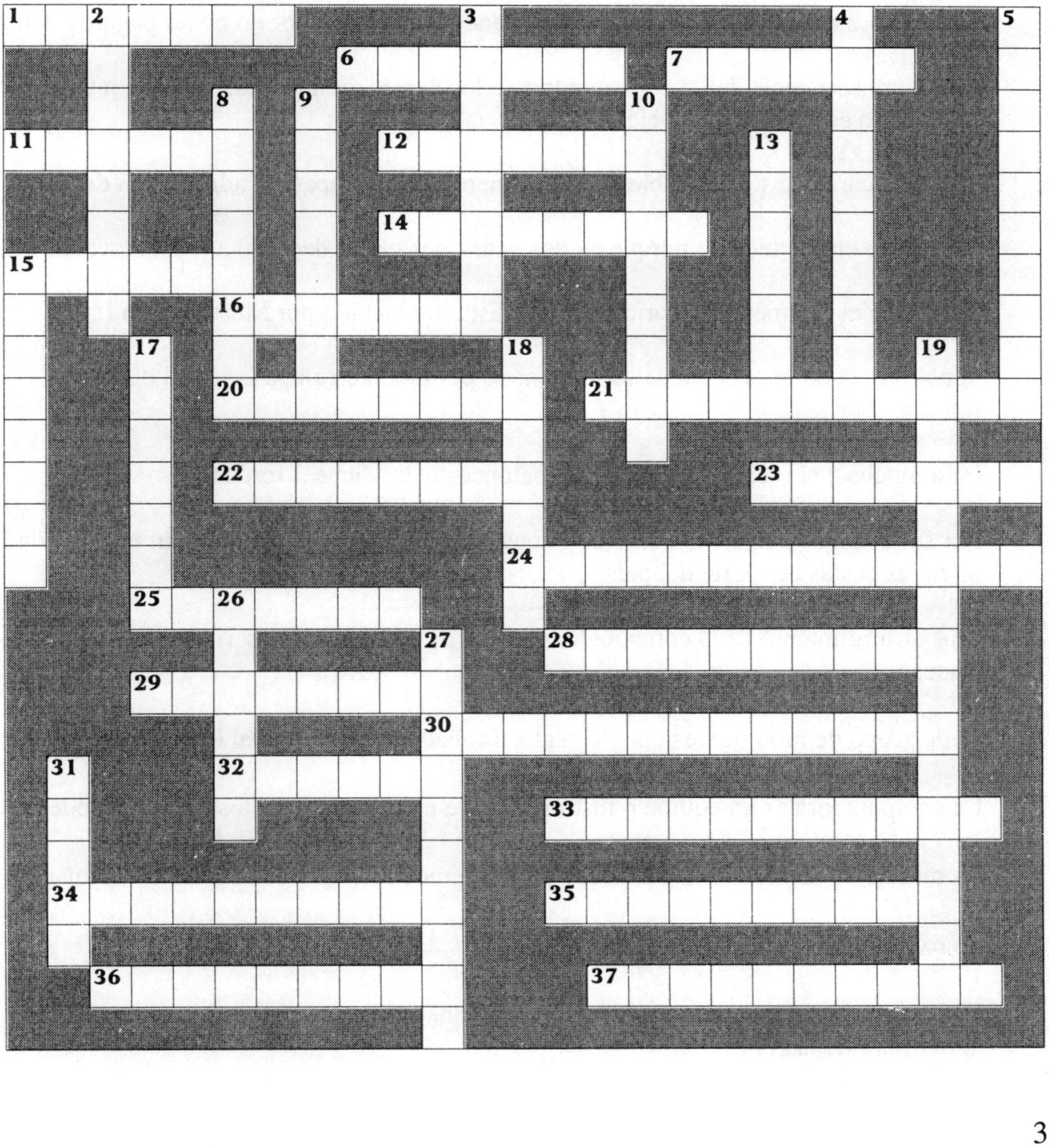

HORIZONTALES:

1. A veces me pregunto si Felipe es ..... o tonto, ya que nunca comprende lo que ocurre a su alrededor.

6. La cocina francesa es ..... en todo el mundo por su alta calidad y distinción.

7. Los zorrillos dejan un ..... inconfundible por donde pasan.

11. Para aliviar la ..... mental, no hay nada mejor que pasar unos días en el ambiente apacible de las montañas.

12. Romeo y Julieta se amaban con .....

14. Vamos siempre de vacaciones a lugares ....., diferentes o inexplorados.

15. Todo su ..... era la pequeña casita que el banco le embargó por no poder pagar la deuda.

16. Como consecuencia del ..... con que trató a los demás durante toda su vida, murió solo y olvidado en un asilo de ancianos.

20. Tiene un carácter ..... y amable que le ha merecido la simpatía y admiración de todos.

21. No confío en ese médico porque en dos ocasiones me ha dado un ..... equivocado.

22. El ..... fue el régimen totalitario y nacionalista implantado por Mussolini en Italia.

23. Tener un ..... en la casa puede ser incómodo porque interrumpe la rutina diaria de la familia.

24. Para muchos, el mejor jugador ..... de baloncesto es Michael Jordan.

25. Por su forma de hablar, se nota que es una mujer ....., que no ha vivido ni en la ciudad ni en las costas del norte del país.

28. Tras el surgimiento de la computadora, el uso de máquinas de escribir se encuentra en franca .....

29. Cada grupo de inmigrantes que llega al país añade un matiz ..... al idioma y a la cultura.

30. La computadora es un equipo o instrumento de trabajo ..... en estos tiempos modernos.

32. La muerte de un ser querido produce una ..... emocional que tarda mucho en sanar.

33. La excusa de Pedro para faltar al examen era ..... y nadie se la creyó.

34. El huracán azotó las costas de la Florida con una fuerza ..... y arrasó gran parte de la agricultura de la zona.

35. La universidad cuenta con una biblioteca ..... con más de 6 millones de ejemplares.

36. Siempre que mira las fotos de su familia, lo embarga una gran .....

37. El cine es una de las invenciones más ..... de todos los tiempos.

VERTICALES:

2. Como muestra de ..... hacia la comunidad, el banquero donó los fondos necesarios para la construcción de la escuela.

3. El abuelo siempre fue un hombre muy ..... a quien le gustaba compartir con los demás todo lo que tenía.

4. Tus ..... culturales te han impedido conocer a personas de otros países.

5. Sin que nadie le dijera nada, el niño nos dio un saludo ..... cuando llegamos a su casa.

8. La cordillera de Los Andes corre ..... a Chile y Argentina.

9. La Madre Teresa de Calcuta ha llevado una vida ....., entregada al servicio de los pobres.

10. La idea de que el virus del SIDA proviene de una clase de monos, no pasa de ser una ..... más sobre los orígenes de esa terrible enfermedad.

13. Su ..... por el cine lo lleva a ver cuanta película se presenta sin importar la calidad.

15. Las fronteras hispanoamericanas se empezaron a formar en el período .....

17. Las ..... de Rodrigo Díaz de Vivar están relatadas en el poema épico **Mío Cid**.

18. Su actitud ....., al arriesgar su vida para salvarnos, le valió una distinción del gobierno.

19. La literatura ..... ha producido varios ganadores del premio Nobel.

26. Al principio lo trataba con cierto ....., pero ahora que lo conozco confío plenamente en él.

27. A pesar de la protección que las ..... daban a los soldados, miles murieron durante la batalla.

31. Aunque trataba de disimularlo, sus ojos tenían un ..... de tristeza y melancolía.

DIGRESIÓN MORFOLÓGICA

En comparación con otras lenguas, el español tiene una morfología compleja y variada. Basta pensar en los verbos que, por lo general, presentan en español una forma distinta para cada persona gramatical (**hablo, hablas, habla, hablamos, habláis, hablan**), en tanto que en inglés, por ejemplo, solo tienen dos (**speak, speaks**).

Otro tanto se puede decir de los sustantivos españoles que admiten derivación mediante la adición de **sufijos aumentativos** (**-ote**: **muchachote**), **colectivos** (**-al**: **platanal**), **despectivos** (**-ucho**: **casucha**), **diminutivos** (**-ito**: **nidito**).

El caso de los diminutivos reviste un interés especial tanto desde el punto de vista semántico como morfológico. Aunque el término **diminutivo** hace pensar en una disminución de la significación del sustantivo, no siempre sucede así. De hecho, ese valor disminuidor del sentido del sustantivo es el menos frecuente en la lengua oral. La función más importante y frecuente del diminutivo en español consiste en expresar una apreciación afectiva acerca del objeto por parte del sujeto que habla. En la oración **Mi hija cumple hoy tres añitos**, no se hace referencia a unos **años** más pequeños o más cortos que lo normal, sino que se manifiesta el cariño del emisor hacia su hija.

Existen en español varias formas o **alomorfos** para expresar el diminutivo:

-ico (zapatico), **-illo** (chiquillo), **-ín** (peluquín), **-ito** (arbolito), **-uelo** (chicuelo).

Sin embargo, esas formas no son igualmente frecuentes en todas las zonas donde se habla español. En muchos países de América existe una clara preferencia por el alomorfo **-ito** que en ocasiones alterna con **-ico**: librito, mesita, amiguito, papelito, arbolito; gatico, zapatico. Un ligero examen permite descubrir que la forma **-ico** tiende a aparecer solo cuando la última consonante de la raíz o lexema es **t**, evitando así la repetición tan próxima de dos **t**: ga**t**i**t**o. Claro está que esta solución (zapa**tit**o, ma**tit**a) también es posible, pero tiene una frecuencia menor que la otra (zapa**tic**o, ma**tic**a). Precisamente por eso la terminación **-ito** en estos casos tiene una connotación de elegancia o de formalidad de la que carece **-ico**, la forma ordinaria o familiar.

Finalmente, conviene señalar que la variante **-ito** puede adoptar una forma más o menos larga en función de la naturaleza fonética de la base o lexema al que se añade. Así, mientras las palabras no agudas la aceptan como tal (lib**rito**, arbo**lito**, platan**ito**), las agudas requieren con frecuencia un alargamiento, sobre todo si se trata de palabras monosilábicas (mujer**cita**, flor**ecita**, pie**cecito**).

UNIDAD # 21

PRESENTACIÓN

1. **renegar**:

   A. *Detestar, abandonar.
   *Pasarse de una religión a otra.
   *(fig.) Decir injurias contra uno, maldecirlo.

   B. "A pesar de los sufrimientos que padece, no **reniega** de sus creencias religiosas."
   "Cuando el supervisor se fue, comenzó a **renegar** contra la Compañía."

   C. [renegado, renegador; negar, negación, abnegar, denegar]

   D. Se conjuga como **negar**. La **e** diptonga en **ie** cuando recibe el acento: ren**ie**go, ren**ie**gan, pero ren**e**gaba, ren**e**gaste.

2. **plantear**:

   A. *Tratándose de problemas o cuestiones, presentarlos, proponerlos.
   *(fig.) Enfocar la solución de un problema, lléguese o no a obtenerla.

   B. "En la introducción **planteó** claramente el objetivo de su investigación."
   "Si quieres llegar a un acuerdo entre las partes, **plantea** una salida que no perjudique a nadie."

   C. [planteamiento, planteo; planta, plantel, desplantar, desplante, implantar, replantear, suplantar, trasplantar]

   D. Conjugación regular, como **pasear**.

3. **aludir**:

   A. *Referirse a una persona o cosa sin nombrarla. (Por referirse generalmente a personas o hechos personales lleva la preposición **a**, aunque se trate de cosas.)

   B. "Durante su exposición **aludía** continuamente a personajes de la literatura medieval española."
   "No estaba **aludiendo** a ti, sino al joven que se sentó al fondo del salón."

   C. [alusión, alusivo; eludir, ineludible]

   D. Conjugación regular, como **partir**.

4. **influir**:

A. *Producir una cosa cierto efecto sobre otra.
*(fig.) Ejercer una persona predominio o fuerza moral en el ánimo de otra.

B. "La calidad del producto **influye** en su precio."
"Su padre **influyó** en el gerente para que la contrataran como recepcionista."

C. [influencia, influjo, influyente; fluir, fluente, fluctuar, fluido, fluidez, flujo, afluir, confluir, refluir, reflujo, superfluo]

D. Conjugación irregular, como **huir**: influyo, influyes, influimos, influía, influyeron, influyan, influyendo.

5. **trepar**:

A. *Subir a un lugar elevado valiéndose de los pies y las manos.
*Crecer las plantas agarrándose a los árboles u otros objetos.
*(fig.) Intentar subir a una posición económica o social más elevada.

B. "El niño **trepó** hasta el tope del árbol y luego no era capaz de bajar."
"En poco tiempo la hiedra **trepará** por la pared y la cubrirá por completo."

C. [trepa, trepador, trepante]

D. Conjugación regular, como **amar**.

6. **suspirar**:

A. *Dar suspiros, solamente o diciendo alguna exclamación como "¡ay!", "¡Dios mío!", etcétera.
*(fig. -seguido de "por") Desear mucho cierta cosa.

B. "Oí cuando mi compañero **suspiraba** al entrar a la habitación después de una larga caminata."
"Desde niña **suspira** por unas vacaciones en Europa."

C. [suspiro; aspirar, aspirante, conspirar, espirar, espíritu, espiritual, expirar, inspirar, respirar, transpirar]

D. Conjugación regular, como **amar**.

7. **palpitar**:

A. *Latir, contraerse y dilatarse alternativamente el corazón.

*Levantarse y bajarse alternativamente con pequeños movimientos regulares la superficie de cualquier cosa.
*(fig.) Manifestarse con vehemencia un afecto.

B. "¿El corazón de un niño **palpita** con mayor o menor velocidad que el del adulto?"
"Después de tanto ejercicio sus sienes **palpitaban** aceleradamente."

C. [palpitación, palpitante, pálpito; palpar, palpable]

D. Conjugación regular, como **amar**.

8. **prever**:

A. *Ver con anticipación, percatarse por anticipado de alguna cosa.
*Pensar en la posibilidad de que ocurra cierta cosa y prepararse para ella.

B. "Los analistas políticos **habían previsto** el golpe de estado desde el año pasado."
"Ahorraré lo más que pueda ahora porque **preveo** que habrá un aumento de impuestos el próximo año."

C. [previsible, previsión, previsor, previsto; ver, vista, visual, entrever, proveer, providencia, revisar]

D. Se conjuga como **ver**: preveo, prevés, prevé, prevén, previó, previendo.

9. **replicar**:

A. *Contestar o argüir contra una respuesta o argumento.
*Decirle a alguien una cosa en contra de lo que afirma, propone o manda.

B. "El senador **replicó** con vigor las razones expuestas por su adversario político."
"Antiguamente los niños no **replicaban** las indicaciones de sus padres como ahora."

C. [réplica, repliegue; plegar, replegar, aplicar, complicar, explicar, implicar, suplicar]

D. Conjugación regular, como **amar**.

10. **retornar**:

A. *Devolver una cosa a la persona que la poseía.
*Volver al lugar o a la situación en que se estuvo.

B. "No te olvides de **retornar** el libro al compañero que te lo prestó."
"Sus hijos no **retornarán** de México hasta el final del verano."

C. [retorno; torno, tornar, tornillo, atornillar, destornillar, contorno, contornar, trastornar]

D. Conjugación regular, como **amar**.

11. **disputar**:

A. *Discutir con calor y enfado.
*Oponerse a otro pretendiendo lo mismo.

B. "Los niños están **disputando** porque uno quiere ver el partido de béisbol por la televisión y el otro prefiere una película de aventuras."
"**Disputan** los tres por el primer premio en el concurso de poesía."

C. [disputa, disputable, disputador, disputante, indisputable]

D. Conjugación regular, como **amar**.

12. **prosperar**:

A. *Mejorar de situación en la vida, especialmente en el aspecto económico.
*Aplicado a **idea**, **iniciativa**, **opinión** o palabras semejantes, ganar adeptos para triunfar o ser aprobado.

B. "Desde que se casaron, **han prosperado** mucho."
"La propuesta de construir un nuevo aeropuerto **prosperó** después de largos debates públicos."

C. [prosperidad, próspero]

D. Conjugación regular, como **amar**.

13. **conspirar**:

A. *Unirse varias personas contra algo o alguien, particularmente contra quien manda o gobierna.
*Se dice también de cosas que contribuyen al mismo resultado, generalmente malo.

B. "Se comenta que un grupo de militares **conspira** contra el gobierno."
"La ignorancia y el egoísmo **conspiraron** para destruir ese reciente matrimonio."

C. [conspiración, conspirador; espirar, aspirar, expirar, inspirar, respirar, suspirar, transpirar]

D. Conjugación regular, como **amar**.

14. **subsistir**:

A. *Permanecer, durar una cosa o conservarse.
*Mantener la vida, vivir.

B. "Entre muchas personas **subsiste** la creencia de que bañarse inmediatamente después de hacer ejercicios es peligroso para la salud."
"Su familia **subsiste** con lo poco que gana como vigilante nocturno."

C. [subsistencia, subsistente; existir, coexistir, asistir, consistir, desistir, insistir, persistir]

D. Se conjuga como **existir**.

15. **exhalar**:

A. *Despedir, hacer salir de sí gases, vapores u olores.
*(fig.) Dar o lanzar quejas, suspiros.

B. "En toda la habitación se percibe el agradable perfume que **exhalan** las rosas colocadas en el florero."
"Movió ligeramente la cabeza y **exhaló** el último suspiro."

C. [exhalación, exhalador; hálito, inhalar, inhalación]

D. Conjugación regular, como **amar**.

16. **divisar**:

A. *Ver una cosa a lo lejos, percibir en conjunto o confusamente un objeto.

B. "Desde el balcón se **divisa** todo el valle."
"Ya podemos **divisar** el avión entre las nubes blancas."

C. [divisa; dividir, individuo, individual, divisible, división, divisor, divisorio]

D. Conjugación regular, como **amar**.

17. **ejecutar**:

A. *Llevar a cabo, realizar o poner por obra una cosa.
*Ajusticiar a un condenado.
*Tocar una composición musical.

B. “El ingeniero prometió que **ejecutará** los trabajos de construcción del hospital en dieciséis meses.”
“El guitarrista **ejecutó** con gran maestría la famosa obra musical flamenca.”

C. [ejecución, ejecutante, ejecutivo, ejecutor, ejecutoria; exequias, exequátur]

D. Conjugación regular, como **amar**.

18. **rectificar**:

A. *Corregir una cosa para que sea más exacta o perfecta.
*Contradecir a otro en lo que ha dicho, por considerarlo erróneo.

B. “Antes de entregar tu composición debes **rectificar** los errores que te señalé.”
“El comentarista **rectificó** algunos aspectos de la presentación realizada por el panelista.”

C. [rectificación, rectificador, rectificativo; recto, rectitud, rectángulo, rectilíneo]

D. Conjugación regular, como **amar**.

19. **deleitar**:

A. *Causar placer en el ánimo o en los sentidos.

B. “La música **deleita** el oído.”
“Me **deleito** leyendo novelas y viendo televisión.”

C. [deleitable, deleitación, deleite, deleitoso; delicia, delicioso]

D. Conjugación regular, como **amar**.

20. **redimir**:

A. *Rescatar o sacar de la esclavitud al cautivo mediante precio.
*Dejar libre una cosa hipotecada, empeñada o sujeta a otro gravamen.
*En general, librar a alguien de una obligación.

B. “Jesucristo murió y resucitó para **redimir** a la humanidad del pecado.”
“Si no **redimes** tu casa durante este mes, la perderás.”

C. [redención, redentor, redentorista, irredento]

D. Conjugación regular, como **partir**.

EJERCITACIÓN

Palabras presentadas en esta unidad:

1. renegar, 2. plantear, 3. aludir, 4. influir, 5. trepar, 6. suspirar, 7. palpitar, 8. prever, 9. replicar, 10. retornar, 11. disputar, 12. prosperar, 13. conspirar, 14. subsistir, 15. exhalar, 16. divisar, 17. ejecutar, 18. rectificar, 19. deleitar, 20. redimir.

I. Copie en orden alfabético y lea en voz alta cada uno de los 20 verbos de la lista anterior:

1.______________, 2.______________, 3.______________, 4.______________,

5.______________, 6.______________, 7.______________, 8.______________,

9.______________, 10.______________, 11.______________, 12.______________,

13.______________, 14.______________, 15.______________, 16.______________,

17.______________, 18.______________, 19.______________, 20.______________.

II. En cada caso escriba el verbo de la lista anterior cuyo sentido coincida o se relacione estrechamente con el de las palabras dadas a continuación:

1. adivinar, pronosticar, vaticinar, presentir, sospechar: ________________
2. permanecer, conservarse, continuar, durar; sobrevivir, existir: ________________
3. enmendar, corregir, modificar, perfeccionar, mejorar: ________________
4. discutir, porfiar, cuestionar, contender, altercar, reñir: ________________
5. escalar, subir, elevarse, ascender, encaramarse: ________________
6. entrever, distinguir, columbrar, vislumbrar: ________________
7. responder, contestar, objetar, contradecir, alegar, argumentar: ________________
8. salvar, liberar, emancipar, rescatar, libertar: ________________
9. exponer, proponer, sugerir, suscitar: ________________

10. confabularse, tramar, intrigar, complotar, maquinar: ________________

11. desear, querer, anhelar, ansiar; sollozar, quejarse: ________________

12. agradar, gustar, encantar, recrear, distraer, complacer: ________________

13. contribuir, ayudar, apoyar; actuar, ejercer: ________________

14. regresar, llegar, volver; restituir, reembolsar: ________________

15. adelantar, progresar, mejorar, florecer, enriquecerse: ________________

16. referirse, señalar, citar, mencionar: ________________

17. despedir, emitir, irradiar, emanar, lanzar: ________________

18. detestar, aborrecer; abandonar, renunciar; maldecir, insultar: ________________

19. pulsar, latir, moverse; estremecerse, tiritar: ________________

20. cumplir, efectuar, realizar, consumar, hacer, verificar: ________________

III. Rellene cada espacio en blanco con la forma adecuada del verbo de la lista anterior que mejor convenga:

1. A lo lejos, el marinero ______________ un pequeño barco que parecía venir en dirección opuesta.

2. Los familiares de la víctima querían que ________________ al prisionero que había sido condenado por la violación y el asesinato de la niña.

3. Te recomiendo que ________________ tu mal comportamiento si quieres tener éxito en la vida.

4. Al fin pudo pagar la deuda para __________ la casa que había hipotecado el año pasado.

5. Cuando estoy en la casa, lo que más me ________________ es ver películas de aventuras por televisión.

6. La fragancia que ________________ esas flores es más agradable que la de los claveles.

7. Cuando los niños ______________________ de Canadá, comenzarán a estudiar alemán.

8. Si quieres esos mangos, busca a alguien que _______________ desde el tronco hasta las ramas donde se encuentran.

9. Curiosamente, de todos los miembros de la familia el que más ____________________ económicamente es el que menos ha estudiado.

10. Les pidió a los estudiantes que ____________________ el problema antes de desarrollar su presentación.

11. Es natural que el corazón _____________ con más frecuencia después de la realización de un ejercicio físico que cuando la persona está sentada tranquilamente.

12. En el país aún _________________ la costumbre de obsequiar regalos a los niños el día 6 de enero de cada año.

13. No _______________ mis órdenes si no quieres que te despida del trabajo.

14. Leyó un largo discurso en el que ___________________ reiteradamente a los héroes de la Independencia.

15. El progresivo aumento del costo de la vida permite _______________ que las protestas y las manifestaciones populares continuarán.

16. Nunca ______________ de tus padres aunque sientas que no te han tratado justamente.

17. Las circunstancias familiares ______________ en el comportamiento y en la educación de los niños.

18. Durante varios años, los vecinos _________________ la propiedad de la finca y al final ninguno de los dos la logró.

19. Cuando era niño __________________ por tener una bicicleta.

20. El Presidente anunció que todo el que _______________ contra la paz de la nación será sometido a la acción de la Justicia.

IV. Redacte una oración original, diferente de las que aparecen ejemplificadas, con cada uno de los siguientes verbos:

1. renegar: ______________________________
2. plantear: ______________________________
3. aludir: ______________________________
4. influir: ______________________________
5. trepar: ______________________________
6. suspirar: ______________________________
7. palpitar: ______________________________
8. prever: ______________________________
9. replicar: ______________________________
10. retornar: ______________________________
11. disputar: ______________________________
12. prosperar: ______________________________
13. conspirar: ______________________________
14. subsistir: ______________________________
15. exhalar: ______________________________
16. divisar: ______________________________
17. ejecutar: ______________________________
18. rectificar: ______________________________
19. deleitar: ______________________________
20. redimir: ______________________________

UNIDAD # 22

PRESENTACIÓN

1. **desconcertar**:

A. *Perturbar el orden o concierto de cosas o personas.
*Desorientar o turbar a alguien, dejarlo sin saber exactamente lo que pasa.

B. "Resultó muy difícil continuar el ejercicio después que el incidente **desconcertó** a los estudiantes en la clase."
"Su violenta reacción ante lo que dije me **desconcierta**."

C. [desconcertado, desconcertante, desconcierto; concertar, concierto]

D. Conjugación irregular, como **acertar**. La última **e** de la raíz diptonga en **ie** cuando recibe el acento: desconc**ie**rto, desconc**ie**rta, desconc**e**rtó, desconc**e**rtado.

2. **efectuar**:

A. *Poner por obra, ejecutar una cosa.
*(-se) Cumplirse, realizarse una cosa.

B. "Llegamos cuando **efectuaban** el cambio de guardia frente al Palacio Nacional."
"La asamblea **se efectuó** en uno de los salones del hotel."

C. [efectividad, efectivo, efectista, efecto; eficaz, eficacia, eficiente, coeficiente]

D. Conjugación regular, como **actuar**: efect**ú**o, efect**ú**as, efectuamos, efectuó, efectuarán.

3. **remontar**:

A. *Elevar una cosa por el aire.
*Superar algún obstáculo o dificultad.
*(-se) Subir o volar muy alto las aves, los aviones.
*(fig. [-se]) Subir hasta el origen de una cosa.

B. "El águila **se remontó** tan alto que apenas se divisaba borrosamente como un punto negro entre las nubes."
"El historiador **se remonta** en ese libro hasta el siglo XV."

C. [remonta; monte, montaña, montaraz, montear, amontonar, montar, desmontar, desmonte]

D. Conjugación regular, como **amar**.

4. **abatir**:

A. *Derribar, echar por tierra alguna cosa.
*Inclinar, poner tendido lo que estaba vertical.
*Hacer perder a alguien el ánimo, las fuerzas.

B. "El impacto del vehículo **abatió** al caballo que cruzaba la carretera."
"Lo **abaten** los problemas familiares que enfrenta después de la muerte de su padre."

C. [abatible, abatido, abatimiento; batir, combatir, combate, combativo, debatir, debate, rebatir]

D. Conjugación regular, como **partir**.

5. **ingresar**:

A. *Pasar a formar parte de una asociación, un centro de enseñanza, etc., como miembro o alumno de ellos.
*Entrar o entregar dinero en un banco o establecimiento semejante.

B. "Se espera que el próximo año **ingresen** más de dos mil estudiantes a la universidad."
"Hoy **ingresaré** dos mil pesos en mi cuenta corriente."

C. [ingreso, ingrediente; egresar, egreso, reingresar, progresar, progresivo, progresista, regresar, regreso]

D. Conjugación regular, como **amar**.

6. **compadecer**:

A. *Apenarse por el padecimiento de otros y desear aliviarlo.
*(-se) Estar de acuerdo o venir bien una cosa con otra.

B. "Desde que era pequeño **compadezco** a mi hermana que siempre vivió en la pobreza, sobrellevando la enfermedad de su esposo."
"Tanto lujo no **se compadece** con la situación de estrechez económica que vive el país."

C. [compasión, compasivo; apasionado, apasionamiento, apasionante; padecer, padecimiento, compatible, paciencia, impaciencia, impacientar, pasión, pasional, pasivo]

D. Se conjuga como **agradecer**: compade**z**co, compadeces, compadecen, compade**z**can, compadecía, compadecerán.

7. **restaurar**:

A. *Volver a poner una obra en el estado que antes tenía.
*Restablecer a un rey en su trono o un régimen político derrocado.

B. "El ministro anunció que **restaurarán** el viejo edificio para convertirlo en un museo."
"Los revolucionarios han asegurado que solo descansarán cuando **restauren** el gobierno democrático derrocado por los militares."

C. [restauración, restaurador, restaurante; instaurar, instauración]

D. Conjugación regular, como **amar**.

8. **surtir**:

A. *Proveer o dar a alguien todo lo que necesita de cierta cosa.
*Cuando se construye con la palabra **efecto** como objeto directo, significa **producir**.

B. "Los almacenes que **surten** de ropa a la tienda fueron declarados en bancarrota."
"La muerte de Juan **surtió** un efecto desolador en la joven viuda."

C. [surtidero, surtido, surtidor, resurtir; resorte]

D. Conjugación regular, como **partir**.

9. **pregonar**:

A. *Anunciar algo con un pregón.
*Anunciar a gritos una mercancía por la calle.
*(fig.) Proclamar, decir una cosa para que la sepan todos.

B. "Las jóvenes vendedoras **pregonan** las flores por las calles del barrio todas las mañanas."
"Uno de los vecinos **pregonó** el rumor de que la pareja estaba en vías de divorciarse."

C. [pregón, pregonero; preconizar, preconización]

D. Conjugación regular, como **amar**.

10. **esquivar**:

A. *Procurar o conseguir con habilidad no hacer algo, no encontrarse con alguien o que no ocurra alguna cosa que a uno le molestaría o lo pondría en un aprieto.

B. "Me di cuenta de lo que quería y **esquivé** su petición."
"Por más que lo intentó, el entrevistado no logró **esquivar** la pregunta de la periodista."

C. [esquivo, esquivez]

D. Conjugación regular, como **amar**.

11. **emitir**:

A. *Despedir o exhalar hacia afuera una cosa.
*Transmitir o lanzar al espacio una estación música, programas, etc.
*Expresar, manifestar juicios, opiniones.
*Fabricar y poner en circulación billetes de banco, acciones u otros valores.

B. "A partir de la próxima semana, uno de los canales de televisión del país **emitirá** un programa sabatino de música folclórica."
"El Banco Central **emitió** cien mil billetes de cien pesos."

C. [emisario, emisión, emisor; meter, cometer, prometer; misión, misiva, admitir, dimitir, omitir, permitir, remitir, trasmitir]

D. Conjugación regular, como **partir**.

12. **holgar**:

A. *Descansar después de una fatiga.
*No trabajar, estar ocioso.
*Estar de más, ser algo innecesario.

B. "A su edad es natural que prefiera **holgar** y disfrutar de la compañía de su familia."
"Después de sus declaraciones, **huelgan** los comentarios."

C. [holgado, holganza, holgazán, holgazanear, holgazanería; holgura, jolgorio, huelga, huelguista, juerga]

D. Conjugación irregular, como **contar**. La **o** diptonga en **ue** cuando recibe el acento: h**ue**lga, h**ue**lguen, h**o**lgaba, h**o**lgarán.

13. **allanar**:

A. *Quitar las desigualdades de un terreno o de otra cosa dejándolo todo al mismo nivel.
*(fig.) Superar obstáculos, vencer alguna dificultad.
*Entrar por la fuerza en casa ajena para inspeccionarla.

B. "Para poder jugar pelota en este terreno habrá que **allanarlo** primero."
"La policía **allanó** la casa del sospechoso y encontró varias armas de fuego."

C. [allanamiento, llano, llaneza, llanura; plano, aplanar, arrellanarse, planicie, explanada, planear]

D. Conjugación regular, como **amar**.

14. **compensar**:

A. *Equilibrar un efecto con otro, neutralizar.
*Dar algo a una persona por un daño que se le ha causado.

B. "El aumento de sueldo no **compensa** las continuas alzas de precios en los alimentos."
"La compañía **compensará** a la familia del difunto con una considerable suma de dinero."

C. [compensación, compensatorio, recompensar, recompensa]

D. Conjugación regular, como **amar**.

15. **ensanchar**:

A. *Poner más ancha una cosa.

B. "Cuando **ensanchen** esa calle, varias casas tendrán que ser destruidas."
"Le practicaron una delicada operación para **ensancharle** la arteria aorta."

C. [ensanchamiento, ensanche; ancho, anchura; amplio, ampliar, ampliación, amplitud, amplificar]

D. Conjugación regular, como **amar**.

16. **aborrecer**:

A. *Sentir o tener aversión, experimentar hacia algo o alguien un sentimiento que impulsa a apartarse de la persona o cosa de que se trata.

B. “Antes **aborrecía** a las personas pedantes y presumidas; ahora les tengo lástima.”
“De tanto comer longaniza, terminó **aborreciéndola**.”

C. [aborrecible, aborrecimiento; aburrir, aburrimiento]

D. Conjugación irregular, como **agradecer**: aborre**zc**o, aborreces, aborrecía, aborre**zc**an.

17. **fluir**:

A. *Deslizarse un líquido por algún sitio o brotar de un sitio.
*(fig.) Salir palabras, expresiones o ideas de la boca o de la mente de alguien.

B. “Las aguas de la lluvia **fluían** lentamente a través de la cañada.”
“Las palabras **fluyen** de su boca con una facilidad impresionante.”

C. [fluente, fluencia, fluidez, fluido; afluir, confluir, confluencia, efluvio, influir, influencia, influjo, refluir, reflujo, superfluo; fluctuar, fluctuación, fluctuante, flujo]

D. Conjugación irregular, como **huir**: flu**y**e, fluía, fluirá, flu**y**an, flu**y**era.

18. **obstinarse**:

A. *Mantenerse uno tenazmente en una resolución, propósito u opinión sin dejarse vencer por razonamientos, ruegos o amonestaciones, ni por obstáculos.

B. “Ese niño **se obstina** en salir sin abrigarse adecuadamente.”
“Si **te obstinas** en tu deseo de superarte, lo conseguirás.”

C. [obstinación, obstinado; destinar, destino, destinatario, predestinar, predestinación]

D. Conjugación regular, como **amar**.

19. **percatarse**:

A. *Darse cuenta, adquirir conocimiento de cierta cosa.

B. “No **se percató** de que lo estábamos saludando.”
“Por suerte, **me percaté** a tiempo del error y lo corregí.”

C. [catar, catear, catador]

D. Conjugación regular, como **amar**.

20. **sustentar**:

A. *Estar debajo de una cosa para evitar que se caiga o toque el suelo.
*Proporcionar a alguien lo que necesita para vivir.
*(-se) Alimentarse, nutrirse.
*Tener o defender una idea u opinión.

B. "En este lugar se necesita una viga que **sustente** el techo de la casa."
"Con lo poco que gana **sustenta** a su familia."

C. [sustentación, sustentáculo, sustentador, sustentamiento, sustento; tener, abstener, atener, contener, detener, detentar, entretener, obtener, retener, sostener]

D. Conjugación regular, como **amar**.

EJERCITACIÓN

Palabras presentadas en esta unidad:

1. desconcertar, 2. abatir, 3. remontar, 4. efectuar, 5. ingresar, 6. compadecer, 7. restaurar, 8. surtir, 9. pregonar, 10. esquivar, 11. emitir, 12. holgar, 13. allanar, 14. compensar, 15. ensanchar, 16. aborrecer, 17. fluir, 18. obstinarse, 19. percatarse, 20. sustentar.

I. Copie en orden alfabético y lea en voz alta cada uno de los 20 verbos de la lista anterior:

1.______________, 2.______________, 3.______________, 4.______________,

5.______________, 6.______________, 7.______________, 8.______________,

9.______________, 10.______________, 11.______________, 12.______________,

13.______________, 14.______________, 15.______________, 16.______________,

17.______________, 18.______________, 19.______________, 20.______________.

II. En cada caso escriba el verbo de la lista anterior cuyo sentido coincida o se relacione estrechamente con el de las palabras dadas a continuación:

1. contrapesar, equilibrar, indemnizar, resarcir, subsanar: ______________

2. odiar, detestar, despreciar, abominar: ______________

3. nivelar, igualar, aplanar, arrasar: ______________

4. descansar, reposar; sobrar: ______________

5 manifestar, expresar, pronunciar; exhalar, irradiar, despedir: ______________

6. elevar, encumbrar, subir, alzar: ______________

7. aprovisionar, abastecer, proveer, proporcionar: ______________

8. anunciar, publicar, vocear, proclamar, divulgar: ______________

9. correr, brotar, salir, surgir, deslizarse, discurrir: ______________

10. desorientar, confundir, turbar, atontar: ________________

11. ampliar, agrandar, extender, dilatar, aumentar: ________________

12. reconstruir, arreglar, reparar, restablecer, reponer: ________________

13. entrar, internarse, afiliarse; meter: ________________

14. sostener, mantener, apoyar, respaldar; alimentar, nutrir: ________________

15. encapricharse, aferrarse, empeñarse, insistir: ________________

16. enterarse, darse cuenta, advertir, notar, reparar: ________________

17. apiadarse, dolerse, condolerse, compungirse: ________________

18. derribar, tumbar; desalentar, desanimar, agobiar: ________________

19. realizar, cumplir, hacer, llevar a cabo, verificar: ________________

20. evadir, eludir, evitar, rehuir: ________________

III. Rellene cada espacio en blanco con la forma adecuada del verbo de la lista anterior que mejor convenga:

1. Un policía ________________ a balazos al ladrón que intentaba fugarse.

2. No te entregarán las fotografías hasta que no ______________ el pago correspondiente.

3. A pesar de los consejos de su padre, ella ______________________ en su deseo de irse a estudiar a la capital.

4. El gobierno anunció que ____________ las deterioradas calles de la zona colonial antes de fin de año.

5. Ciertas preguntas de los niños ________________ a sus padres, que a menudo no saben cómo responder.

6. "Cuentan de un sabio que un día, tan pobre y mísero estaba, que solo se __________con unas hierbas que comía."

7. Varios tractores _________________ el terreno donde se piensa construir el edificio.

8. Tiene tantos problemas que todas las personas se ____________________ de él.

9. Todo el mundo sabe la noticia porque Raúl la ______________ por el barrio y entre sus compañeros de clase.

10. El avión se ______________________ a más de 9,000 metros de altura.

11. Han pasado ya 10 años desde que nuestro tío ____________________ a la Academia de Ciencias.

12. Continué a la misma velocidad porque no ______________________ de que el semáforo estaba en rojo.

13. El motor de su carro ___________________ un sonido estridente que llamaba la atención de la gente.

14. ______________________ que me vigilen y desconfíen de mí.

15. El río está casi seco y la corriente de agua ya no ______________ con tanta fuerza como antes.

16. Las plantas que ______________ de electricidad a la región norte son obsoletas y pronto tendrán que ser sustituidas por otras.

17. Se encontraba _____________ en la tranquilidad de su casa cuando ocurrió el accidente.

18. Los empleados despedidos de su trabajo ___________________ por la empresa con cien mil pesos cada uno.

19. Cruzó la calle tratando de ___________________________ el encuentro conmigo.

20. Si eliminas esta pared, puedes _______________ la habitación de los niños y así estarán más cómodos.

IV. Redacte una oración original, diferente de las que aparecen en esta unidad, con cada una de las palabras estudiadas:

1. desconcertar: ______________________________

2. abatir: ______________________________

3. remontar: ______________________________

4. efectuar: ______________________________

5. ingresar: ______________________________

6. compadecer: ______________________________

7. restaurar: ______________________________

8. surtir: ______________________________

9. pregonar: ______________________________

10. esquivar: ______________________________

11. emitir: ______________________________

12. holgar: ______________________________

13. allanar: ______________________________

14. compensar: ______________________________

15. ensanchar: ______________________________

16. aborrecer: ______________________________

17. fluir: ______________________________

18. obstinarse: ______________________________

19. percatarse: ______________________________

20. sustentar: ______________________________

REVISIÓN DE UNIDADES 21 y 22

Junto a cada una de las 30 descripciones o definiciones dadas, escriba el número (entre 1 y 40) correspondiente a la palabra adecuada. Luego, encuentre en la **sopa de letras**, y encierre entre líneas, las 30 palabras seleccionadas. Esas palabras pueden aparecer horizontal, vertical o diagonalmente, en un sentido o en el inverso.

___ sinónimo de "regresar", o de "devolver"
___ contrario de "esclavizar", "oprimir"
___ contraerse y dilatarse alternativamente el corazón
___ sinónimo de "correr", "manar", "brotar"
___ contrario de "amar", "admirar"
___ sinónimo de "suministrar", "aprovisionar"
___ ver con anticipación, darse cuenta por anticipado
___ sinónimo de "cuestionar", "altercar", "discutir"
___ elevar una cosa por el aire
___ contrario de "estrechar", "reducir"
___ sinónimo de "tener lástima", "condolerse"
___ contrario de "desnivelar"
___ sinónimo de "darse cuenta", "enterarse"
___ sinónimo de "entrar", o de "afiliarse"
___ contrario de "morir", "desaparecer"
___ contrario de "aburrir", o de "enojar"
___ sinónimo de "realizar", y de "ajusticiar"
___ contrario de "empeorar", "atrasarse"
___ sinónimo de "evitar", "evadir"
___ referirse a una persona o cosa
___ sinónimo de "enmendar", "corregir"
___ contrario de "permanecer fiel", o de "aceptar"
___ producir cierto efecto sobre algo o alguien
___ contrario de "exaltar", o de "levantar"
___ sinónimo de "proclamar", "vocear"
___ sinónimo de "distinguir", "vislumbrar"
___ sinónimo de "alimentar", "sostener"
___ sinónimo de "descansar", "reposar"
___ equilibrar un efecto con otro
___ subir a un lugar usando los pies y las manos

1. renegar, 2. plantear, 3. aludir, 4. influir, 5. trepar, 6. suspirar, 7. palpitar, 8. prever, 9. replicar, 10. retornar, 11. disputar, 12. prosperar, 13. conspirar, 14. subsistir, 15. exhalar, 16. divisar, 17. ejecutar, 18. rectificar, 19. deleitar, 20. redimir, 21. desconcertar, 22. abatir, 23. remontar, 24. efectuar, 25. ingresar, 26. compadecer, 27. restaurar, 28. surtir, 29. pregonar, 30. esquivar, 31. emitir, 32. holgar, 33. allanar, 34. compensar, 35. ensanchar, 36. aborrecer, 37. fluir, 38. obstinarse, 39. percatarse, 40. sustentar.

SOPA DE LETRAS 11

G	C	R	A	R	E	P	S	O	R	P	H	Y	R	E	V	E	R	P	M
D	M	A	V	A	R	J	D	W	S	J	O	M	E	P	R	V	R	Q	D
A	R	S	R	T	Y	I	E	N	O	S	L	X	N	A	I	E	E	C	C
L	A	N	I	U	R	B	N	C	V	U	G	R	S	L	M	S	C	O	M
U	C	E	T	P	N	N	K	G	U	S	A	T	A	P	I	R	E	M	R
D	I	P	S	S	Q	M	C	R	R	T	R	L	N	I	D	A	R	P	A
I	F	M	I	I	X	B	I	A	I	E	A	F	C	T	E	T	R	A	N
R	I	O	S	D	X	T	V	E	T	N	S	R	H	A	R	A	O	D	O
A	T	C	B	G	R	I	L	O	X	T	O	A	A	R	H	C	B	E	G
S	C	V	U	U	U	E	R	G	J	A	T	P	R	J	G	R	A	C	E
I	E	X	S	Q	D	N	R	Y	N	R	F	E	R	A	G	E	N	E	R
V	R	V	S	R	A	B	A	T	I	R	A	R	F	V	C	P	A	R	P
I	S	E	S	R	E	F	L	U	I	R	A	T	N	O	M	E	R	P	L
D	D	N	E	I	N	F	L	U	I	R	R	A	N	A	L	L	A	D	H

CRUCIGRAMA 11

Este **crucigrama** contiene, en diferentes formas flexionales, las 40 palabras de las unidades 21 y 22. Complete cada una de las oraciones dadas con la forma de la palabra que mejor convenga al contexto y de esa manera encontrará la solución del crucigrama.

1. renegar, 2. plantear, 3. aludir, 4. influir, 5. trepar, 6. suspirar, 7. palpitar, 8. prever, 9. replicar, 10. retornar, 11. disputar, 12. prosperar, 13. conspirar, 14. subsistir, 15. exhalar, 16. divisar, 17. ejecutar, 18. rectificar, 19. deleitar, 20. redimir, 21. desconcertar, 22. abatir, 23. remontar, 24. efectuar, 25. ingresar, 26. compadecer, 27. restaurar, 28. surtir, 29. pregonar, 30. esquivar, 31. emitir, 32. holgar, 33. allanar, 34. compensar, 35. ensanchar, 36. aborrecer, 37. fluir, 38. obstinarse, 39. percatarse, 40. sustentar.

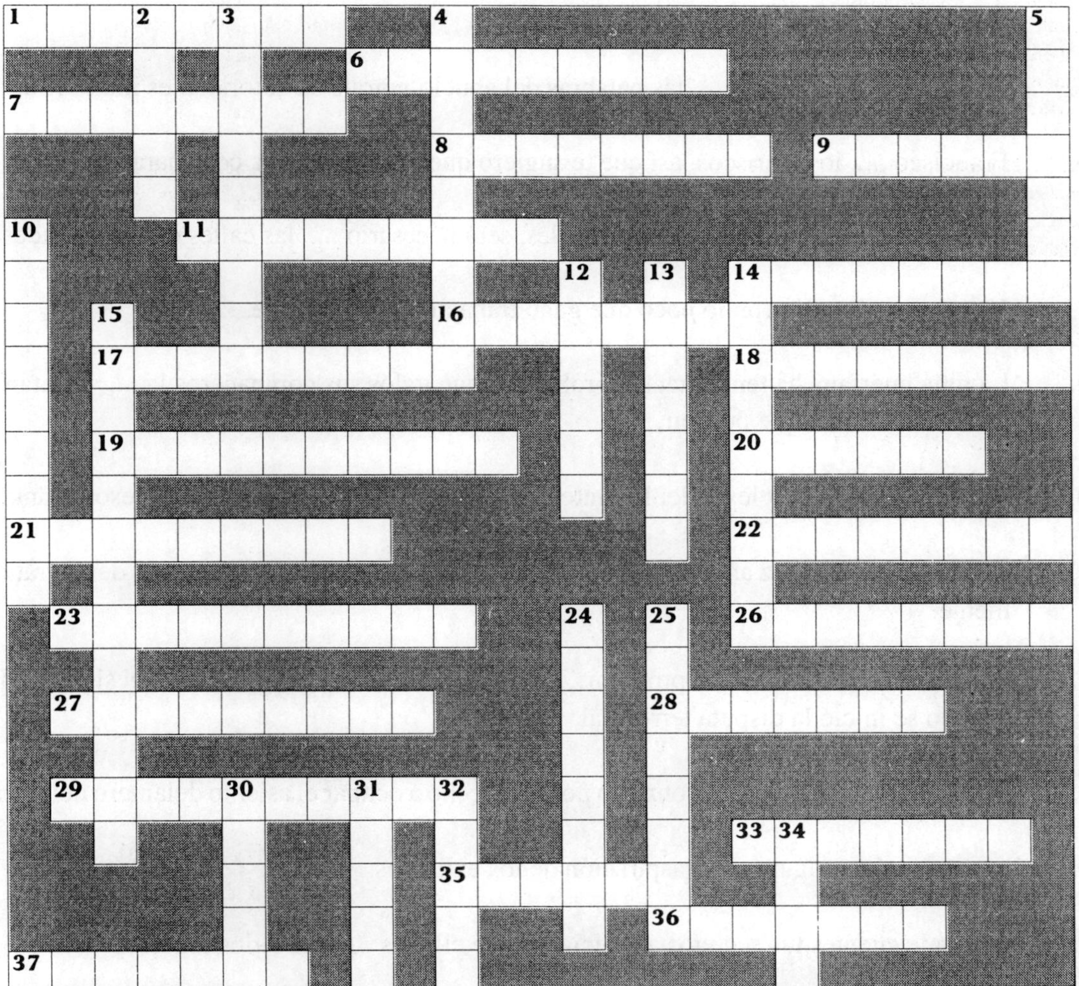

HORIZONTALES:

1. Es imposible que en la actualidad una familia ..... con solo 200 dólares al mes.

6. Mi padre siempre decía que para ..... en la vida es necesario trabajar duro y tener buena suerte.

7. Para ..... en la universidad es necesario tomar unos exámenes especiales.

8. Si deseas que te entendamos, debes ..... claramente lo que quieres y dejarte de rodeos.

9. Con todas las calamidades que le han ocurrido, ... decir que está muy deprimida.

11. Antes de morir, el hombre distribuyó todos sus bienes ..... que, si no lo hacía él, habría disputas entre los herederos.

14. En su casa nadie puede ..... las palabras del abuelo porque su autoridad es indiscutida.

16. Francisco ..... los mariscos, así que te sugiero que le guardes otra cosa para comer.

17. Si la gente sigue comprando automóviles, será necesario ..... las calles de las ciudades.

18. Yo ..... a mi familia con lo poco que gano trabajando día y noche.

19. La niña huérfana ha tenido tantos problemas que todos sus compañeros la ..... y tratan de ayudarla en lo que pueden.

20. En el libro que estoy leyendo, los autores ..... a las investigaciones del profesor Frank.

21. Lo condenaron a diez años de prisión por ..... en contra del gobierno elegido democráticamente.

22. Para entender las raíces del problema, te debes ..... a los acontecimientos del siglo XVIII, cuando se inició la disputa territorial.

23. Mis hermanos siempre ..... conmigo por el derecho a ocupar el asiento delantero del carro.

26. ..... a su país era la máxima aspiración de los exiliados.

27. Nunca le cuentes tus secretos a Felicia porque ella los ..... por todos lados.

28. Algo le ocurre a Pedro, porque cada vez que intento verlo a los ojos ..... mi mirada.

29. Tenía el pulso tan acelerado que pensaba que su corazón ..... sin control hasta explotar.

33. Mi marido nunca se ..... cuando tengo un peinado nuevo y eso me enfada mucho.

35. Todavía tiene pesadillas en las que la policía ..... su casa y destruye todos sus muebles.

36. Marta dice que solo se casará con Joaquín si él ..... de su fe y se convierte, pero él no está dispuesto a aceptar esa condición.

37. La boda se ..... el 10 de abril en la capilla de la universidad.

38. Cuando Mario se ..... en una idea es imposible hacerlo cambiar de parecer.

39. En cuanto ..... el carro de su novio, salió corriendo a su encuentro.

VERTICALES:

2. El propietario de la tienda siempre se ..... de los mejores productos de la zona.

3. Supe que estaba enamorada de Eduardo porque ..... cada vez que veía una foto de él.

4. Para ..... la falta de hierro en el cuerpo, el médico le recomendó tomar unas pastillas.

5. El entrenador me dijo que para no cansarme mucho mientras corro, debo inhalar por la nariz y ..... todo el aire posible por la boca.

10. Cuando se dio cuenta del error, ... sus palabras y pidió disculpas.

12. De niños solíamos ..... a aquel árbol enorme para mirar los campos de maíz.

13. Fernando se ..... leyendo historietas de aventuras y jugando ajedrez con sus vecinos.

14. Según el arquitecto, ... ese edificio costará más que volver a construirlo de nuevo.

15. Las actitudes cambiantes de su madrastra lo ..... y por eso él prefiriría irse de la casa.

24. Dejó que las ideas ..... en su mente hasta que encontró una solución para el problema.

25. Para ..... el proyecto los ingenieros tendrán que contratar a más de cien obreros.

30. Su padre fue la persona que más ..... en su decisión de estudiar medicina.

31. El deseo principal de su vida era ..... la imagen de su padre injustamente encarcelado y ejecutado por un crimen que no cometió.

32. Dicen que el viejo murió de pena porque la ausencia de su mujer lo ..... emocionalmente.

34. El gobierno ..... un comunicado de prensa en el que informa que el número de víctimas del huracán asciende a veinte.

DIGRESIÓN SEMÁNTICA

Un fenómeno semántico abundante en todas las lenguas es la relación de contrariedad de significado entre dos palabras. En español podrían citarse muchas parejas de este tipo:
amar - odiar, **salir - entrar**, **bueno - malo**, **soltero - casado**, **tío - sobrino**.

En los casos anteriores la oposición de sentido se manifiesta por medio de una oposición léxica, es decir, a través de palabras diferentes en cuanto a su constitución fonológica. Pero existe también la posibilidad de crear parejas de contrarios semánticos por medio del recurso morfológico de la prefijación: **hacer - deshacer**, **tranquilizar - intranquilizar**, **posible -imposible**, **legal - ilegal**, **igual - desigual**. La abundancia de estas palabras de sentido opuesto es probablemente una consecuencia de la tendencia humana a polarizar la experiencia y el conocimiento, a pensar a base de contrarios.

Un ligero análisis del fenómeno que comentamos, tradicionalmente llamado **"antonimia"**, permite apreciar que existen tres tipos de "contrariedad" de significado:

I. Se llama **antonimia** la relación establecida entre términos contrarios que son regularmente graduables. Como ejemplo puede pensarse en los pares **ancho - estrecho**, **caliente - frío**, **grande - pequeño**, que pueden ser considerados en función de grados de la cualidad a la que se refieren. Una calle puede ser **tan** ancha, **menos** ancha o **más** ancha que otra. Muchas parejas de antónimos, además, se caracterizan por permitir la presencia de términos intermedios entre un contrario y otro: entre **grande** y **pequeño** está **mediano**; entre **caliente** y **frío** se encuentran **tibio**, **templado**, **fresco**, etc.

II. Recibe el nombre de **complementariedad** la relación que se establece entre palabras cuyos sentidos se excluyen mutuamente y no admiten términos intermedios:
vivo - muerto, **ajeno - propio**, **par - impar**. El rasgo más importante de este tipo de contrarios consiste en que la afirmación de uno implica la negación del otro y a la inversa. No expresan grados de una misma cualidad, sino que cada uno representa un miembro de una oposición binaria o bipolar: un animal está **vivo** o **muerto**; un número es **par** o **impar**. No existe otra posibilidad.

III. Finalmente, se denomina **inversión** o **reciprocidad** la relación existente entre términos contrarios que se suponen mutuamente o, si se quiere, que se implican bilateralmente, como **vender - comprar**, **causa - efecto**, **padre - hijo**. El sentido de uno de los dos elementos requiere o supone el del otro: para que una persona **compre** necesariamente otra tiene que **vender**; una cosa es **causa** si tiene o produce un **efecto**.

En resumen, podemos concluir de esta manera:

antónimos:	**X ==> -Y**	[la afirmación de un término implica la negación del contrario, pero la negación de uno no implica la afirmación del otro]
complementarios:	**X <==> -Y**	[la afirmación de uno implica la negación del otro y a la inversa]
inversos:	**X <==> Y**	[ambos términos se implican mutuamente]

UNIDAD # 23

PRESENTACIÓN

1. **exuberante**:

A. *Extraordinariamente abundante o rico, en sí mismo o en la cosa que le es propia.

B. "La selva andina tiene una vegetación **exuberante**."
"El colorido **exuberante** de aquel pájaro tropical nos llamó la atención."

C. [exuberancia; ubre; ubérrimo]

2. **estridente**:

A. *Se aplica a los sonidos agudos, fuertes y no agradables, como el pitido de un tren.
*Se aplica también a otras cosas que afectan sentidos distintos del oído o producen impresiones no sensoriales; en general, a cualquier cosa en la que hay exageración o contraste violento.

B. "El crujido de la puerta al abrirse fue **estridente** y la niña se despertó asustada."
"No me gusta esa camisa de colores **estridentes** que parece un disfraz de carnaval."

C. [estridencia]

3. **cálido**:

A. *(Aplicado a climas) Muy caliente.
*(fig.) Caluroso, afectuoso.
*(Aplicado a pintura) Colorido en el que predominan los tonos rojizos o dorados.

B. "Las aguas del Mar Caribe son **cálidas**."
"Cuando llegó, sus amigos le dieron una **cálida** bienvenida en el aeropuerto."

C. [calidez; caldo, caldear, caldera]

4. **cínico**:

A. *Se aplica a los filósofos de la escuela socrática fundada por Antístenes.
*Desvergonzado, impúdico, sinvergüenza; persona que comete actos vergonzosos sin ocultarse y sin sentir vergüenza por ellos.

B. "Aquel prestamista era un **cínico** que se aprovechaba de la necesidad de la gente para explotarla."

"Su respuesta fue muy **cínica**: me dijo que yo era un gran empleado y luego me despidió."

C. [cinismo]

5. **soberano**:

A. *Que ejerce o posee la autoridad suprema e independiente.
*Independiente.
*Excelente, no superado.
*Extremo, muy grande.

B. "Colombia es un país **soberano**."
"Los paisajes de la costa mediterránea son de una belleza **soberana**."

C. [soberanear, soberanía; sobre; superar; superior, superioridad; supremo, supremacía]

6. **estupendo**:

A. *Admirable, muy bueno, muy hermoso o muy sorprendente.

B. "El resultado fue **estupendo**, inigualable."
"José es un **estupendo** candidato para el puesto de gerente de la empresa."

C. [no tiene "parientes" léxicos]

7. **monótono**:

A. *En un solo tono.
*(fig.) Que carece de variaciones en cualquier otra cualidad.

B. "El ruido **monótono** del reloj lo hizo dormir."
"El paisaje del desierto es **monótono**: solo tiene piedras y uno que otro cactus."

C. [monotonía]

8. **sensual**:

A. *Sensitivo.
*Se aplica a los placeres y gustos de los sentidos, a las cosas que los provocan y a las personas aficionadas a ellos o dominadas por ellos.
*Relativo al apetito sexual.

B. "Todos miraban a la mujer que traía ese vestido tan **sensual**."

"Para la luna de miel les regalamos unas sábanas muy **sensuales**."

C. [sensualidad, sensualismo, sensualista; sentir, sentido; sentimiento, sentimental; sensación, sensacional; sensible, sensibilidad; sensitivo, sensorial]

9. **idóneo**:

A. *Adecuado, apto. Se aplica a lo que tiene las condiciones necesarias para un cierto servicio.

B. "Necesitamos contratar a una persona **idónea** para el cargo de administrador."
"Hemos conseguido una superficie **idónea** para pintar el mural."

C. [idoneidad]

10. **fascinante**:

A. *Embrujador, hechizador.
*Que ejerce sobre alguien un dominio o una atracción irresistible.

B. "Los acantilados del sur del país constituyen un paisaje **fascinante**."
"Uno de los temas de conversación más **fascinantes** para mí es el de la historia americana precolombina."

C. [fascinar, fascinación, fascinador]

11. **cristalino**:

A. *De cristal o parecido a él.
*Se refiere a la transparencia o brillo del cristal; se aplica particularmente al agua.

B. "Este lago se caracteriza por sus aguas **cristalinas**."
"Sus zapatitos, de un brillo **cristalino**, atraían la mirada de todos los presentes."

C. [cristal, cristalería, cristalero, cristalización, cristalizador, cristalizar]

12. **auténtico**:

A. *Legítimo, verdadero. Se aplica a las cosas que realmente son lo que aparentan o lo que designa el nombre que les es aplicado: no falsas o falsificadas.

B. "El experto me aseguró que este Picasso es **auténtico**."
"La firma es **auténtica**: puede usted cobrar su cheque."

C. [autenticación, autenticar, autenticidad, autentizar]

13. **fúnebre**:

A. *De difuntos. Se dice también de lo que sugiere pensamientos o provoca un estado de ánimo como los que se relacionan con la muerte. De aspecto triste o sombrío, como relacionado con la muerte.

B. "El cortejo **fúnebre** partirá rumbo al cementerio a las diez de la mañana."
"Ese color gris de las paredes le da al salón un aspecto **fúnebre** ."

C. [funeral, funeraria, funerario, funesto]

14. **tenaz**:

A. *Que se pega con fuerza a una cosa.
*Se aplica a los materiales que oponen resistencia a la deformación y la rotura.
*(fig.) Perseverante. Se dice del que no desiste fácilmente de lo que se propone hacer o conseguir.

B. "El metal con que está hecho este reloj es muy **tenaz**."
"Pablo es **tenaz** en sus posturas políticas aunque muchas veces le hemos demostrado que está equivocado."

C. [tenacidad; tener; tenazas]

15. **pródigo**:

A. *Se aplica a la persona que gasta sus bienes o dinero con falta de prudencia.
*Generoso o dadivoso. Se aplica a lo que produce abundancia de bienes o al que da sin reservas de lo que tiene.

B. "No te cases con él porque es un hombre **pródigo** y te dejará sumida en la pobreza."
"Este es un terreno **pródigo** donde siempre crecen las plantas con facilidad."

C. [prodigalidad, prodigar]

16. **íntimo**:

A. *Lo más interior o interno de cualquier cosa.
*(fig.) Que forma parte de la esencia de una cosa.
*Muy estrecho o de confianza.
*Privado.

B. "No quiero hablar de esto, porque es un problema muy **íntimo**."
"Son **íntimos** amigos y se confían todos sus secretos."

C. [intimar, intimidad, intimación; entre, interno, internar; interior, interioridad]

17. **solemne**:

A. *Celebrado o hecho públicamente con esplendor y cierto ceremonial.
*Formal, acompañado de todos los requisitos necesarios.
*(fig.) Enorme, utilizado para encarecer en sentido despectivo el sentido de algunas expresiones.

B. "En un acto **solemne** celebrado en el Ayuntamiento se condecoró al nuevo alcalde de la ciudad."
"La marcha nupcial le dio un toque **solemne** al matrimonio."

C. [solemnidad, solemnizar]

18. **occidental**:

A. *De occidente, en cualquier acepción.

B. "La cultura **occidental**, según algunos, es más pragmática y materialista que la oriental."
"Las costas **occidentales** del país tienen más vegetación que las costas orientales."

C. [occidente, occidentalismo; ocaso]

19. **espantoso**:

A. *Aterrador, que causa espanto.
*Muy grande, desmesurado.

B. "La **espantosa** noticia del accidente aéreo nos conmovió a todos."
"Desde anoche tengo un dolor de cabeza **espantoso** que me tiene desesperado."

C. [espantar, espantable, espantada, espantadizo, espantajo, espanto]

20. **original**:

A. *Que se remonta al origen, relativo a él.
*Que no es copiado ni imitado, sino fruto de la creación espontánea.
*Singular, contrario a lo acostumbrado.
*Nacido en cierto sitio o procedente de cierto sitio.

B. "Para elevar la solicitud debí presentar el documento **original**, porque no aceptaron copias."
"Es un artista muy **original**: sus creaciones son poco comunes."

C. [origen, originar, originalidad, originario; aborigen, oriundo, oriundez]

EJERCITACIÓN

Palabras presentadas en esta unidad:

1. exuberante, 2. estridente, 3. cálido, 4. cínico, 5. soberano, 6. estupendo, 7. monótono, 8. sensual, 9. idóneo, 10. fascinante, 11. cristalino, 12. auténtico, 13. fúnebre, 14. tenaz, 15. pródigo, 16. íntimo, 17. solemne, 18. occidental, 19. espantoso, 20. original.

I. Copie en orden alfabético y lea en voz alta cada uno de los 20 adjetivos de la lista anterior:

1.______________, 2.______________, 3.______________, 4.______________,

5.______________, 6.______________, 7.______________, 8.______________,

9.______________, 10.______________, 11.______________, 12.______________,

13.______________, 14.______________, 15.______________, 16.______________,

17.______________, 18.______________, 19.______________, 20.______________.

II. En cada caso escriba el adjetivo de la lista anterior cuyo sentido coincida o se relacione estrechamente con el de las palabras dadas a continuación:

1. interior, secreto, privado, profundo; entrañable, inseparable: ______________
2. luctuoso, lúgubre, sombrío, triste; tétrico, macabro: ______________
3. caliente, caluroso; afectuoso, cordial, amigable: ______________
4. sensitivo, materialista; lujurioso, sexy: ______________
5. terco, obstinado, firme, constante; resistente, duro: ______________
6. dadivoso, despilfarrador, derrochador, malgastador: ______________
7. abundante, copioso, fértil, frondoso, pletórico, profuso: ______________
8. deslumbrante, atractivo, maravilloso, asombroso, encantador: ______________
9. supremo, excelente, insuperable; monarca, emperador: ______________

10. ponentino, ponentisco: ________________

11. admirable, sorprendente, fabuloso, prodigioso: ________________

12. chirriante, rechinante, chillón, ruidoso, estruendoso: ________________

13. terrible, aterrador, terrorífico, horrible, horroroso: ________________

14. verdadero, cierto, real, genuino, puro; acreditado, fidedigno: ________________

15. apto, competente, capaz; conveniente, adecuado: ________________

16. único, singular, raro, novedoso, particular; personal: ________________

17. inmoral, descarado, insolente, desvergonzado, caradura: ________________

18. diáfano, transparente, claro, limpio: ________________

19. grandioso, majestuoso, ceremonioso; importante, formal: ________________

20. igual, uniforme, regular, invariable, pesado, enojoso: ________________

III. Llene cada espacio en blanco con la forma adecuada del adjetivo de la lista anterior que mejor convenga:

1. El clima ____________________ de Venezuela le sentará muy bien a tu salud.

2. Tienes que encontrar a una persona ____________________ para que se encargue de la administración de tus propiedades.

3. La película resultó tan ____________________ que mucha gente se durmió en el cine.

4. Después de malgastar toda su herencia, el hijo __________________ regresó a su casa.

5. Antes de dejarme pasar, querían comprobar si mis credenciales eran ________________.

6. Durante la guerra se cometieron crímenes _______________ contra personas inocentes.

7. Mi deseo más ____________________ es ser una persona íntegra y un padre ejemplar.

8. Es un hombre ____________________ que no siente ni la menor vergüenza de las cosas terribles que ha hecho.

9. Para mi tesis quiero proponer un tema completamente ______________, que no se haya estudiado antes.

10. La música de Mózart es _____________________: puedo estar horas escuchándola sin cansarme.

11. Desde pequeña, Patricia fue siempre _____________________ y coqueta.

12. La ceremonia _______________ se celebrará mañana en la capilla donde asitía siempre el difunto.

13. Por maleducado le dieron una ______________________ paliza.

14. La entrega de premios se realizó en medio de una _____________________ ceremonia.

15. Raquel es una fumadora _____________ y por más consejos que le dan no quiere dejar el hábito.

16. Produciendo un sonido _____________________, el automóvil se detuvo bruscamente.

17. Graciela tiene una memoria _____________ para recordar las fechas de los cumpleaños de sus amigos.

18. De la fuente brotaba un agua tan fresca y ________________ que suscitaba el deseo de beberla.

19. El director eligió los paisajes _____________ de la zona andina de Colombia para filmar unas escenas de la película.

20. Haití ocupa la parte _____________________ de la isla de Santo Domingo.

IV. Redacte una oración original, diferente de las que aparecen en esta unidad, con cada una de las palabras estudiadas:

1. exuberante:________________________________

2. estridente:________________________________

3. cálido:________________________________

4. cínico:________________________________

5. soberano:________________________________

6. estupendo:________________________________

7. monótono:________________________________

8. sensual:________________________________

9. idóneo:________________________________

10. fascinante:________________________________

11. cristalino:________________________________

12. auténtico:________________________________

13. fúnebre:________________________________

14. tenaz:________________________________

15. pródigo:________________________________

16. íntimo:________________________________

17. solemne:________________________________

18. occidental:________________________________

19. espantoso:________________________________

20. original:________________________________

UNIDAD # 24

PRESENTACIÓN

1. **suscribir**: (las palabras iniciadas con **subscr** se pueden escribir con y sin **b**)

   A. *Firmar al pie o al final de un escrito.
   *(-se) Abonarse para recibir alguna publicación periódica.
   *(fig.) Convenir con el dictamen o la opinión de uno, acceder a él.

   B. "Para que tenga validez, el convenio debe **ser suscrito** por ambas partes."
   "El próximo año **me suscribiré** a dos revistas especializadas."

   C. [suscripción, suscrito, suscriptor; escribir, adscribir, circunscribir, describir, inscribir, prescribir, proscribir, transcribir]

   D. Se conjuga como **escribir**. Participio irregular **'suscrito'**.

2. **velar**:

   A. *(de "vigilare") Permanecer despierto para estudiar, trabajar, etc. en horas destinadas ordinariamente a dormir.
   *(fig.) Cuidar de una cosa con mucha atención.
   *(de "velare") Cubrir con velo.
   *(fig.) Ocultar o disimular una cosa.

   B. "Los exámenes finales generalmente obligan a los estudiantes a **velar** varias noches consecutivas."
   "Los padres **velan** por la salud y la educación de sus hijos."

   C. [vela, velada, velación, velero, velador, veladura, velatorio, velorio; vigilar, vigilia, desvelar; velo, revelar]

   D. Conjugación regular, como **amar**.

3. **sumergir**:

   A. *Meter una cosa debajo del agua o de otro líquido.
   *(fig. [-se]) Abstraerse concentrando la atención en el estudio, la meditación, etc.

   B. "El reloj no ha vuelto a funcionar desde que mi hijo lo **sumergió** en la piscina."
   "No sigas molestando si no quieres que te **sumerja** de cabeza hasta el fondo del río."

   C. [sumergimiento, sumergible, sumersión; emerger, emergencia, inmersión]

D. Conjugación regular, como **partir**. No es irregularidad el cambio de **g** por **j** delante de la **-a** y la **-o** para mantener la adecuada representación del sonido: sumer**jo**, sumer**ges**, sumer**ja**.

4. **incorporar**:

A. *Agregar, unir dos o más cosas de modo que formen un todo homogéneo.
*(se) Sentar o reclinar el cuerpo que estaba echado y tendido.
*(se) Agregarse una o más personas a otras para formar un cuerpo o para tomar parte en una actividad.

B. "Todavía no **has incorporado** la levadura a la masa del pan."
"El enfermo **se incorporó** para tomar la medicina."

C. [incorporación, incorporable, incorpóreo, corporación; cuerpo, corporal, corpulento]

D. Conjugación regular, como **amar**.

5. **remitir**:

A. *Enviar una cosa a determinada persona de otro lugar.
*Indicar en un escrito otro lugar del mismo o de distinto escrito donde consta lo que atañe al punto tratado.
*(-se) Atenerse a lo dicho o hecho, o a lo que ha de decirse o hacerse, por uno mismo o por otra persona.

B. "La secretaria se encargará de **remitir** la mercancía."
"La anotación **remite** a una fuente que no ha podido ser comprobada."

C. [remisible, remisión, remitente; meter, admitir, emitir, dimitir, omitir, permitir, transmitir]

D. Conjugación regular, como **partir**.

6. **incitar**:

A. *Mover o estimular a uno para que ejecute una cosa.

B. "La directora del colegio **incitó** a sus estudiantes para que asistieran a la conferencia del profesor invitado."
"**Incitó** al pueblo a coger las armas."

C. [incitación, incitamiento, incitador, incitativo; concitar, excitar, suscitar]

D. Conjugación regular, como **amar**.

7. **acontecer**:

A. *Suceder, efectuarse un hecho.

B. "En las grandes ciudades **acontecen** continuamente sucesos trascendentales."
"En la historia de los vuelos espaciales **han acontecido** pocos accidentes."

C. [acontecimiento, acontecedero; contingente, contingencia]

D. Conjugación irregular, como **agradecer**, pero debe tenerse en cuenta que se usa solo como unipersonal: acontece, acontecía, acontezca, acontecerá.

8. **abastecer**:

A. *Suministrar, proveer de las cosas necesarias.

B. "Su empresa **abastece** diariamente de frutas y vegetales frescos a varios supermercados."
"La comunidad colaboró con la petición del orfanato municipal y lo **abasteció** de ropas y alimentos."

C. [abastecimiento, abastecedor; basto, abasto, bastimento, desbastar]

D. Conjugación irregular, como **agradecer**.

9. **enardecer**:

A. *(fig.) Excitar o avivar los ánimos una pugna, disputa, etc.

B. "La muchedumbre **se enardeció** y aplaudió con entusiasmo las propuestas del líder."
"El entrevistador **enardecía** a su invitado con su implacable interrogatorio."

C. [enardecimiento, enardecedor; arder, ardiente, ardor, ardoroso]

D. Conjugación irregular, como **agradecer**.

10. **denominar**:

A. *Aplicar un nombre a una cosa, nombrar.

B. "Muchos autores **denominan** 'débiles' y 'fuertes' a las vocales 'cerradas' y 'abiertas', respectivamente."

"Al llegar a América los europeos **denominaron** a los nativos con el nombre de 'indios'."

C. [denominación, denominador, denominativo; nominar, nombrar, nombre, nómina]

D. Conjugación regular, como **amar**.

11. **agitar**:

A. *Mover con frecuencia y violentamente.
*(fig.) Inquietar, turbar, mover violentamente el ánimo.
*(fig.) Provocar la inquietud política o social.

B. "Al paso de la caravana, los simpatizantes **agitaban** banderines de su partido político."
"El nuevo empleado **se agita** con todo el trabajo que hace."

C. [agitación, agitable, agitado, agitador; acto, actuar, activar, acción, agente, reaccionar]

D. Conjugación regular, como **amar**.

12. **aclamar**:

A. *Dar voces la multitud en honor y aplauso de algunas personas.
*Conceder por voz común, algún cargo u honor.

B. "El público **aclamó** ardientemente a los músicos después de acabado el concierto."
"Los pueblos **aclaman** a sus líderes políticos."

C. [aclamación, aclamador; clamar, llamar, declamar, exclamar, proclamar, reclamar]

D. Conjugación regular, como **amar.**

13. **seducir**:

A. *Engañar con arte y maña; persuadir suavemente al mal.
*Embargar o cautivar el ánimo.

B. "Trató de **seducirla** a pesar de su reiterada oposición."
"Desde el primer momento me **sedujo** la idea de triunfar."

C. [seducción, seductivo, seductor; aducir, conducir, deducir, inducir, producir, reducir, traducir]

D. Conjugación irregular, como **conducir** (véase la indicación con respecto a **deducir**): seduzco, seduces, sedujo, sedujeron.

14. **socorrer**:

A. *Ayudar, favorecer en un peligro o necesidad.

B. "Martín **socorrió** a sus sobrinos huérfanos."
"La Cruz Roja **socorre** diligentemente a las víctimas de los accidentes."

C. [socorro, socorredor, socorrido, socorrista; correr, concurrir, discurrir, escurrir, incurrir, ocurrir, recorrer]

D. Conjugación regular, como **temer**.

15. **traspasar**:

A. *Pasar a la otra parte.
*Atravesar de parte a parte con algún arma o instrumento.
*Renunciar o ceder a favor de otro el derecho o dominio de una cosa.

B. "**Traspasamos** el arroyo sin ningún contratiempo."
"El cuchillo le **traspasó** el corazón."

C. [traspasable, traspasamiento, traspasador, traspasante, traspaso; paso, pasar, propasarse, repasar, sobrepasar]

D. Conjugación regular, como **amar**.

16. **cesar**:

A. *Detenerse, interrumpirse, dejar de producirse cierta acción o fenómeno.
*Dejar de hacer lo que se está haciendo.

B. "Cuando **cese** la lluvia, nos iremos de nuevo a la playa."
"Desde que se conocieron, no **han cesado** de visitarse cada sábado por la tarde."

C. [cesación, cesante, cesamiento, cesantía, cese, incesante]

D. Conjugación regular, como **amar**.

17. **trazar**:

A. *Delinear o diseñar el plan que se ha de seguir en un edificio u otra obra.
*Dibujar líneas o hacer con ellas un dibujo.

*(fig.) Describir, exponer por medio del lenguaje los rasgos característicos de una persona o asunto.

B. "Antes de empezar la construcción de la casa es necesario que un arquitecto **trace** el proyecto."
"Mientras los demás discutían diferentes asuntos, él **trazaba** unos signos extraños sobre un papel."

C. [traza, trazable, trazo, trazado, trazador]

D. Conjugación regular, como **amar**.

18. **ejercer**:

A. *Practicar los actos propios de un oficio, facultad, virtud, etc.
*Con "acción", "influencia" o palabra semejante, realizarlas o hacerlas actuar sobre cierta cosa.

B. "El es ingeniero civil pero también **ejerce** la arquitectura."
"Al hablar, para que las cuerdas vocales vibren, el aire **ejerce** cierta presión sobre ellas."

C. [ejercicio, ejercitación, ejercitar, ejercitante, ejército]

D. Conjugación regular, como **temer**. No es irregularidad el cambio de **c** por **z** delante de **-a** y **-o** para mantener la representación del sonido: ejer**z**o, ejer**c**es, ejer**z**as, ejer**c**ió.

19. **retroceder**:

A. *Volver hacia atrás.

B. "Las tropas **retrocedieron** hasta la orilla del río."
"Ciertos comportamientos del hombre nos dan la impresión de que estamos **retrocediendo** hacia épocas primitivas."

C. [retrocesión, retroceso; ceder, anteceder, conceder, preceder]

D. Conjugación regular, como **temer**.

20. **verter**:

A. *Derramar o vaciar líquidos o cosas menudas, como sal, harina, etc.
*Traducir de una lengua a otra.

*(fig.) Tratándose de máximas, conceptos, decirlos con determinado objeto, y por lo común con fin siniestro.

B. "Sin quererlo, **vertió** la leche sobre el mantel."
"Un poema que **se vierte** a otra lengua pierde parte de su encanto."

C. [vertedero, vertedor, vertiente, vertible; versar, versátil, versión, advertir, controvertir, convertir, divertir, invertir, pervertir, revertir, subvertir]

D. Conjugación irregular, como **entender**. La **e** de la raíz diptonga en **ie** cuando está en sílaba tónica: v**ie**rto, v**ie**rtes, vertemos, vertió, v**ie**rta. Son formas incorrectas **vertir, virtió**.

EJERCITACIÓN

Palabras presentadas en esta unidad:

1. incorporar, 2. remitir, 3. incitar, 4. suscribir, 5. velar, 6. sumergir, 7. acontecer, 8. abastecer, 9. enardecer, 10. denominar, 11. agitar, 12. aclamar, 13. seducir, 14. socorrer, 15. traspasar, 16. cesar, 17. trazar, 18. ejercer, 19. retroceder, 20. verter.

I. Copie en orden alfabético y lea en voz alta cada uno de los verbos de la lista anterior:

1.______________, 2.______________, 3.______________, 4.______________,

5.______________, 6.______________, 7.______________, 8.______________,

9.______________, 10.______________, 11.______________, 12.______________,

13.______________, 14.______________, 15.______________, 16.______________,

17.______________, 18.______________, 19.______________, 20.______________.

II. En cada caso, escriba el verbo de la lista anterior cuyo sentido coincida o se relacione estrechamente con el de las palabras dadas:

1. amparar, auxiliar, proteger, asistir, defender, ayudar: ____________________
2. mandar, enviar, expedir, dirigir: ____________________
3. instigar, inducir, estimular, convidar, inspirar, sugerir: ____________________
4. realizar, practicar, ejecutar, actuar, hacer: ____________________
5. pernoctar, trasnochar; vigilar, cuidar; ocultar, esconder: ____________________
6. firmar, rubricar; consentir, adherirse: ____________________
7. introducir, meter, bucear, hundir, zambullir: ____________________
8. ocurrir, suceder, acaecer, verificarse, realizarse: ____________________

9. dotar, proveer, suministrar, aprovisionar, surtir, suplir: ________________

10. atraer, persuadir, cautivar, conquistar, fascinar: ________________

11. ovacionar, vitorear, proclamar, aplaudir, enaltecer: ________________

12. llamar, nombrar, titular, designar: ________________

13. anexar; afiliarse, agremiarse, asociarse: ________________

14. perturbar, inquietar; vibrar, mover, sacudir, ondear: ________________

15. recular, retornar, retirarse, cejar, volver: ________________

16. ceder, transferir; atravesar, perforar, cruzar: ________________

17. parar, terminar, escampar, ceder, pasar, concluir: ________________

18. delinear, diseñar, esbozar, dibujar; rayar, marcar: ________________

19. echar, vaciar, esparcir; expresar, traducir: ________________

20. avivar, entusiasmar, inflamar, acalorar, exasperar, exaltar: ________________

III. Complete cada espacio en blanco con la forma adecuada del verbo que mejor convenga:

1. La próxima semana ______________________ al gerente mi solicitud.

2. Se sentía emocionado cuando la multitud lo ____________________ como presidente de la República.

3. El ritmo alegre y contagioso de la música nos ______________________ a bailar.

4. Cuando era joven, él podía ____________________ durante un minuto debajo del agua.

5. El año pasado __________________ muchos eventos de importancia con motivo de las celebraciones de la Independencia.

6. Una fuerza extraña le impedía hablar y eso lo ______________________.

7. Se necesitará la cooperación de todos para ______________________ de alimentos a los damnificados del terremoto.

8. Yo ______________________ en todas sus partes lo expresado por el conferencista.

9. Cientos de simpatizantes se ________________________ a la manifestación después de iniciada.

10. El orador ________________________ una impresionante semblanza del poeta.

11. El joven ________________________ a la muchacha con sus ojos y con su voz.

12. Al famoso músico lo _________________ "el rey del merengue".

13. Los jóvenes manifestantes _____________________ a la población gritando consignas antigubernamentales.

14. El no ______________________ de buscar la respuesta hasta encontrarla.

15. Si no puedes pagar la deuda, _____________________ el título de propiedad de tu casa a tu amigo.

16. El niño no llegó a ser mordido por el perro debido a que su tía acudió prontamente a

__________________________.

17. Cuando el niño ____________________ el jugo sobre la cama, su madre se enojó tanto que prefirió permanecer callada.

18. Los padres _____________________ una fuerte influencia sobre sus hijos mientras son pequeños.

19. Estaba muy cansado porque tuvo que _______________ durante la madrugada y apenas durmió 2 horas.

20. Los grandes luchadores no _____________________ ni para coger impulso.

IV. Redacte una oración original, diferente de las que aparecen en esta unidad, con cada una de las palabras estudiadas:

1. incorporar: ____________________

2. remitir: ____________________

3. incitar: ____________________

4. suscribir: ____________________

5. velar: ____________________

6. sumergir: ____________________

7. acontecer: ____________________

8. abastecer: ____________________

9. enardecer: ____________________

10. denominar: ____________________

11. agitar: ____________________

12. aclamar: ____________________

13. seducir: ____________________

14. socorrer: ____________________

15. traspasar: ____________________

16. cesar: ____________________

17. trazar: ____________________

18. ejercer: ____________________

19. retroceder: ____________________

20. verter: ____________________

UNIDAD # 25

PRESENTACIÓN

1. **argumentar**:

A. *Aducir razones para sostener una opinión.

B. "El abogado **argumentó** sólida y brillantemente la inocencia del acusado."
"No necesitas **argumentar** nada: confío en tu palabra."

C. [argumentación, argumento, argumental, argumentativo, argumentista; argüir, argucia]

D. Conjugación regular, como **amar**.

2. **talar**:

A. *Cortar por el pie masas de árboles para dejar rasa la tierra.
*Destruir, arruinar o quemar cosechas, casas, poblaciones.

B. "Si queremos conservar nuestros ríos, debemos impedir que los bosques **sean talados**."
"La tempestad **taló** completamente el platanal."

C. [tala, talador]

D. Conjugación regular, como **amar**.

3. **preservar**:

A. *Poner a cubierto de daño o peligro, evitar que una cosa o una persona sufra cierto daño o molestia.

B. "Las bajas temperaturas **preservan** los alimentos."
"El oportuno informe **preservará** al empresario de los riesgos que hubiera implicado aquella operación."

C. [preservación, preservador, preservativo; conservar, observar, reservar]

D. Conjugación regular, como **amar**.

4. **cegar**:

A. *Dejar ciego a alguien (particularmente en forma momentánea).

*(fig.) Ofuscar el entendimiento, quitar a alguien la capacidad para juzgar o razonar debidamente.

B. “Las luces del carro lo **cegaron** por un instante y tuvo que salirse de la vía.”
“Tanto el amor como el rencor a veces **ciegan** a las personas.”

C. [ciego, cegador, ceguera, cegato, cegajoso; obcecar, obcecación]

D. Conjugación irregular, como **acertar**. La **e** diptonga en **ie** cuando recibe el acento: **cie**gan, **ce**gaba, **cie**gue.

5. **vislumbrar**: (del latín **vix** [apenas] y **luminare** [iluminar, alumbrar])

A. *Ver un objeto tenue o confusamente por la distancia o falta de luz.
*(fig.) Tener indicios o ver una pequeña posibilidad de cierta cosa.

B. “Después de una hora de espera ya **vislumbramos** el avión en que regresan nuestros hijos de sus vacaciones.”
“Aún no se **vislumbra** una solución a la huelga de los médicos.”

C. [vislumbre, vislumbrante; lumbre, alumbrar, deslumbrar, relumbrar; iluminar]

D. Conjugación regular, como **amar**.

6. **notificar**:

A. *Hacer saber a una persona una noticia, una resolución, etc.

B. “La Secretaría de Educación **notificó** a los colegios privados la nueva resolución sobre la tarifa máxima que pueden cobrar a los estudiantes.”
“Al acusado todavía no le **han notificado** la decisión del juez.”

C. [notificación, noticia, notificativo, noticiero, noticioso, notoriedad, notorio]

D. Conjugación regular, como **amar**.

7. **prescribir**:

A. *Indicar o mandar cierta cosa.
*Dejar de tener valor o efectividad un derecho, la responsabilidad por un delito u otra cosa semejante, por haber transcurrido el tiempo señalado para ello por la ley.

B. “El médico le **prescribió** tomar antibióticos durante seis días.”
“En muchos países los delitos **prescriben** a los diez años de haber sido cometidos.”

C. [prescripción, prescriptible, prescriptivo, prescrito; escribir, adscribir, circunscribir, describir, inscribir, proscribir, suscribir, transcribir]

D. Se conjuga como **escribir**. Participio irregular **prescrito**.

8. **prevenir**:

A. *Tomar precauciones para evitar un daño.
*Advertir, hacer conocer a alguien un mal o peligro que lo amenaza.

B. "Más vale **prevenir** que tener que remediar."
"El médico **previno** al paciente de las graves consecuencias del consumo de alcohol para su delicada salud."

C. [prevención, preventorio, prevenido, preventivo; venir, avenir, convenir, contravenir, devenir, intervenir, provenir, sobrevenir]

D. Conjugación irregular, como **venir**: preven**g**o, prev**ie**nes, prev**e**nimos, prev**i**no, preven**dr**á, preven**g**a, prev**i**niendo.

9. **catalogar**:

A. *Apuntar, registrar ordenadamente libros, manuscritos, etc., formando un inventario de ellos.
*(fig.) Clasificar, suponer a alguien incluido en cierto grupo, clase, partido.

B. "El bibliotecario **catalogó** los últimos libros llegados a la Biblioteca Pública."
"Según la posición del acento las palabras se **catalogan** en tres tipos: agudas, graves y esdrújulas."

C. [catalogación, catalogador, catálogo]

D. Conjugación regular, como **amar**.

10. **optar**:

A. *Escoger una cosa entre varias.
*Aspirar a cierta cosa, particularmente a un empleo.

B. "**Optó** por la solución más difícil."
"Ella mostró una actitud intransigente y **opté** por callarme."

C. [opción, optación, optativo, optante; adoptar, adopción, adoptivo]

D. Conjugación regular, como **amar**.

11. **suplicar**:

A. *Rogar, pedir con humildad y sumisión una cosa.

B. "Te **suplico** que no me dejes solo."
"No me canso de **suplicar** el perdón de Dios."

C. [súplica, suplicante, suplicación, suplicatorio, suplicio; plegar, aplicar, complicar, duplicar, explicar, implicar, replicar]

D. Conjugación regular, como **amar**.

12. **oscilar**:

A. *Moverse a un lado y a otro una cosa que está suspendida.
*(fig.) Crecer y disminuir alternativamente con más o menos regularidad, la intensidad de algunas manifestaciones o fenómenos.

B. "La lámpara **oscila** incesantemente por la acción de la brisa."
"El precio de ese libro **oscila** entre treinta y cuarenta pesos."

C. [oscilación, oscilador, oscilante, oscilatorio, oscilógrafo]

D. Conjugación regular, como **amar**.

13. **elaborar**:

A. *Fabricar, transformar en producto una materia prima mediante sucesivas operaciones.
*Idear algo complejo, como una doctrina, un plan.

B. "Se ha pasado la vida **elaborando** chocolate en la fábrica fundada por su abuelo."
"El investigador **elaboró** una teoría que explica adecuadamente el problema."

C. [elaboración, elaborador; labor, laborioso, labrar, labrador, labriego, laborar, laborable, laboratorio, colaborar]

D. Conjugación regular, como **amar**.

14. **vibrar:**

A. *Moverse rápidamente una cosa en vaivén, en forma de ondas.
*(fig.) Conmoverse, emocionarse.

B. "Las cuerdas delgadas de una guitarra o de cualquier instrumento **vibran** más rápidamente que las gruesas."
"La madre **vibró** de alegría cuando su hijo le mostró las calificaciones que obtuvo en el colegio."

C. [vibración, vibrante, vibrátil, vibratorio]

D. Conjugación regular, como **amar**.

15. **invertir**:

A. *Cambiar el sentido o el orden de las cosas.
*Colocar un capital en una empresa.
*Hablando del tiempo, ocuparlo de una u otra manera.

B. "Si **inviertes** la posición de los muebles, la sala lucirá más amplia y ordenada."
"Su padre **invirtió** el dinero en fincas."

C. [inversión, inversionista, inverso, invertido; verter, advertir, convertir, divertir, pervertir, revertir, subvertir]

D. Conjugación irregular, como **hervir**. La **e** diptonga en **ie** cuando recibe el acento y cambia en **i** en varias formas del indicativo, subjuntivo, imperativo y en gerundio: inv**ie**rto, inv**ie**rtes, inv**e**rtimos, inv**ie**rtan, inv**i**rtamos, inv**i**rtieron, inv**i**rtiendo.

16. **forjar**:

A. *Dar cierta forma a cualquier metal con el martillo.
*(fig.) Formar algo con un esfuerzo o trabajo espiritual.
*(fig.) Inventar, imaginar.

B. "El herrero **forjó** la pieza para que se ajustara exactamente al hueco."
"Con su excelente comportamiento se **ha forjado** una buena reputación en su ambiente de trabajo."

C. [forja, forjador; fragua, fraguar]

D. Conjugación regular, como **amar**.

17. **discernir**:

A. *Ver una cosa como distinta de otra y reconocer entre varias cuál es cada una.

B. "Ya tienes edad para que **disciernas** el bien del mal."

"Por más que lo estudiaba y lo analizaba, no lograba **discernir** la diferencia entre el objeto directo y el indirecto."

C. [discernimiento; cerner, discreto, discreción, discrecional, discriminar, discrimen]

D. Conjugación irregular. La **e** diptonga en **ie** cuando recibe el acento: disc**ie**rno, disc**ie**rnes, disc**e**rnimos, disc**ie**rnan, disc**e**rnía.

18. **trascender**:

A. *Empezar a ser conocida una noticia fuera de la intimidad de cierto círculo.
*Pasar una cosa de cierto ámbito limitado, desbordar las fronteras de cierta cosa.

B. "Todavía no **ha trascendido** a la opinión pública la información de que renunció el Presidente de la Compañía."
"Lamento decirte que este asunto **trasciende** el campo de mis funciones."

C. [trascendencia, trascendental, trascendente; descender, descendencia, condescender, ascender, ascensión, ascenso, ascensor]

D. Conjugación irregular, como **entender**. La **e** de la raíz diptonga en **ie** cuando recibe el acento: trasc**ie**nde, trasc**e**nderá, trasc**e**ndían, trasc**ie**nda.

19. **insinuar**:

A. *Dar a entender una cosa no haciendo más que indicarla ligeramente, dejar entrever.

B. "¿Estás **insinuando** que le concedieron el premio sin merecerlo?"
"Se sintió muy ofendido porque el profesor **insinuó** que él no sería capaz de obtener una A en ese curso."

C. [insinuación, insinuante, insinuativo; seno, sinuoso, sinusitis]

D. Conjugación regular, como **continuar**: insin**ú**o, insin**ú**as, insinuamos, insinué.

20. **conjurar**:

A. *Conspirar las personas o cosas contra uno.
*Decir contra los demonios los exorcismos dispuestos por la Iglesia para que se retiren.
*Alejar un peligro o una situación delicada que amenazaba producirse.

B. "Los militares que **conjuraron** contra el gobierno fueron condenados a treinta años de prisión."

"La rápida actuación de las autoridades permitió **conjurar** la epidemia."

C. [conjura, conjuración, conjurado, conjurador, conjuro; jurar, juramento, juramentar, abjurar, perjurar, injuriar]

D. Conjugación regular, como **amar**.

EJERCITACIÓN

Palabras presentadas en esta unidad:

1. argumentar, 2. talar, 3. preservar, 4. cegar, 5. vislumbrar, 6. notificar, 7. prescribir, 8. prevenir, 9. catalogar, 10. optar, 11. suplicar, 12. oscilar, 13. elaborar, 14. vibrar, 15. invertir, 16. forjar, 17. discernir, 18. trascender, 19. insinuar, 20. conjurar.

I. Copie en orden alfabético y lea en voz alta cada uno de los verbos de la lista anterior:

1.____________,	2.____________,	3.____________,	4.____________,
5.____________,	6.____________,	7.____________,	8.____________,
9.____________,	10.____________,	11.____________,	12.____________,
13.____________,	14.____________,	15.____________,	16.____________,
17.____________,	18.____________,	19.____________,	20.____________.

II. En cada caso, escriba el verbo de la lista anterior cuyo sentido coincida o se relacione estrechamente con el de las palabras dadas:

1. podar, mochar; arrasar, devastar: ________________
2. ordenar, disponer, mandar; recetar; caducar, expirar: ________________
3. tapar, cerrar, obstruir; ofuscar, obcecar: ________________
4. categorizar, encasillar, alistar, registrar: ________________
5. preparar, precaver, aprestar, evitar; notificar: ________________
6. sugerir, apuntar, deslizar, aludir, dar a entender: ________________
7. proteger, defender, salvar, conservar, resguardar: ________________
8. rogar, implorar, demandar, solicitar: ________________
9. analizar, razonar, discutir, argüir, replicar, impugnar: ________________

10. ondular, temblar, agitarse; estremecerse, emocionarse: ________________

11. difundirse, propagarse, extenderse; penetrar: ________________

12. conspirar, confabularse; exorcizar, alejar, remediar: ________________

13. formar, moldear; crear, idear, concebir: ________________

14. trastornar, alterar, variar; emplear, gastar, destinar: ________________

15. diferenciar, discriminar, apreciar, juzgar, comprender: ________________

16. informar, advertir, amonestar, comunicar, avisar, anunciar: ________________

17. fabricar, preparar, construir, confeccionar, producir: ________________

18. fluctuar, ondear, mecerse, hamaquear: ________________

19. ver, divisar, columbrar, atisbar, entrever: ________________

20. elegir, escoger, preferir, decidir: ________________

III. Llene el espacio en blanco con la forma adecuada del verbo de la lista anterior que mejor convenga:

1. Las reglas de ortografía española ________________ el uso de mayúscula para la letra inicial de los nombres propios de personas, lugares o cosas.

2. El relacionador público ______________ periódicamente a la prensa las actividades que organiza la universidad.

3. Los vidrios de las ventanas ______________ a causa del ruido provocado por el avión.

4. Los sacrificios que tuvo que realizar durante su infancia le ____________________ un carácter fuerte e independiente.

5. Con el frío los alimentos se ___________________ mejor.

6. Su propuesta fue rechazada porque él no la ____________________ adecuadamente.

7. Con un leve gesto le ______________ que no siguiera hablando de ese tema delante de ella.

8. El conflicto se agravó de tal manera que ya ________________ la capacidad de acción de los dirigentes del grupo.

9. Tú tienes capacidad para __________________ a un cargo diplomático.

10. El profesor __________________ a sus estudiantes en tres categorías: excelentes, buenos y deficientes.

11. Dicen que el agua de sal ______________________ del mal aliento.

12. La temperatura ______________________ mañana entre 30 y 35 grados.

13. Para defenderse del atracador le echó una sustancia en la cara que lo ________________.

14. Finalmente, los negociadores ______________ la crisis laboral que mantuvo paralizadas las escuelas del país durante dos meses.

15. Cuando __________________ la cabeza de su esposo en medio de la muchedumbre, su corazón comenzó a latir con más fuerza.

16. Cuando comenzó a estudiar inglés, el joven no ______________ el sonido representado por **ch** del que se escribe **sh**.

17. Si _______________ bien tu tiempo y tu dinero ahora, cuando seas mayor disfrutarás de muchos beneficios.

18. Antes de comenzar la redacción de tu trabajo, debes ______________ un esquema que te sirva de guía.

19. Por más que me ____________________, lamentablemente no podré complacerte.

20. Muchos campesinos _________________ los árboles porque no les queda otro remedio.

IV. Redacte una oración original, diferente de las que aparecen en esta unidad, con cada una de las palabras estudiadas:

1. argumentar: ______________________________

2. talar: ______________________________

3. preservar: ______________________________

4. cegar: ______________________________

5. vislumbrar: ______________________________

6. notificar: ______________________________

7. prescribir: ______________________________

8. prevenir: ______________________________

9. catalogar: ______________________________

10. optar: ______________________________

11. suplicar: ______________________________

12. oscilar: ______________________________

13. elaborar: ______________________________

14. vibrar: ______________________________

15. invertir: ______________________________

16. forjar: ______________________________

17. discernir: ______________________________

18. trascender: ______________________________

19. insinuar: ______________________________

20. conjurar: ______________________________

REVISIÓN DE UNIDADES 23, 24 y 25

Junto a cada una de las 30 descripciones o definiciones dadas, escriba el número (entre 1 y 60) correspondiente a la palabra adecuada. Luego, encuentre en la **sopa de letras**, y encierre entre líneas, las 30 palabras seleccionadas. Esas palabras pueden aparecer horizontal, vertical o diagonalmente, en un sentido o en el inverso.

___ contrario de "incapaz", "inoportuno"
___ sinónimo de "distinguir", "diferenciar", "comprender"
___ sinónimo de "razonar", "discutir"
___ sinónimo de "dadivoso", "gastoso"
___ "escoger", "elegir"
___ contrario de "emerger", "extraer", "sacar"
___ "ceremonioso", "formal", "grandioso"
___ sinónimo de "disponer", "ordenar", "señalar"
___ sinónimo de "vitorear", "ovacionar"
___ contrario de "suave", "armonioso"
___ sinónimo de "interior", "secreto"
___ sinónimo de "inducir", "estimular", "aguijonear"
___ sinónimo de "enviar"
___ contrario de "abandonar", "desamparar"
___ contrario de "falso", "falsificado", "apócrifo"
___ "proveer", "suministrar"
___ contrario de "avanzar"
___ sinónimo de "abundante", "fértil"
___ sinónimo de "unir", "integrar"
___ contrario de "variado", "diverso"
___ contrario de "conocido", "común", o de "copia"
___ contrario de "decir claramente"
___ sinónimo de "sacudir", "remover", "exitar"
___ "prever", "adelantar"
___ contrario de "estar quieto"
___ sinónimo de "diáfano","claro"
___ sinónimo de "cuidar", "vigilar"; y "trasnochar"
___ darle forma al metal con el martillo
___ firmar al fin de un escrito
___ sinónimo de "delinear", "rayar", "marcar"

1. tenaz, 2. sumergir, 3. idóneo, 4. solemne, 5. catalogar, 6. cálido, 7. optar, 8. soberano, 9. incorporar, 10. monótono, 11. sensual, 12. cristalino, 13. suplicar, 14. oscilar, 15. original, 16. prevenir, 17. preservar, 18. estridente, 19. cínico, 20. elaborar, 21. occidental, 22. conjurar, 23. fúnebre, 24. velar, 25. agitar, 26. discernir, 27. exuberante, 28. íntimo, 29. estupendo, 30. auténtico, 31. forjar, 32. verter, 33. argumentar, 34. talar, 35. cegar, 36. pródigo, 37. enardecer, 38. espantoso, 39. fascinante, 40. traspasar, 41. invertir, 42. trazar, 43. socorrer, 44. denominar, 45. abastecer, 46. incitar, 47. cesar, 48. retroceder, 49. seducir, 50. insinuar, 51. vibrar, 52. vislumbrar, 53. aclamar, 54. trascender, 55. acontecer, 56. ejercer, 57. notificar, 58. remitir, 59. prescribir, 60. suscribir.

SOPA DE LETRAS 12

C	J	R	P	K	W	V	D	R	E	E	P	O	E	N	O	D	I	A	E
H	H	K	O	N	I	L	A	T	S	I	R	C	A	X	U	P	O	G	E
H	G	Q	A	G	I	T	A	R	A	T	N	E	M	U	G	R	A	R	T
F	Y	Q	E	T	P	K	E	T	N	E	D	I	R	T	S	E	J	I	N
O	G	I	D	O	R	P	G	R	E	D	E	C	O	R	T	E	R	B	A
A	C	L	A	M	A	R	Y	M	O	N	O	T	O	N	O	R	A	I	R
W	P	L	H	J	I	E	Q	C	V	A	B	A	S	T	E	C	E	R	E
V	R	P	R	T	B	S	F	A	Y	L	A	N	I	G	I	R	O	C	B
E	E	O	I	I	N	C	I	T	A	R	V	E	N	M	E	L	O	S	U
L	V	M	C	T	W	R	A	U	N	I	S	N	I	X	L	X	X	U	X
A	E	I	J	O	C	I	T	N	E	T	U	A	N	W	U	R	W	S	E
R	N	T	R	A	R	B	I	V	I	N	C	O	R	P	O	R	A	R	W
O	I	N	G	Y	D	I	S	C	E	R	N	I	R	A	Z	A	R	T	W
H	R	I	M	N	N	R	I	G	R	E	M	U	S	R	A	J	R	O	F

CRUCIGRAMA 12

Este **crucigrama** contiene, en diferentes formas flexionales, 40 de las 60 palabras de las unidades 23, 24 y 25. Complete cada una de las oraciones dadas con la forma de la palabra que mejor convenga al contexto y de esa manera encontrará la solución del crucigrama.

1. tenaz, 2. sumergir, 3. idóneo, 4. solemne, 5. catalogar, 6. cálido, 7. optar, 8. soberano, 9. incorporar, 10. monótono, 11. sensual, 12. cristalino, 13. suplicar, 14. oscilar, 15. original, 16. prevenir, 17. preservar, 18. estridente, 19. cínico, 20. elaborar, 21. occidental, 22. conjurar, 23. fúnebre, 24. velar, 25. agitar, 26. discernir, 27. exuberante, 28. íntimo, 29. estupendo, 30. auténtico, 31. forjar, 32. verter, 33. argumentar, 34. talar, 35. cegar, 36. pródigo, 37. enardecer, 38. espantoso, 39. fascinante, 40. traspasar, 41. invertir, 42. trazar, 43. socorrer, 44. denominar, 45. abastecer, 46. incitar, 47. cesar, 48. retroceder, 49. seducir, 50. insinuar, 51. vibrar, 52. vislumbrar, 53. aclamar, 54. trascender, 55. acontecer, 56. ejercer, 57. notificar, 58. remitir, 59. prescribir, 60. suscribir.

HORIZONTALES:

1. Bañada en lágrimas, la madre le ..... al juez que perdonara a su hijo.

3. El comercial de televisión de ese perfume es muy ..... con todas esas bellas modelos que aparecen semidesnudas.

7. Rafael ..... por la carrera de medicina porque quiere ser médico como su padre.

8. La temperatura aquí es muy agradable ya que ..... entre los 20 y los 26 grados.

12. Ella dice que su trabajo en la oficina es .....: todos los días tiene que hacer exactamente lo mismo.

15. A mi madre no le gusta la música rock porque, según ella, no es más que ruido .....

16. A Eugenio no lo dejaron ir al campamento para ..... que se volviera a enfermar.

18. Existe una ley que prohíbe ..... esos árboles que pertenecen a una especie en extinción.

20. Si no fue un médico quien te ..... ese remedio, será mejor que no lo tomes.

21. Cuando la lluvia ....., los niños salieron al patio a jugar volibol.

22. Entre las personas que ..... contra el gobierno se encontraba el Ministro del Interior.

24. Josefina tiene una personalidad muy fuerte y siempre ..... a sus compañeros de clases a hacer travesuras.

26. La mujer ..... toda el agua en la maceta de plantas.

27. Su rostro palideció cuando le ..... la muerte de su esposo.

29. Te recomiendo que no ..... esa verja: el dueño de la casa tiene unos perros muy bravos.

31. Nadie confía en él porque es un ..... que siempre dice lo contrario de lo que piensa.

34. Fernando sufrió un accidente automovilístico ..... en el que perdió el ojo izquierdo.

36. Susana ..... con mucho éxito el cargo de relacionadora pública de la empresa.

37. Era un estudiante ..... que siempre obtenía calificaciones sobresalientes.

VERTICALES:

2. El jefe le pidió a la secretaria que abandonara la oficina porque tenía que discutir problemas ..... con su hermano.

4. Cada vez que Eleonor se mete en problemas, su hermana mayor la .....

5. A este río lo ..... el "río blanco" por unas piedras de ese color que tiene en el fondo.

6. La maestra le recomendó que ..... las líneas con una regla para que el trabajo quedara mejor presentado.

9. Para que te ..... un buen futuro, es necesario que trabajes fuerte y tenazmente.

10. Mi padre quiere ..... sus ahorros en un negocio de exportaciones.

11. Para comprobar si este documento es ..... necesitaremos la ayuda de un experto.

13. La película trata de un submarino que se ..... tan profundamente en el mar que después no puede volver a la superficie.

14. Este chico es incapaz de ..... por sí mismo entre lo que está bien y lo que está mal.

15. Cuentan que las playas de Río de Janeiro son de una belleza .....

17. El bebé está tan enfermo que la madre debió ..... toda la noche a su lado.

18. A pesar de la precaución que se tomó, la información sobre los próximos despidos ..... a la opinión pública.

19. Escuchar la música de su país lo hace ..... hasta las lágrimas.

22. Al llegar el verano, la temperatura se pone ..... y uno puede salir de paseo a la playa.

23. A todos les gusta esta canción, pero la versión ..... es mucho más hermosa.

25. El informante le ..... a la periodista que algunos funcionarios del gobierno están involucrados en el fraude.

28. Para ..... esta comunidad de agua potable, necesitan construir un nuevo embalse.

30. Si quieres que la bebida tenga mejor sabor, es necesario que la ..... durante un momento.

32. Encontré el lugar ..... para construir nuestra casa: es un sitio seguro y muy tranquilo.

33. Gustavo se fue a vivir a París porque lo ..... la vida bohemia de esa ciudad.

35. Enrique es muy ..... en todo lo que se propone: sé que pronto conseguirá el empleo.

DIGRESIÓN ORTOGRÁFICA

El español primitivo utilizaba la distinción fonológica entre la consonante bilabial **b** y la labiodental **v**, que existe en lenguas como el francés (**bien - viens**), el portugués (**bem - vem**), el italiano (**bene - vene**), el inglés (**bat - vat**). Sin embargo, desde el siglo XVI esa oposición se neutralizó en español y ambas consonantes se confundieron en una sola, la bilabial **/b/**. La labiodental **v** desapareció y solo quedó la diferencia en la escritura entre la letra **b** (be) y la letra **v** (uve). Según esto, el sonido inicial de "**b**urro" y de "**v**aca" es exactamente el mismo.

El mantenimiento de esta diferencia ortográfica entre **b** y **v** se ha justificado a menudo como una forma de mostrar fidelidad a la tradición etimológica. Así, una palabra conservará la **b** o la **v** dependiendo de si la tenía en su origen. Este no es el caso, sin embargo, de las palabras **abuela** y **barrer**. La primera deriva del latín vulgar **aviola** ("abuelita"), diminutivo de **avia** ("abuela"); la segunda procede del verbo latino **verrere**.

Por su parte, la letra **h**, que en español moderno no representa ningún sonido, merece también un breve comentario. Desde el punto de vista etimológico, es decir, según su procedencia, podría decirse que existen tres tipos de **h** en español:

1. Una heredada directamente del latín o de otra lengua en la que tuvo origen la palabra española actual:

   haber y **hombre** (del latín)
   himno y **horizonte** (del griego, a través del latín)
   hamaca (del taíno)

2. Otra heredada del castellano primitivo que convirtió en **h** aspirada la **f** inicial de palabra en latín. Esa aspiración propia de la **h** fue eliminada posteriormente de la pronunciación y quedó solamente la letra **h**, sin valor fonético alguno:

   hijo (de **filium**), **hablar** (de **fabulari**), **hacer** (de **facere**), **hambre** (de **famine**), **hembra** (de **femina**), **hierro** (de **ferrum**), **hoja** (de **folia**)

   También tiene un origen castellano antiguo la **h** de algunas palabras que comenzaban con **g-** en latín: **hermano** (del latín **germanus**), **hielo** (del latín **gelu**).

3. Una **h** que es un puro artificio gráfico, sin base etimológica, que surgió por razones de conveniencia ortográfica:

   hueso (del latín vulgar **ossum** [del clásico **os, ossis**]). Obsérvese que no hay **h** en las palabras españolas derivadas de la misma raíz **óseo, osamenta**.

   huevo (del latín **ovum**). Tampoco llevan la **h** palabras de la misma familia de **huevo**, como **ovario**, **ovalado**, **ovíparo**.

La anteposición de esta **h** al diptongo inicial **ue** parece tener explicación en el hecho de que antiguamente la **v** representaba tanto a **u** como a **v** (**b**). Por tanto, si se escribía **veso** podía leerse tanto **ueso** como **beso**. El uso de esta **h** sin base etimológica se extendió a formas verbales como **huele** (de **oler**).

LISTA DE PALABRAS ESTUDIADAS

ADJETIVOS

abrumado
absurdo
afectado
afortunado
agrícola
anónimo
apacible
apuesto
árido
asequible
asiduo
astuto
auténtico
autónomo
bárbaro
cabal
cálido
caprichoso
categórico
célebre
cínico
colonial
contemporáneo
cordial
cotidiano
cristalino
denso
discreto
doméstico
dramático
eminente
enigmático
erudito
esbelto
espantoso
espléndido
espontáneo
estético
estridente
estupendo
evidente
exótico
exquisito
exuberante
fabuloso
fantástico
fascinante
fecundo
fervoroso
fúnebre
galante
generoso
hábil
heroico
hidalgo
hispanoamericano
idóneo
implacable
indispensable
inédito
inefable
inexorable
ingenioso
ingenuo
insigne
íntegro
íntimo
inusitado
inverosímil
irónico
laborioso
lícito
lírico
marginal
meridional
místico
monótono
mutuo
occidental
original
paralelo
peculiar
penetrante
perpetuo
pertinente
pícaro
pintoresco
portentoso
previo
prodigioso
pródigo
propicio
provisional
prudente
pueril
radiante
radical
rebelde
rígido
robusto
rotundo
sensual
septentrional
serrano
severo
soberano
soberbio
solemne
sublime
sutil
tenaz
tierno
tóxico
unánime
urbano
vano
venerable
vigente
viril
virtuoso

SUSTANTIVOS

adición
afición
agresión
alcázar
ámbito
anécdota
anhelo
apetencia
aptitud
armonía
audacia
audiencia
barbarie
catástrofe
cauce
caudal
claustro
código
combustible
contraste
convenio
crepúsculo
cúpula
decadencia
desierto
diagnóstico
dilema
egoísmo
elocuencia
elogio
encanto
ensueño
escrúpulo
espectro
especulación
exilio
éxodo
faena
fascismo
fase
fatiga
frenesí
frivolidad
germen
gratitud
hazaña
hemisferio
hipótesis
hostilidad
huésped
impacto
ímpetu
incidente
intriga
júbilo
lealtad
legumbre
lesión
magnitud
martirio
matiz
melancolía
mendigo
migración
mito
nostalgia
obsesión
optimismo
pacto
paradoja
patrimonio
perfil
perspectiva
pesquisa
pormenor
precaución
prejuicio
prestigio
pretexto
privilegio
protagonista
rastro
recelo
resorte
retórica
ritmo
sanción
sesión
silueta
símbolo
síntoma
sosiego
súbdito
sucesión
tertulia
testimonio
tregua
trinchera
vértigo
vicisitud

VERBOS

abastecer
abatir
abolir
abordar
aborrecer
abrigar
absorber
abundar
acarrear
acceder
acertar
aclamar
acoger
acontecer
acrecentar
acudir
adoptar
afanar
afianzar
afrentar
afrontar
agitar
agotar
agravar
alardear
albergar
alentar
alertar
allanar
alterar
alternar
aludir
alumbrar
anidar
añorar
apelar
apoderar
apresurar
argumentar
arrebatar
arremeter
asumir
atentar
atribuir
azotar
basar
batir
brotar
calar
capturar
catalogar
ceder
cegar
cerciorar
cesar
clamar
coincidir
colmar
compadecer
compensar
concernir
concertar
concurrir
conferir
confiscar
conformar
conjurar
conllevar
conmover
consignar
conspirar
consumar
contradecir
corroborar
cursar
deambular
debatir
declinar
deducir
deleitar
delirar
demorar
denominar
denotar
deportar
derribar
derrocar
desafiar
descollar
desconcertar
desertar
deshacer
deslizar
despejar
desplazar
desplegar
destinar
destituir
desvanecer
discernir
discurrir
dispensar
disputar
distanciar
divisar
divulgar
doblegar
efectuar
ejecutar
ejercer
elaborar
emanar
embargar
emitir
enardecer
enmendar
ensanchar
entrever
enunciar
erradicar
esparcir
esquivar
estremecer
exaltar
exceder
exhalar
exhibir
expirar
expropiar
expulsar
extinguir
extraviar

fallecer
fingir
fluir
forjar
fortalecer
fundir
fungir
gemir
generar
grabar
holgar
hurgar
idear
ilustrar
imitar
impartir
implantar
implicar
imprimir
improvisar
incitar
incorporar
incurrir
indagar
inducir
inferir
infiltrar
influir
infundir
ingresar
inscribir
insertar
insinuar
interponer
invertir
investir
invocar
maquinar
notificar
obstinarse
oficiar
optar
oscilar
ostentar
otorgar
palpitar
patrocinar
percatarse
percibir
persistir
planear
plantear
plasmar
portar
preceder
precipitar
pregonar
prescindir
prescribir
preservar
presumir
prevenir
prever
privar
procesar
profesar
proliferar
promover
promulgar
prosperar
proveer
provenir
ratificar
reanudar
recalcar
reconciliar
rectificar
recuperar
recurrir
redimir
reemplazar
refugiar
rehusar
remediar
remitir
remolcar
remontar
renegar
renovar
reorganizar
repercutir
replicar
reproducir
reservar
residir
resonar
respaldar
restablecer
restaurar
retener
retornar
retroceder
retumbar
revestir
rozar
rugir
saciar
seducir
segar
sentenciar
sepultar
socorrer
soldar
subsistir
sucumbir
sugerir
suicidarse
sumergir
suplicar
suplir
surtir
suscitar
suscribir
suspender
suspirar
sustentar
sustraer
talar
tildar
tolerar
torturar
transcurrir
transferir
transitar
transmitir
trascender
traspasar
trazar
trepar
ubicar
unificar
velar
verificar
verter
vibrar
vincular
vislumbrar
yacer